# Aspekte|junior
## Mittelstufe Deutsch

## Lehrerhandbuch B2

von
Birgitta Fröhlich

Ernst Klett Sprachen
Stuttgart

Von: Birgitta Fröhlich
Kurs- und Übungsbuch: Ute Koithan, Helen Schmitz, Tanja Sieber, Ralf Sonntag
Redaktion: Cornelia Rademacher, Projektleitung: Felice Lembeck
Layout: Andrea Pfeifer
Zeichnungen: Daniela Kohl
Satz und Repro: Satzkasten, Stuttgart
Fotos auf S. 153: stock.adobe.com: unaufgeräumte Küche: Brebca ; Rechnung: Dan Race; kein Trinkwasser: fotohansel; Hund: 135pixels; Naturschutzgebiet: natros; Autoreparatur: mko61; shutterstock.com: Bau eines Holzstuhls: mavo; Frau in Bibliothek: wavebreakmedia
Umschlaggestaltung: Studio Schübel, München (Foto Bergkamm: Daniel Prudek – shutterstock.com, Foto Hahnenkamm: Linas T – shutterstock.com)

Verlag und Autoren danken allen Kolleginnen und Kollegen, die *Aspekte | junior* erprobt und mit wertvollen Anregungen zur Entwicklung des Lehrwerks beigetragen haben.

## Aspekte | junior B2 – Materialien

| | |
|---|---|
| Kursbuch mit Audios zum Download | 605254 |
| Übungsbuch mit Audios zum Download | 605255 |
| Medienpaket (4 Audio-CDs und Video-DVD) | 605257 |
| Lehrerhandbuch | 605256 |
| Aspekte junior digital mit interaktiven Tafelbildern | 605263 |
| Digitales Unterrichtspaket | NP 00860526301 |

## Das Beste für Ihren Unterricht!

Das derdieDaF-Portal bietet Ihnen **kostenlos und aus einer Hand** alles, was Sie für Ihre Arbeit brauchen: **über 4.000 Materialien zum Download**, Unterrichtsideen, didaktische Tipps, Fortbildungen, eine Jobbörse und vieles mehr. Ihr Portal für DaF und DaZ:
**www.derdiedaf.com**

## Abkürzungen im Lehrerhandbuch

| | |
|---|---|
| KB | Kursbuch |
| ÜB | Übungsbuch |
| A | Aufgabe im Kursbuch |
| Ü | Übung im Übungsbuch |
| S | Schülerinnen und Schüler |
| PL | Plenum |
| EA | Einzelarbeit |
| GA | Gruppenarbeit |
| KG | Kleingruppe |
| PA | Partnerarbeit |
| HA | Hausaufgabe |
| KV | Kopiervorlage |

## Symbole im Lehrerhandbuch

- 🔑 Hier finden Sie die Lösung zur Aufgabe.
- 👆 Zu dieser Aufgabe oder Übung gibt es ein interaktives Tafelbild.
- **P** Die Aufgabe bereitet auf das Goethe-Zertifikat B2 oder das Deutschen Sprachdiplom II vor.
- **B** Angebot zur Binnendifferenzierung
- **V** Variante alternativ zum beschriebenen Vorgehen
- **E** Erweiterung zum beschriebenen Vorgehen
- **i** landeskundliche und weitere Informationen
- 📁 Projekt
- 🔄 Aufgaben, die sich für fächerübergreifenden Unterricht eignen

Kapiteltests zu jedem Kapitel finden Sie unter www.klett-sprachen.de/aspekte-junior im Bereich „Tests". Die Lösungen zu Kurs- und Übungsbuch finden Sie im Bereich „Lösungen". Der Zugangscode lautet jeweils: asP!jr2

1. Auflage 1 ⁵ ⁴ ³ | 2023 22 21

© Ernst Klett Sprachen GmbH, Rotebühlstraße 77, 70178 Stuttgart, 2018
Alle Rechte vorbehalten.
www.klett-sprachen.de

Das Werk und seine Teile sind urheberrechtlich geschützt. Jede Nutzung in anderen als den gesetzlich zugelassenen Fällen bedarf der vorherigen schriftlichen Einwilligung des Verlags.

Druck und Bindung: Elanders GmbH, Waiblingen

ISBN 978-3-12-605256-6

# Inhalt

| | | |
|---|---|---|
| **Willkommen bei** *Aspekte* \| *junior* | | 4 |
| Kapitel 1 | Heimat ist … | 18 |
| Kapitel 2 | Sprich mit mir! | 30 |
| Kapitel 3 | Ganz schön sportlich | 44 |
| Kapitel 4 | Zusammen leben | 55 |
| Kapitel 5 | Wer Wissen schafft, macht Wissenschaft | 68 |
| Kapitel 6 | Fit für … | 81 |
| Kapitel 7 | Kulturwelten | 93 |
| Kapitel 8 | Das macht(e) Geschichte | 107 |
| Kapitel 9 | Mit viel Gefühl … | 121 |
| Kapitel 10 | Ein Blick in die Zukunft | 133 |

**Anhang:**
Kopiervorlagen 144
Die Prüfungen auf einen Blick 166
Lösungen zum Übungsbuch 181

# Einleitung

## Willkommen bei *Aspekte | junior*

An dieser Stelle möchten wir Sie mit *Aspekte | junior* bekannt machen. Wir informieren Sie über die Konzeption des Lehrwerks und seiner Komponenten. Sie erhalten einen Überblick über den modularen Aufbau, die Gestaltung des Lehr- und Lernprozesses innerhalb der Kapitel und die Bearbeitung der sprachlichen und thematischen Inhalte.

## 1 Zur Konzeption

*Aspekte | junior* ist ein Lehrwerk, das sich mit seinem handlungsorientierten Ansatz am Gemeinsamen Europäischen Referenzrahmen orientiert. Basierend auf dem erfolgreichen Konzept von *Aspekte | neu* richtet sich *Aspekte | junior B2* an jugendliche Lerner ab 15 Jahren,

- die Sprachkenntnisse auf dem Niveau B2 erwerben und ausbauen wollen,
- die eine gute Vorbereitung auf die B2-Prüfungen suchen.

Dabei haben die Autoren besonderen Wert darauf gelegt, für Jugendliche ansprechende Themen und Herangehensweisen zu bieten, um das Interesse und die Motivation der Schülerinnen und Schüler immer wieder neu zu wecken, z. B. über:

- aktuelle Themen, die einen Bezug zur Lebenswirklichkeit der Schülerinnen und Schüler haben.
- abwechslungsreiche Aufgaben- und Übungsformen, die sich zur Binnendifferenzierung eignen und die die unterschiedlichsten Lerntypen ansprechen.
- Strategien und Techniken, die beim Lösen von Aufgaben helfen.
- Aufgaben und Projekte, die zu einem echten Informationsaustausch und Verwenden der Sprache führen.
- vielfältige Sozialformen, sodass kooperativ in Partner- oder Gruppenarbeit Aufgaben bearbeitet und gelöst werden und Themen gemeinsam besprochen und diskutiert werden können.
- Herangehensweisen, die das selbstständige und bewusste Lernen bei den Schülerinnen und Schülern fördern und sie zugleich in ihrem Lernprozess stützend begleiten, z. B. indem sie Regeln selbstständig erarbeiten, autonom Übungen für ihre Mitschüler entwickeln oder Themen interessen- und zielortientiert in Projekten bearbeiten.
- interessante und aktuelle landeskundliche Informationen.

## 1.1 Die Komponenten

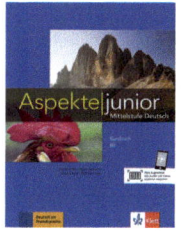

**Das Kursbuch …**
bietet zehn Kapitel – bestehend aus Auftakt, vier Modulen mit unterschiedlichem Fokus, Porträt, Grammatik-Rückschau, Film-Seiten und eine Redemittel- und Grammatikübersicht.

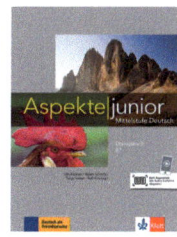

**Das Übungsbuch …**
bietet zu den zehn Kapiteln des Kursbuchs ergänzende und vertiefende Übungen inklusive Lerntipps, Ausspracheübungen, Angebote zur Selbsteinschätzung, je zwei Wortschatzseiten sowie Verblisten im Anhang.

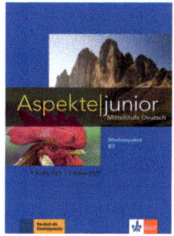

**Das Medienpaket …**
enthält die Audio-CDs zum Kurs- und Übungsbuch sowie die Video-DVD zum Kursbuch. Die CDs bieten umfangreiches Hörmaterial zur Förderung des Hörverstehens. Die Audios stehen zudem als mp3-Download auf **www.klett-sprachen.de/aspekte-junior/medienB2** zur Verfügung. Die DVD bietet zu den zehn Kapitelthemen Filmsequenzen als fakultatives Lernangebot mit Fokus auf dem Hör-Seh-Verstehen und einer lebendigen, da sichtbaren Landeskundevermittlung.

# Aspekte | junior
## Mittelstufe Deutsch

**Das Lehrerhandbuch …**
bietet methodisch-didaktische Hinweise zur Arbeit mit dem Material, Lösungen zum Kurs- und Übungsbuch sowie Kopiervorlagen und Informationen zu den Prüfungen.

**Die Homepage …**
**www.klett-sprachen.de/aspekte-junior**
bietet die Audios zu Kurs- und Übungsbuch als mp3-Download, interaktive Onlineübungen, Kapiteltests und Testmaterial, Arbeitsblätter und Kopiervorlagen, Transkripte und vieles mehr.

**Das Lehrwerk digital mit interaktiven Tafelbildern …**
ist eine digitale Version von Kurs- und Übungsbuch. Kurs- und Übungsbuch werden mit den Hör- und Filmdateien und zusätzlichen interaktiven Tafelbildern verknüpft.

*Aspekte | junior* bietet Material für ca. 120 bis 200 Unterrichtsstunden, je nach Voraussetzungen der Schülerinnen und Schüler sowie der zur Verfügung stehenden Wochenstundenzahl.

# Einleitung

## 1.2 Die Niveaustufen

*Aspekte | junior* ist ein Lehrwerk in drei Bänden. Band 1 (Niveau B1 plus) aktiviert und ergänzt das Wissen der Schülerinnen und Schüler und fördert ihr Können hin zu einem erweiterten B1 Niveau. Die Bände 2 und 3 vermitteln das Niveau B2 und C1. Alle Bände bereiten auf die wichtigsten Prüfungen und deren Aufgabenformate vor. Eine Übersicht über alle Prüfungsformate in *Aspekte | junior B2* sowie ausführliche Erläuterungen zu den einzelnen Prüfungen finden Sie im Anhang dieses Lehrerhandbuchs.

Von B1 zu B2 ist es ein großer Schritt. Kennzeichnend für das Niveau B2 ist ein differenzierter Sprachgebrauch, der auch das Verstehen komplexerer Texte und eine Argumentationskompetenz umfasst. Für den Band B2 ergeben sich daher die folgenden Anforderungen:

- Modulstruktur: Module flexibel einsetzbar
- Interessante Themenaspekte aus bekannten Kontexten anbieten
- Wiederholen und Üben
- Grammatik erweitern und systematisieren
- Hör-Seh-Verstehen trainieren
- Wortschatz festigen und trainieren
- Ausbau und Vertiefung von Wortschatz, Redemitteln und Strukturen
- Strategien kennenlernen, anwenden, individuell auswählen
- Wortschatz und Grammatik in zahlreichen kommunikativen Kontexten trainieren
- Umgang mit komplexen Hör- und Lesetexten trainieren
- gängige Prüfungsformate trainieren

## 1.3 Die Themen

Die Auswahl der zehn übergeordneten Themen in *Aspekte | junior* orientiert sich an alltäglichen Themen, die den Schülerinnen und Schülern in der Regel bekannt sind. Wichtig war den Autoren, dass diese übergreifenden Themen aus unterschiedlichen und neuen Perspektiven betrachtet und damit viele Blickrichtungen und Varianten zur Bearbeitung und Diskussion angeboten werden.

Ein Beispiel:

| Kapitel 3   Ganz schön sportlich | |
|---|---|
| **Auftakt:** Texte und Fotos zu Berufen rund um den Sport | **Modul 4:** Sport in der Schule (Welche Bedetung hat Schulsport, warum ist er wichtig?) |
| **Modul 1:** Junge Sportler, die ihr Leben dem Sport widmen (Reportage) | **Porträt:** FC Bayern München |
| **Modul 2:** Ist eSport ein richtiger Sport? (Diskussion um den eSport) | **DVD:** Faszination Freeclimbing |
| **Modul 3:** Sport gegen Gewalt (ein ehrenamtliches Projekt für Jugendliche) | |

## 1.4 Das Lernen lernen

*Aspekte | junior* vermittelt vielfältige Lerntechniken, z. B. für das Lernen von Wortschatz oder das Abrufen von grammatischen Strukturen, ebenso Strategien für das Erschließen von Lesetexten usw. Im Kursbuch werden Techniken und Strategien – grafisch deutlich hervorgehoben – vorgestellt und im Lehrerhandbuch Anregungen für deren Umsetzung im Unterricht gegeben. Im Übungsbuch gibt es weitere hilfreiche Tipps.

Neben der expliziten Präsentation von Strategien und Tipps findet immer auch ein implizites Strategietraining im Kurs- und Übungsbuch statt. Strategien sind beispielsweise in der Aufgabenstellung integriert, wenn die Lernenden aufgefordert werden, Wortschatz zu systematisieren oder Leitfragen zu einem Text zu formulieren.

## 1.5 Die Grammatik

*Aspekte | junior* behandelt in den Modulen 1 und 3 Grammatikthemen.

Die grammatischen Regeln werden dabei von den Schülerinnen und Schülern erschlossen, d. h., die Regelerschließung findet induktiv statt. Dabei wird Grammatik immer situativ aus dem Kontext erarbeitet und dient dem Bewältigen bestimmter Sprachhandlungen. Im Übungsbuch finden Sie vertiefende Übungen zu den entsprechenden Grammatikthemen.

Im Kursbuch gibt es am Ende jedes Kapitels eine Grammatik-Rückschau, die die behandelten Grammatikphänomene übersichtlich darstellt. Zudem findet sich im Anhang des Kursbuchs eine Grammatikübersicht über alle behandelten Themen mit Rückverweisen ins Kursbuch. Dies ermöglicht den Schülerinnen und Schülern ein Nachschlagen zu Hause zur Wiederholung und Vertiefung, zur Vorbereitung, oder auch zum Nacharbeiten, wenn sie Unterricht versäumt haben.

Da viele Schülerinnen und Schüler nicht in das Kursbuch schreiben dürfen, finden Sie zur Regelerarbeitung die Kopiervorlagen der Grammatik-Kästen aus den Modulen 1 und 3 im Internet unter **www.klett-sprachen.de/ aspekte-junior/grammatikB2**.

## 1.6 Der Wortschatz und die Redemittel

Im Lehr- und im Übungsbuch regen Aufgaben und Übungen die Schülerinnen und Schüler fortlaufend dazu an, sich selbstständig mithilfe von verschiedensten Strategien Wörter und Wendungen zu erschließen, einzuprägen und zu (re)produzieren. Jedes Kapitel im Übungsbuch beginnt mit einer Doppelseite, auf der die Schülerinnen und Schüler für das Kapitelthema wichtige Wörter und Wendungen wiederholen und vorbereitend auf das Kapitel üben können. Am Ende jedes Übungsbuchkapitels sind auf der Doppelseite „Wortschatz" die wichtigsten Wörter und Wendungen pro Modul zusammengefasst und können umschrieben oder übersetzt und um eigene „Wörter, die für mich wichtig sind" ergänzt werden.

Die sowohl im Kurs- als auch im Übungsbuch in den Kapiteln erarbeiteten Redemittel sind alle nochmals übersichtlich im Anhang des Kursbuchs zusammengefasst. Hier ist auch jeweils angegeben, in welchen Kapiteln und welchen Modulen die entsprechenden Redemittel gesammelt und angewendet wurden.

## 1.7 Landeskunde / Interkulturelles Lernen

*Aspekte | junior* verfolgt ein implizites und integratives Landeskundekonzept. Das Wissen über die Zielsprachenländer, ihre Kultur, die Verhaltensweisen, Routinen und Rituale ihrer Bewohner ist in das Sprachlernmaterial integriert. Die Schülerinnen und Schüler erhalten die meisten landeskundlichen Informationen durch die aktive Beschäftigung mit und das gemeinsame Gespräch über Fotos, Grafiken, Hör- oder Lesetexte sowie über die Filme auf der DVD. Daneben gibt es auch Teile, in denen Faktenwissen präsentiert wird, wie z. B. zu Personen oder Firmen/Organisationen in den Porträts. Darüber hinaus nimmt die Diskussion über die Inhalte immer Bezug auf die Lebenswelt der Schülerinnen und Schüler selbst. Interkulturelles Lernen wird angeregt, indem die Schülerinnen und Schüler Informationen aus den deutschsprachigen Ländern in Beziehung zu sich selbst, zu ihrer Kultur und zu ihren persönlichen Erfahrungen setzen.

## 1.8 Projekte

Besonders wichtig im Unterricht mit Jugendlichen sind Projekte, um den Schülerinnen und Schülern immer wieder die Möglichkeit zu bieten, gemeinsam und entsprechend ihrer Interessen und Kompetenzen Themen zu erarbeiten und zu präsentieren. In der Projektarbeit kann jede/r zeigen, was er/sie (auch jenseits des klassischen Schulalltags) kann, z. B. Gestaltung von Präsentationen oder das Präsentieren von Inhalten, Recherchieren, Fotografieren usw. In der gemeinsamen Arbeit wird oft der Klassenzusammenhalt gestärkt und die Motivation aller gefördert.

Projekte sind in der Randspalte des Lehrerhandbuchs mit diesem Symbol gekennzeichnet.

## 1.9 CLIL

Im schulischen Unterricht bieten sich immer wieder motivierende und interessante Möglichkeiten für den fächerübergreifenden Unterricht. Im Lehrerhandbuch sind Aufgaben, die sich für eine Öffnung des Deutschunterrichts hin zu anderen Fächern eignen, mit einem Hinweis auf die entsprechenden Fächer versehen und in der Randspalte durch dieses Symbol gekennzeichnet.

# 2  Das Kursbuch

Jedes der zehn Kapitel des Kursbuchs umfasst 16 Seiten, die in vier Module und weitere Lernangebote (Porträt, Grammatik-Rückschau, Filmseiten) aufgeteilt sind.

| Auftakt | | Modul 1 | | Modul 2 | | Modul 3 | |
|---|---|---|---|---|---|---|---|
| S. 8 | S. 9 | S. 10 | S. 11 | S. 12 | S. 13 | S. 14 | S. 15 |
| Modul 4 | | | | Porträt | Grammatik-Rückschau | Filmseiten | |
| S. 16 | S. 17 | S. 18 | S. 19 | S. 20 | S. 21 | S. 22 | S. 23 |

Die Kapitel in *Aspekte | junior* können linear eingesetzt werden, ihre modulare Struktur ermöglicht aber auch einen flexiblen Einsatz im Unterricht. Da die Module in sich geschlossen sind und unterschiedliche Schwerpunkte haben, kann das Material je nach Interesse und Bedarf der Schülerinnen und Schüler und/oder curricularen Vorgaben kombiniert oder hinsichtlich der ausgewählten Ziele reduziert werden. So kann eher nach thematischen Gesichtspunkten ausgewählt werden oder es können Schwerpunkte auf Grammatikthemen oder einzelne Fertigkeiten gelegt werden.

## 2.1  Die Auftaktseiten

Die erste Doppelseite bietet einen motivierenden Einstieg in das Kapitelthema. Die Schülerinnen und Schüler beginnen mit kommunikativen und kreativen Aufgaben und werden dabei von visuellen Impulsen gelenkt. So bieten die Auftaktseiten z. B. Cartoons, eine Bilder-Hör-Geschichte, ein Quiz, Denksportaufgaben, authentische Kunstwerke, eine Fotocollage oder historische Ereignisse. Zur Orientierung im Kapitel finden Sie auf jeder Auftaktseite die Lernziele und die Grammatikthemen mit Verweis auf die Module.

# Einleitung

## 2.2 Die Module

**Modul 1** und **Modul 3** umfassen je eine Doppelseite, die eine **Fertigkeit** mit entsprechenden Aufgaben und Texten fokussiert und diese mit einer weiteren Fertigkeit verknüpft, so, wie es im authentischen Sprachgebrauch normalerweise auch vorkommt. In diesen Modulen wird jeweils ein **Grammatikthema** behandelt, das sich aus den Texten oder Sprachhandlungen ergibt.

**Modul 2** umfasst ebenfalls eine Doppelseite und stellt die intensive Beschäftigung mit einer **Fertigkeit** in den Mittelpunkt der Spracharbeit. Dabei werden auch hier die Fertigkeiten nicht künstlich voneinander getrennt, sondern immer in ihrem natürlichen Zusammenspiel bearbeitet. Die Schwerpunktsetzung, z. B. auf das Sprechen entsteht durch die Intensität der Aufgaben, die sich auf die Vorbereitung und den Prozess des Sprechens beziehen. In Modul 2 von Kapitel 3 lesen die Schüler zuerst als Input einen Text über eSport, damit so alle den gleichen Kenntnisstand haben und sie mögliche Argumente kennenlernen. Als Vorentlastung für die eigene Diskussion notieren sich die Schüler wichtige Informationen aus dem Text. Anschließend diskutieren sie mit vorgegebenen Redemitteln zum Thema.

**Modul 4** umfasst zwei Doppelseiten und integriert alle **vier Fertigkeiten**. So kann der Einstieg ein Hörtext sein, der zu einem Gespräch im Kursraum führt. Im weiteren Verlauf kann das Themenspektrum mit einem Lesetext erweitert werden, der anschließend in der Gruppe diskutiert wird und zu dem abschließend ein schriftlicher Text, z. B. eine Erörterung verfasst wird. So werden die Fertigkeiten integrativ angewendet, wie in einer realen Kommunikationssituation.

In jedem Kapitel gibt es **Strategien** zum Lernen, zur Aufgabenbewältigung oder zu einzelnen sprachlichen Fertigkeiten …

> **STRATEGIE**
> **Erörterung: Argumente verbinden**
> Verwendet Konnektoren wie *daher, deswegen, außerdem, schließlich* usw., um die Argumente im Text zu verbinden.

… und Informationen zur „**Sprache im Alltag**". Hier finden Sie Hinweise und Interessantes zur Alltagssprache – Phänomene, wie sie häufig im allgemeinen Sprachgebrauch vor-, in Lehrwerken aber manchmal zu kurz kommen. Im Lehrerhandbuch werden Anregungen gegeben, wie mit den Strategien und dem Kasten „Sprache im Alltag" umgegangen werden kann.

> **SPRACHE IM ALLTAG**
> **etwas nicht mögen**
> Das ist nicht so mein Ding.
> Das geht mir richtig auf die Nerven.
> Das kann ich gar nicht leiden.
> Das geht mir gegen den Strich.
> Das kann ich echt nicht ab.

## 2.3 Das Porträt

Das Porträt ist ein optionales landeskundliches Angebot zur weiteren Beschäftigung mit zeitgenössischen und historischen Persönlichkeiten und Firmen/Organisationen aus dem deutschsprachigen Raum. Die Porträtierten haben z. B. durch ihre Berufe, ihre Handlungen, ihre Werke, ihre Produkte, ihre Ideen oder ihre Äußerungen einen Bezug zum Kapitelthema. Außerdem wird angeregt, weitere Personen oder Firmen/Organisationen (auch aus dem Heimatland der Lernenden) zu entdecken und Informationen zu recherchieren, wozu die Vorlage „Porträt" im Anhang des Kursbuchs eine Hilfestellung bietet.

## 2.4 Die Grammatik-Rückschau

Die Grammatik-Rückschau fasst auf einer Seite noch einmal die Regeln zu den beiden Grammatikthemen aus Modul 1 und Modul 3 übersichtlich und mit Beispielsätzen zusammen.

## 2.5 Die Filmseiten

Die Filmseiten bilden den Abschluss eines Kapitels. Hier werden Aufgaben, Standbilder aus dem Film und kurze Texte angeboten, die den Schülerinnen und Schülern das systematische und schrittweise Verstehen der authentischen Filmsequenzen ermöglichen. Darüber hinaus gibt es Aufgaben, die zu weiterführenden Diskussionen oder einer kreativen Weiterarbeit führen.

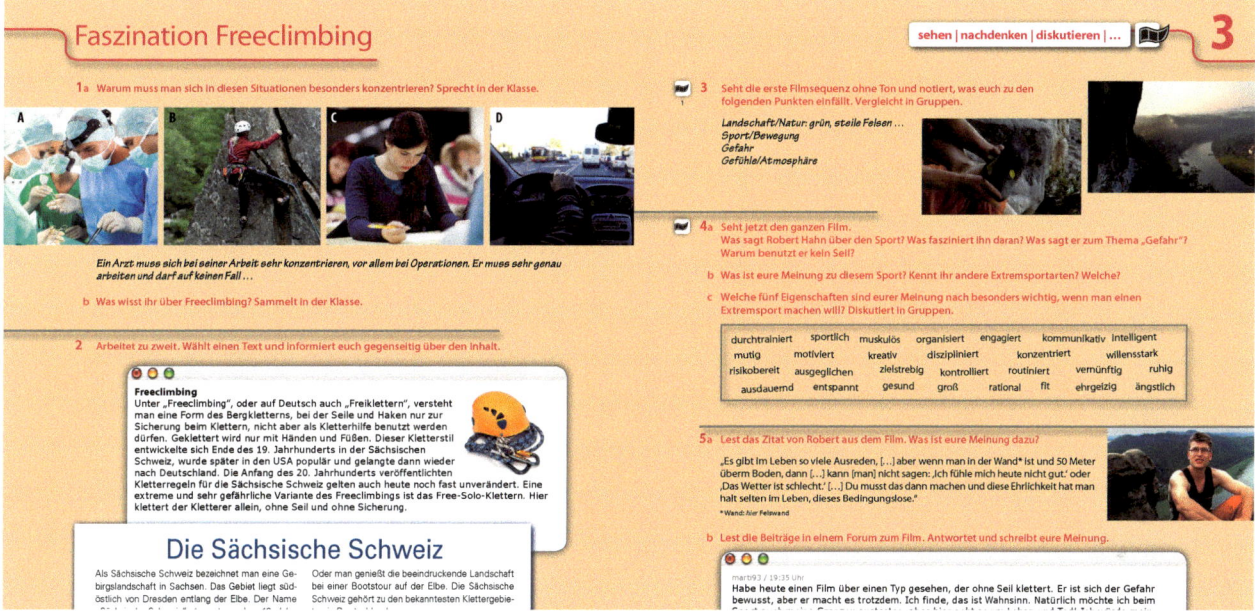

## 2.6 Der Anhang

Der Anhang enthält zwei Angebote zum Nachschlagen: Eine nach Sprechabsichten geordnete Übersicht der **Redemittel** und eine systematische Übersicht über die **grammatischen Inhalte**. In den Übersichten finden Sie und die Schülerinnern und Schüler Verweise, in welchem Kapitel die jeweilige Struktur oder Wendung bearbeitet wurde.

Außerdem findet sich eine Übersicht der im Kurs- und Übungsbuch enthaltenen Aufgaben zur Vorbereitung auf die B2-Prüfungen sowie eine Vorlage, die die Lernenden für die Recherche eigener Porträts verwenden können.

## 3 Das Übungsbuch

Das Übungsbuch ergänzt, festigt und vertieft Inhalte des Kursbuchs mit weiteren Hör- und Lesetexten und bietet vielfältiges Übungsmaterial als selbstständiges Sprachtraining für die Schülerinnen und Schüler an. Für zahlreiche Übungen sind Lösungen im Anhang des Lehrerhandbuchs abgedruckt. Einzelne Übungen sind, da sie interaktiv oder sehr offen angelegt sind, auch speziell für den Einsatz im Unterricht konzipiert. Im Kursbuch finden Sie in jedem Modul Verweise ▶ Ü 3–4, an welcher Stelle sich einzelne Übungen des Übungsbuchs besonders gut einsetzen lassen.

# Einleitung

## 3.1 Die Wortschatzdoppelseiten

Die erste Doppelseite des Übungsbuchs wiederholt und festigt relevanten Wortschatz für den jeweiligen Themenbereich des Kapitels. Die Übungen können vor dem Start in das Kursbuchkapitel bearbeitet werden oder nachdem die Auftaktseiten in der Klasse bearbeitet worden sind.

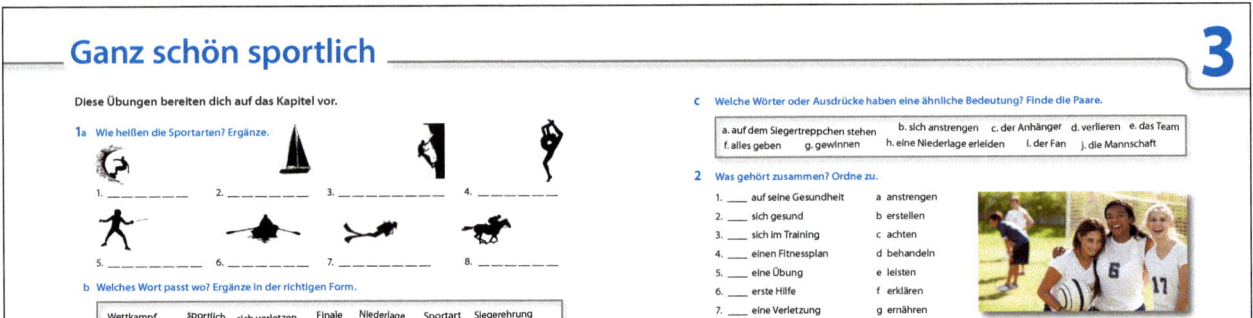

## 3.2 Die Übungen zu den Modulen

Zu den Modulen 1 bis 4 stehen im Übungsbuch eine bis drei Übungsseiten zur Verfügung. Die Übungen beziehen sich auf alle sprachlichen Bereiche und ergänzen die Themen des Kursbuchs. Die Übungstypen reichen von geschlossenen, reproduktiven bis hin zu offenen, produktiven Sprachaktivitäten. Vor allem im Bereich Grammatik findet eine Vertiefung und Festigung der im Kursbuch erarbeiteten Strukturen statt. Je nach individuellem Leistungsstand können Sie oder die Schülerinnen und Schüler aus zahlreichen Übungen des Übungsbuchs auswählen.

## 3.3 Die Lerntipps

*Aspekte | junior* integriert Tipps zur Unterstützung und Gestaltung des eigenen Lernprozesses. Im Lehrerhandbuch werden Anregungen gegeben, wie mit ihnen umgegangen werden kann.

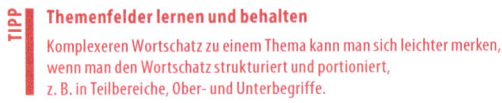

## 3.4 Die Aussprache

Zum Abschluss von Modul 4 gibt es in jedem Kapitel Übungen zu wichtigen Aussprachethemen. Diese Übungen greifen Themen zur Aussprache auf, die an das Gelernte aus der Grundstufe anknüpfen und darüber hinausgehen. Die Übungen sind zur Sensibilisierung auf der Laut-, Wort- oder Satzebene gedacht, einige Übungen sind für Partnerarbeit angelegt – sollten also in der Klasse bearbeitet werden –, andere für Einzelarbeit und damit auch für die Arbeit zu Hause geeignet.

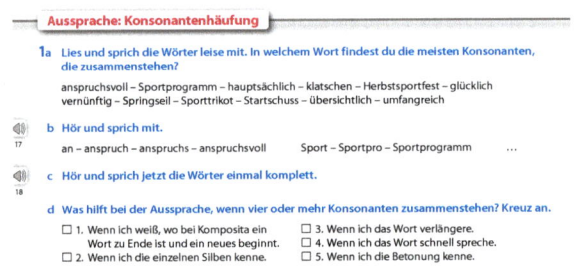

## 3.5 Die Selbsteinschätzung

Am Ende eines Kapitels erhalten die Schülerinnen und Schüler die Möglichkeit, ihren eigenen Lernstand einzuschätzen. In einer Übersicht wird – nach Fertigkeiten geordnet – das sprachliche Können beschrieben, das in den Kapiteln erreicht werden sollte. Diese Aussagen spiegeln die Kannbeschreibungen des Gemeinsamen Europäischen Referenzrahmens wider.

Die Beschreibungen beziehen sich auf die rezeptiven, produktiven und interaktiven Sprachhandlungen des jeweiligen Kapitels und korrespondieren mit den Lernzielen auf den Auftaktseiten im Kursbuch. Die Aufgabe oder Übung, in der die Kannbeschreibung erarbeitet wird, wird direkt im Anschluss genannt: ▶M2, A2 bedeutet, dass sich die Beschreibung auf das Kursbuch Modul 2, Aufgabe 2 bezieht; ▶ÜB M2, Ü3 bedeutet, dass sich die Beschreibung auf das entsprechende Übungsbuchkapitel, Modul 2, Übung 3 bezieht.

Die Schülerinnen und Schüler lesen die Aussagen und bewerten individuell ihr Können:
+: Ja, das kann ich. Ich bin zufrieden mit meiner Leistung.
0: Im Prinzip kann ich das, aber ich mache noch Fehler.
–: Nein, das kann ich noch nicht so gut. Ich mache noch zu viele Fehler.

Die Schülerinnen und Schüler füllen die Selbsteinschätzungsseite alleine aus. Bei der Eintragung „0" oder „–" sollten sie die entsprechenden Aufgaben und Übungen im Kurs- und Übungsbuch noch einmal wiederholen. Sie sollten Ihren Schülerinnen und Schüler für Fragen zur Verfügung stehen, Tipps geben, wo weitere Erklärungen zu finden sind, und ggf. Hinweise zu weiterem Übungsmaterial geben, wie z. B. unter www.klett-sprachen.de/aspekte-junior/online-uebungen2. Hier finden die Schülerinnen und Schüler weitere Übungen zu Wortschatz und Grammatik.

Entscheidend ist, dass die Schülerinnen und Schüler Eigeninitiative zeigen, dass sie zu einer möglichst realistischen Einschätzung befähigt werden und bei Lernschwierigkeiten Lösungsansätze entwickeln. Ein großer Vorteil der Selbsteinschätzung liegt in der Motivation. Auf einem Sprachniveau wie B2 fällt es den Schülerinnen und Schülern oft schwer, den eigenen Fortschritt zu erkennen. Durch das konsequente Bearbeiten der Selbsteinschätzungsseiten wird der Lernfortschritt bewusst gemacht, was motivierende Erfolgserlebnisse mit sich bringt.

## Selbsteinschätzung 3

| So schätze ich mich nach Kapitel 3 ein: Ich kann … | + | O | – |
|---|---|---|---|
| … eine Reportage zum Thema „Leistungssport" verstehen. ▶M1, A1c, d | ☐ | ☐ | ☐ |
| … eine Rhythmusübung mitmachen. ▶M4, A1 | ☐ | ☐ | ☐ |
| … ein Interview zum Thema Schulsport verstehen. ▶M4, A2 | ☐ | ☐ | ☐ |
| … eine Sportübung verstehen. ▶ÜB M4, Ü6a | ☐ | ☐ | ☐ |
| … Informationen aus einem Artikel über „eSport" verstehen. ▶M2, A2 | ☐ | ☐ | ☐ |
| … einen Artikel über ein Projekt gegen Jugendkriminalität verstehen. ▶M3, A1 | ☐ | ☐ | ☐ |
| … Aussagen zum Thema Schulsport einzelnen Forumsbeiträgen zuordnen. ▶M4, A3 | ☐ | ☐ | ☐ |

Die Selbsteinschätzung folgt dem Portfolio-Gedanken und bietet neben der Einschätzung der eigenen Leistung auch Raum für die Dokumentation der individuellen Lernaktivitäten, die über das Lehrwerk und den Unterricht hinausgehen, z. B. ob und wann jemand einen Film auf Deutsch gesehen, eine E-Mail geschrieben, einen Artikel gelesen oder deutschsprachige Musik gehört hat.

| Das habe ich zusätzlich zum Buch auf Deutsch gemacht (Projekte, Internet, Filme, Texte, …): | |
|---|---|
| Datum: | Aktivität: |
| _____ | _____ |
| _____ | _____ |

# Einleitung

Neben dem gesteuerten Lernprozess im Unterricht ist die Anregung zu individuellen Aktivitäten außerhalb des Unterrichts und auf eigene Initiative hin äußerst wichtig für den Lernfortschritt und die Motivation zum Deutschlernen. Alle Aktivitäten sind dabei relevant und sollten in diesem kleinen Lerntagebuch notiert werden. Im Rückblick erhalten die Schülerinnen und Schüler eine Sammlung, die ihnen und anderen zeigt, was sie selbst geleistet haben, was hilfreich und effektiv war und auch weiter für sie interessant sein wird.

Zahlreichen Aufgaben und Übungen in *Aspekte | junior* eigenen sich ebenfalls, um in einem Portfolio gesammelt und in der Übersicht dokumentiert zu werden. Im vorliegenden Lehrerhandbuch finden Sie bei der Beschreibung der entsprechenden Aufgaben und Übungen jeweils den Hinweis → **Portfolio**.

## 3.6 Wortschatz

Zum Abschluss jedes Kapitels finden die Schülerinnen und Schüler eine Doppelseite Wortschatz, geordnet nach Modulen. Hierbei handelt es sich um Ausdrücke, Begriffe, Phrasen und feste Wendungen aus den einzelnen Modulen, die für den Kapitelkontext und auch für weitere Kontexte frequent und relevant sind. Die Schülerinnen und Schüler können diesen Wortschatz in ihre Sprache übersetzen und somit ein kleines Glossar zu den Kapiteln anlegen. Für Begriffe, die die Schülerinnen und Schüler persönlich interessant oder wichtig finden, ist unter „Wörter, die für mich wichtig sind" Platz für eigene Einträge.

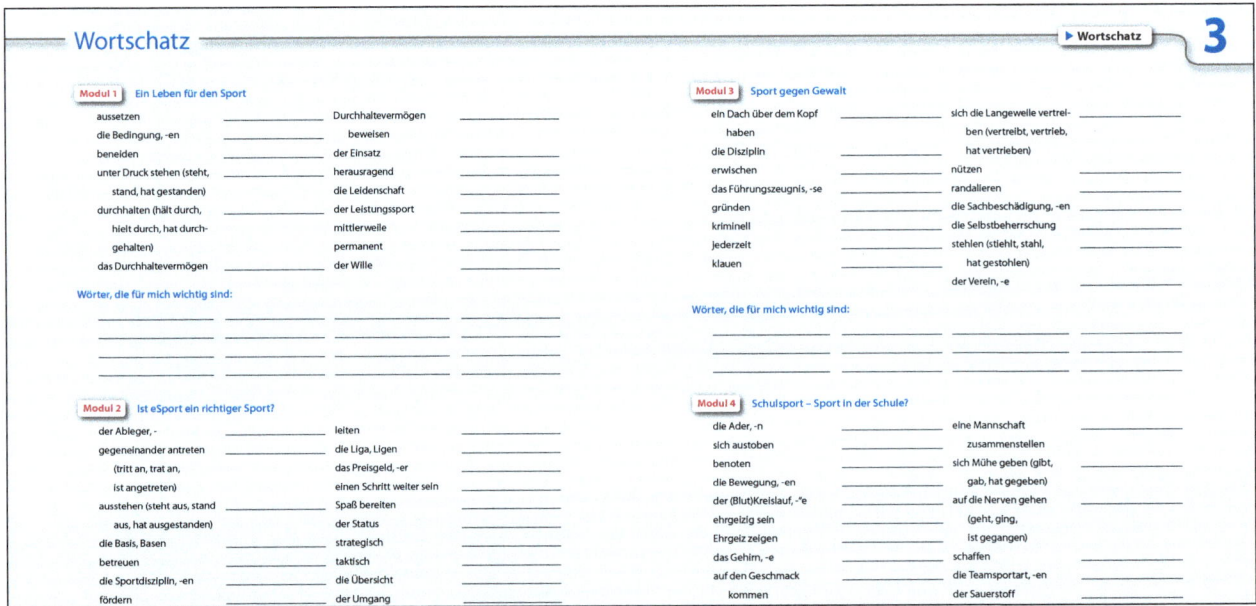

Ideen, wie Sie mit den Wortschatzseiten arbeiten können:
- S setzen sich in KG zusammen, jede KG bekommt ein Modulthema. Sie schreiben die Begriffe auf Kärtchen und definieren sie auf der Rückseite. Dann werden die Kärtchen getauscht. S lesen die Definitionen und nennen den passenden Begriff. Dies können Sie immer wieder erweitern und am Ende der einzelnen Kapitel wiederholen.
- In KG üben die S den Wortschatz eines bestimmten Moduls. Dazu kopieren Sie den passenden Wortschatz (z. B. die Wörter zu Kapitel 1, Modul 1) und machen daraus kleine Zettel. Jede/r S zieht einen Zettel und überlegt nun mit einem/einer anderen S einen Dialog, in dem jede/r sein Wort dreimal verwenden muss. Die anderen raten, welche Wörter auf den Zetteln standen.
- Um Wortschatz zu reaktivieren eignet sich die Methode, dass S ein Wort des Moduls auswählen und zu jedem einzelnen Buchstaben des Wortes viele andere Wörter machen, die auch zum Thema passen. Teilen Sie S in KG auf und gestalten sie die Übung als Wettbewerb: Wer hat nach fünf Minuten mehr Wörter gefunden? Beispiel: *die Heimat*: H: Haus, zu Hause, Heimweh, heimatlos, herrlich, Herkunft E: Entspannung, erleben, Eltern I: Idylle, ich, Integration M: Mutter, Migration, Muttersprache A: abenteuerlich, alltäglich, Arbeitslosigkeit T: Thema, traurig, treu etc.
- S nehmen die Wörter eines Moduls und machen in KG ein Gedicht oder eine absurde Geschichte daraus und verwenden die Wörter, die ihnen wichtig sind.

## 3.7 Der Anhang

Der Anhang enthält folgende Übersichten:
- unregelmäßige Verben
- Verben, Nomen und Adjektive mit Präpositionen
- Nomen-Verb-Verbindungen

# 4 Das Medienpaket (4 Audio-CDs und Video-DVD)

*Aspekte | junior* bietet auf drei CDs Hörmaterialien zum Kursbuch sowie auf einer CD Hörmaterialien zum Übungsbuch. Hier werden verschiedene Textsorten wie z. B. Dialoge, Diskussionen, Umfragen, Interviews, Radiofeatures oder auch ein Lied präsentiert und mit entsprechenden Aufgaben im Kurs- bzw. Übungsbuch bearbeitet.

Die Verweise auf die Tracks finden sich beim Lautsprecher-Symbol, z. B. 🔊 1.15 bedeutet: CD 1; Track 15. Die Audios stehen zudem als mp3-Download auf **www.klett-sprachen.de/aspekte-junior/medienB2** zur Verfügung. Auf der Internetseite finden Sie auch die Transkripte.

Authentische Filme bieten im Fremdsprachenunterricht eine Reihe von Vorteilen, die *Aspekte | junior* Ihnen und Ihren Schülerinnen und Schülern mit der Video-DVD und den entsprechenden Aufgaben im Kursbuch zur Verfügung stellt:

| Filmmaterial im Fremdsprachenunterricht | |
| --- | --- |
| authentische Sprache und Sprecher | wirklichkeitsnahe Verbindung von Bild und Ton |
| Facetten gesprochener Sprache (Dialekte, Umgangssprache, elliptische Sätze …) | Unterstützung interkulturellen Lernens (Kultur als sichtbares Phänomen) |
| parasprachliche Signale (Mimik, Gestik …) | Anwendung von Hör-Seh-Verstehen |

Die Filmsequenzen auf der Video-DVD und die Aufgaben im Kursbuch vertiefen und erweitern die thematische Arbeit und eröffnen den Schülerinnen und Schülern weitere Lernwege durch die filmspezifischen Aufgabentypen. Die Aufgaben beziehen sich zunächst auf das Verstehen der Filminhalte. Dazu werden Aufgaben vor dem Sehen (Vorentlastung, Hypothesenbildung), Aufgaben beim Sehen und Aufgaben nach dem Sehen (Auswertung, Überprüfung des Verstehens) bereitgestellt. Sie können das globale, selektive, aber auch detaillierte Verstehen zum Ziel haben, wobei das filmimmanente Hör-Seh-Verstehen einen besonderen Stellenwert einnimmt.

Über die Inhalte der Filmsequenzen hinaus gibt es weiterführende Aufgaben, die z. B. Diskussionen oder Rollenspiele anbieten, zur Stellungnahme auffordern oder kreatives Schreiben anregen.

Auf den Filmseiten werden unterschiedliche Sendeformate wie Reportagen, Dokumentationen, filmischer Reiseführer u.a. angeboten. Die Sequenzen sind zwischen drei und neun Minuten lang und oft in weitere Teilsequenzen unterteilt. Die einzelnen Filme und ihre Teilsequenzen können direkt auf der DVD angesteuert werden, da jeweils unter dem Pikto für den Film die Nummer der Sequenz angegeben ist.

Natürlich können die Schülerinnen und Schüler die Filme auch zu Hause ansehen und einzelne Aufgaben nach ihren Interessen bearbeiten.

# Einleitung

## 5 Das Lehrerhandbuch

Zu Beginn eines jeden Kapitels gibt eine Übersicht Auskunft über die wesentlichen Inhalte des Kapitels. Daran schließen sich die Lernziele an, bevor der eigentliche Kommentar zur Auftaktseite, den vier Modulen und den Filmseiten beginnt.

**Aufgaben/Übungen:** Das Lehrerhandbuch bietet didaktische Hinweise und Anregungen zu allen Aufgaben (A) im Kursbuch und den jeweils passenden Übungen (Ü) im Übungsbuch.

**Lösungen:** Sie finden die Lösungen zu den Aufgaben im Kursbuch direkt bei der jeweiligen Aufgabe nach dem didaktischen Kommentar. Die Lösungen zum Übungsbuch finden Sie als Gesamtübersicht im Anhang.

**Binnendifferenzierung:** Das Lehrerhandbuch macht Vorschläge zur Binnendifferenzierung, die sich vor allem auf den Leistungsstand innerhalb einer Klasse beziehen. So bieten die Vorschläge meist alternative Vorgehensweisen für stärkere und schwächere Gruppen innerhalb einer Klasse.

**Erweiterungen/Varianten:** In der Regel wird der von den Autoren vorgesehene Ablauf der Aufgaben und Übungen vorgestellt. An manchen Stellen werden Vorschläge gemacht, die die Aktivitäten um einen zusätzlichen Schritt erweitern oder Variation in den Ablauf bringen.

**Projekte:** Aufgaben, die im Kursbuch bereits als Projekte angelegt sind oder zu einem Projekt erweitert werden können, sind im LHB entsprechend beschrieben und gekennzeichnet.

**CLIL:** Aufgaben, die sich für den fächerübergreifenden Unterricht eignen, sind im Lehrerhandbuch ebenfalls gekennzeichnet.

**Kopiervorlagen:** Zu jedem Kapitel gibt es zwei Kopiervorlagen im Anhang dieses Lehrerhandbuchs, die innerhalb der Hinweise zu den einzelnen Kapiteln beschrieben sind und die direkt im Unterricht eingesetzt werden können.

**Strategie/Tipp:** Auf die Strategien und Lerntipps aus Kurs- und Übungsbuch wird im Lehrerhandbuch bei den entsprechenden Hinweisen zu den jeweiligen Aufgaben Bezug genommen.

**Prüfung:** Die Piktos machen deutlich, welche Aufgaben und Übungen einem der Prüfungsformate (DSD II oder GI: Goethe-Zertifikat B2 für Jugendliche) entsprechen. Eine Übersicht über alle Prüfungsformate in *Aspekte | junior B2* sowie ausführliche Erläuterungen zu den einzelnen Prüfungen finden Sie im Anhang dieses Lehrerhandbuchs.

**Info:** Die Info-Kästen enthalten detailliertere Informationen zu einem landeskundlichen Thema oder einer Person bzw. Fakten zu einem thematischen Sachverhalt.

**Interaktive Tafelbilder:** Das Pikto macht deutlich, zu welchen Aufgaben im Kursbuch interaktive Tafelbilder im Lehrwerk digital vorhanden sind. Hinweise, wie das jeweilige Tafelbild im Unterricht eingesetzt werden kann, können über das Tafelbild direkt aufgerufen werden. Beschreibungen zu allen Tafelbildern finden Sie auch online als Gesamt-PDF unter www.klett-sprachen.de/aspekte-junior/lehrerhandreichungB2. Meist werden die Schülerinnen und Schüler zur Kommunikation angeregt und vertiefen und wiederholen so spielerisch das gerade Gelernte.

**Anhang:** Im Anhang finden Sie die Kopiervorlagen, Informationen zu den Prüfungen und die Lösungen zum Übungsbuch.

# 6 Das Lehrwerk digital mit interaktiven Tafelbildern

Mit dem Lehrwerk digital können Sie im Unterricht das Kurs- und Übungsbuch per Whiteboard oder Beamer zeigen und alle Hördateien und Videosequenzen direkt abspielen sowie die Tafelbilder direkt ansteuern. Außerdem können Sie mit einem Klick ganz einfach zwischen Aufgaben im Kursbuch und den passenden Übungen im Übungsbuch wechseln. Eine Menüleiste mit vielen Whiteboardfunktionen steht Ihnen zur Verfügung: Vergrößern Sie Bilder oder Übungen für Ihre Schülerinnen und Schüler, verdecken Sie Bereiche einer Seite oder markieren Sie wichtige Textpassagen.

Zu Hause können Sie mit dem Lehrwerk digital Ihren Unterricht bequem am Computer vorbereiten. Außerdem finden Sie hier die passenden Kopiervorlagen, Lösungen zum Übungsbuch sowie die Transkripte zum Kurs- und Übungsbuch und zur DVD direkt zum Ausdrucken.

# 7 Die Homepage

*Aspekte | junior* bietet unter www.klett-sprachen.de/aspekte-junior eine Fülle an Material, darunter interaktive Onlineübungen, Kapiteltests, Einstufungstests, Arbeitsblätter und Kopiervorlagen, Transkripte und vieles mehr. Die Inhalte der Materialien sind an das Kurs- und Übungsbuch angebunden. Die Homepage wird laufend erweitert und aktualisiert, sodass sich ein Besuch immer wieder lohnt.

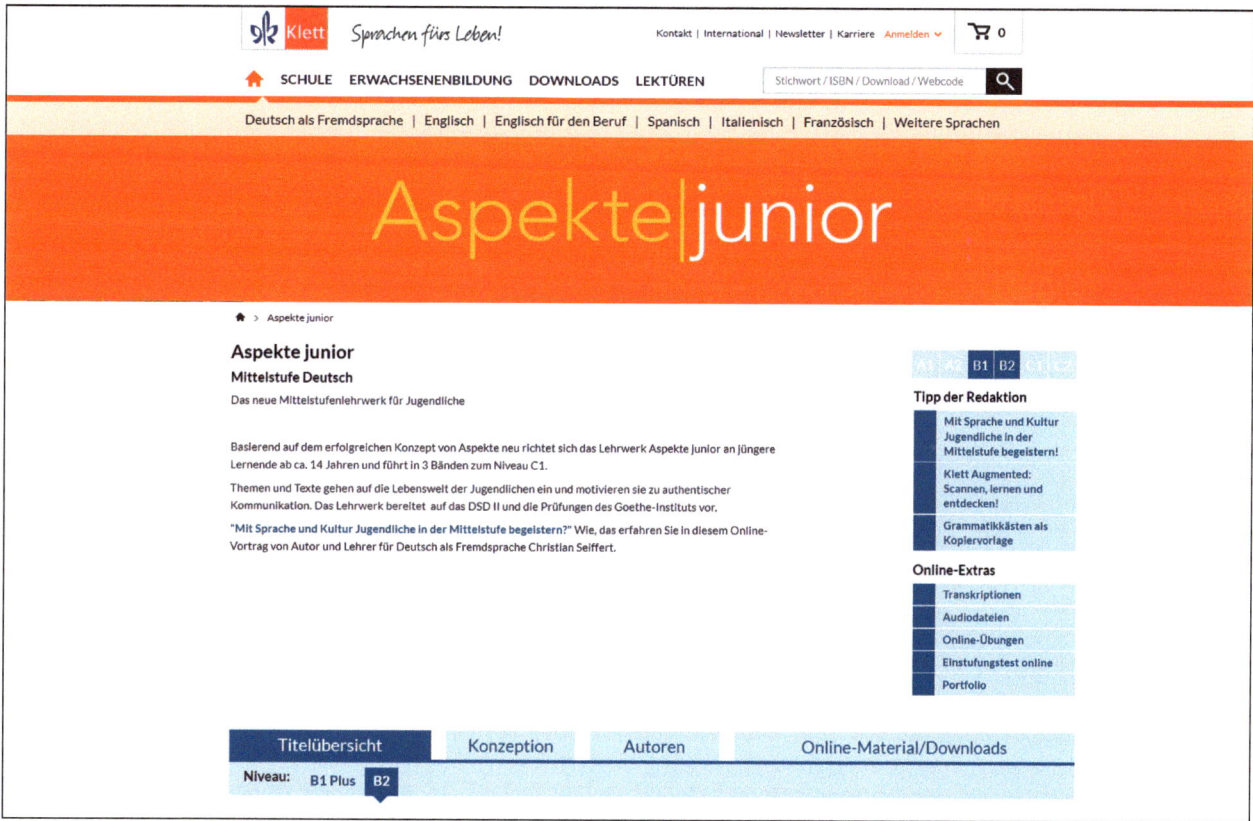

# Heimat ist …

**Themen**   Willkommen im ersten Kapitel von *Aspekte | junior B2*.

Im ersten Kapitel dreht sich alles um das Thema „Heimat" und was diese ausmacht.

**Auftakt**   Was bedeutet Heimat? S sprechen über eigene Vorstellungen zum Thema „Heimat".
**Modul 1**   Das Modul behandelt Erfahrungen beim Umzug in eine andere Stadt.
**Modul 2**   S lernen ein vielsprachiges Land kennen und sprechen über Vor- und Nachteile eines mehrsprachigen Landes.
**Modul 3**   Hier geht es um interkulturelle Missverständnisse, auch aus eigener Erfahrung der S, und den Umgang mit diesen.
**Modul 4**   Dieses Modul beschäftigt sich mit dem Thema einer multikulturellen Gesellschaft, die S setzen sich mit Meinungen auseinander und bringen ihre eigene ein.
**Film**   Die Reportage beschäftigt sich mit einer deutschen Familie, die nach Spanien auswandert.

**Lernziele**

> **Ihr lernt**
> **Modul 1** | Einen Text über Erfahrungen beim Umzug in eine andere Stadt verstehen
> **Modul 2** | Informationen über die Vielsprachigkeit in der Schweiz verstehen und einen kurzen Bericht schreiben
> **Modul 3** | Über Erfahrungen bei einem interkulturellen Rollenspiel sprechen
> **Modul 4** | Einen Radiobeitrag über Einwanderung und Integration verstehen
> Einen Kommentar zu einem Integrationsprojekt schreiben
>
> **Grammatik**
> **Modul 1** | Wortstellung im Satz
> **Modul 3** | Negation

**Auftakt**   Heimat ist …

> Informationen zum Begriff *Heimat*:
> Für die Deutschen ist der Begriff *Heimat* ein gebräuchlicher Ausdruck, aber in vielen anderen Sprachen existiert er mit den im Deutschen damit verbundenen Konnotationen nicht. Wenn man in Wörterbüchern nachsieht, bemerkt man schnell, dass es in vielen anderen Sprachen keine Eins-zu-eins-Übersetzung dafür gibt. Im Deutschen umfasst der Begriff nicht nur das Land, die Stadt oder die Region, aus dem/der eine Person kommt. Es kann auch ein anderer Ort sein, an dem man sich wohlfühlt, weil man dort schon lange lebt und sein soziales Netz dort aufgebaut hat. Das Wort *Heimat* hat im Deutschen normalerweise eine emotionale Konnotation, die sich nicht immer auf die Herkunft bezieht.

> Visueller Einstieg zur besseren Verdeutlichung des Wortes *Heimat*: Bringen Sie verschiedene Dinge, die für Sie selbst Heimat bedeuten, mit (z. B. einen deutschen Sommerhit, Fotos von einer Landschaft, eine Brezel etc.) und verteilen Sie sie im Raum. S gehen durch den Raum und sehen sich die Dinge an, vermuten, warum Sie das gewählt haben oder stellen Fragen. Dann wird mit A1a aus dem Buch begonnen.

**A1a**   In PA beschreiben S die Fotos, Vokabelsammlung im PL.

**Ü1a**   Zur Vorbereitung für A1b geeignet. In EA markieren S Adjektive, die sie mit *Heimat* verbinden.

**Ü1b**   Austausch mit Begründung in PA. Gibt es Adjektive, die von beiden S markiert wurden? Welche?

| | |
|---|---|
| A1b | Im PL sprechen S über die Beziehung der Fotos zum Thema „Heimat". |
| A2a | Aussagen lesen und in EA Auswahl treffen. In GA besprechen und begründen. |
| A2b–c | Als HA geben, wenn man möchte, dass S Fotos mitbringen. S machen 1–3 Fotos. In GA erklären S ihre Fotos. Alternative: S notieren ihre Fotoideen und sprechen darüber in GA. |

> Fotos ausdrucken und auf Papier kleben. S notieren ein paar Sätze unter das Foto mit ihrer Begründung. Ausstellung im Klassenraum: Fotos aufhängen und S lesen alle Begründungen. **E**

| | |
|---|---|
| Ü2–5 | Als HA.<br>Ü3 können Sie noch einmal vor dem Text in Modul 1 A2a als Wortschatzvorentlastung aufgreifen. |
| Ü6 | Als HA. Die S können dem Text auch Fotos, Zeichnungen u. Ä. hinzufügen. Die Texte im Klassenraum aufhängen. S lesen die Texte und sagen, welcher Text ihnen am besten gefallen hat und warum.<br>→ **Portfolio**<br>Diese Übung bietet auch einen Übergang zu Modul 1, in dem es um einen Umzug in eine neue Stadt geht. Nachdem die S die Texte gelesen haben, stellen Sie Fragen wie „Was ist für euch besonders wichtig an eurer Heimat? / Was würdet ihr vermissen? / Könntet ihr euch vorstellen, in eine neue Stadt zu ziehen?" |

## Modul 1  Neue Heimat

| | |
|---|---|
| A1 | Ausdrücke in GA lesen und den Kategorien positiv – negativ – leicht – schwierig zuordnen. |
| A2a | Vorgehen wie beschrieben. |

| Neuer Wohnort | Gründe für den Umzug | Vorbereitungen |
|---|---|---|
| schwieriger Anfang (keine Freunde), neue Abläufe in der Schule, Freunde gefunden: beste Eisdiele kennengelernt, Kiel im Sommer: super (Meer und Strand, schwimmen, segeln), neues Zimmer schön | wegen der Mutter: Unzufriedenheit mit der Arbeit, neue Stelle an der Uniklinik in Kiel | neue Wohnung in Kiel suchen, über Schulen informieren und anmelden, Zimmer ausmisten, sich vom Sportverein abmelden, von Freunden verabschieden |

| | |
|---|---|
| A2b | In PA besprechen, dann Vergleich mit einem anderen Paar. |

Mögliche Lösung:
positiv: schnell Paula und Lili kennengelernt – Stadt besser kennengelernt (Eisdiele, super T-Shirts), neue Erfahrungen, sich weiter entwickelt, fühlt sich wohl, will segeln lernen, in Kiel ist mehr los als in ihrer alten Stadt
schwierig: hatte Angst, hat Freunde vermisst, neue Abläufe in der Schule

> Bei schwächeren Gruppen sammelt eine Hälfte die Informationen zu den positiven Aspekten, und die andere Hälfte zu den schwierigen Aspekten; danach setzen sich je ein/e S aus Gruppe A mit einem/einer S aus Gruppe B zusammen und ergänzen die fehlenden Informationen.

| | |
|---|---|
| Ü1 | Als HA. |

# Heimat ist ...

**Ü2** | **TIPP** Bevor Sie das Thema „Angaben im Mittelfeld" bearbeiten, wiederholen Sie die Stellung der Pronomen im Satz. Lesen Sie den Tipp im PL und weisen Sie auf die unterschiedliche Stellung hin, je nachdem, ob die Akkusativergänzung ein Pronomen ist oder nicht.

Ü2 in PA.

**Ü3** Ü3 in PA.

**A3a** S notieren den Satz ins Heft und ergänzen die Angaben. Vergleich im PL.

|  |  | Mittelfeld |  |  |  |  |
|---|---|---|---|---|---|---|
| Wir | sind | vor drei Monaten | wegen meiner Mutter | ziemlich spontan | nach Kiel | gezogen. |
| 1 | 2 | **te**mporal (Wann?) | **ka**usal (Warum?) | **mo**dal (Wie?) | **lo**kal (Wo?/Wohin?/ Woher?) | Ende |

**A3b** Merkformel ergänzen und im PL lesen.

Ein Satz nach dieser Faustregel ist aber immer richtig: te – ka – mo – lo

**A3c** In PA bearbeiten.

> Visualisierung: Notieren Sie die Satzteile auf Karten und in GA legen die S die Sätze richtig. Nach der Kontrolle im PL können S in GA Umstellungen vornehmen, so dass visuell wird, dass alle Satzteile (außer des Prädikats) auf Position 1 stehen können. Erinnern Sie die S daran, dass sich dann auch die Reihenfolge der Angaben ändern kann/muss.
> Als HA schreiben S die Sätze noch einmal.

**Ü4** In PA oder als HA bearbeiten.

**A3d** In PA bearbeiten.

Wenn es Angaben und Ergänzungen gibt, steht die Dativergänzung meistens **vor** der temporalen Angabe. Die Akkusativergänzung steht **nach** oder **vor** der lokalen Angabe.

**Ü5** Als HA geeignet.

**A3e** Merksatz im PL lesen. Schreiben der Sätze in EA. Kontrolle im PL.

1. Mira hat am Anfang ständig mit ihren alten Freunden geskypt.
2. Mira hat sich nach dem ersten Schreck auf ihr neues Leben gefreut.
3. Mira wartet seit Monaten sehnsüchtig auf den Besuch ihrer besten Freundin.

Hinweise, wie das Tafelbild im Unterricht eingesetzt werden kann, können über das Tafelbild im Lehrwerk digital direkt aufgerufen werden. Beschreibungen zu allen Tafelbildern finden Sie auch online als Gesamt-PDF unter www.klett-sprachen.de/aspekte-junior/lehrerhandreichungB2.

**Ü6** Als HA.

> S notieren alle Verben mit Präpositionen auf Kärtchen. Auf der einen Seite wird das Verb notiert, auf der anderen Seite die Präposition. Am Anfang jeder Stunde werden diese Kärtchen in GA abgefragt.

**A4** Vorgehen wie beschrieben.

> Sätze legen: Kopieren Sie die Satzteile von **KV 1** auf S. 144 auf Karten und verteilen Sie sie im Raum. In PA gehen S herum, legen die Sätze und notieren sie sich. Kontrolle im PL.
> Dies kann man auch als Übung vor A4 machen, wo die S selbst Sätze schreiben und daraus Zettel mit Satzgliedern erstellen sollen.

**Ü7** Anweisung und Beispiel im PL lesen.
In PA durchführen. Wer hat den längsten Satz? Ein paar Beispiele im PL vorlesen lassen.

**A5** Rückkehr zum Thema „In eine neue Stadt ziehen": S sammeln Informationen zu den angegebenen Stichpunkten und schreiben in PA einen Text, der Tipps bietet, wie man am Anfang besser in der Stadt zurechtkommt. → **Portfolio**

> In KG notieren S Punkte zu den Themen und einigen sich, wer wozu recherchiert und dies anschließend präsentiert. Die S sollen ihren Teil der Präsentation erst alleine (zuhause) vor dem Spiegel üben, sodass sie sich ansehen müssen und üben, nicht abzulesen. Dann geben Sie den S im Unterricht Zeit, sich zu besprechen, wie die Reihenfolge ihrer Präsentation sein wird. Bei Präsentationen im PL üben die S ihre gemeinsamen Präsentationen vorher in KG.
> Kleine Präsentationen im PL/GA halten.
> Als HA: S schreiben einen Text mit Hilfen. Diese Tipps werden eingesammelt und daraus können Sie einen Klassenratgeber erstellen. Lassen Sie dazu auch ein Titelblatt und ein Inhaltsverzeichnis erstellen.

## Modul 2 — Ein Land, viele Sprachen

**A1a** Gespräch im PL.

**A1b** Im PL sprechen und Informationen an der Tafel sammeln. Korrigieren Sie zu diesem Zeitpunkt noch nicht, sondern lassen Sie die Vermutungen stehen.

**Ü1** Als HA geeignet. Vergleich in der Klasse.

> Informationen zu Rätoromanisch:
> Das Rätoromanische ist seit 1938 neben Deutsch, Französisch und Italienisch eine der offiziellen Landessprachen in der Schweiz.
> Als Rätoromanisch wird die Sprache der Rätoromaninnen und Rätoromanen Graubündens bezeichnet. Insgesamt gibt es hiervon fünf regionale Varianten. 1982 wurde eine einheitliche Schriftsprache konzipiert: das Rumantsch Grischun. Im Verkehr mit den Bundesbehörden sind alle fünf Varianten gleichberechtigt; Publikationen des Bundes werden jedoch ausschließlich in Rumantsch Grischun verfasst (vgl. Artikel 6 Absatz 3 Sprachengesetz).

**A1c** Vorgehen wie beschrieben.

- Deutsch, Französisch, Italienisch und Rätoromanisch
- Sie ist eine Eidgenossenschaft: ein Zusammenschluss von 26 Kantonen, die politisch selbstständig sind, ein eigenes Parlament haben und in denen von Anfang an auch unterschiedliche Sprachen gesprochen wurden.
- Mögliche Lösung: <u>Muttersprache</u>: die Sprache, die wir von den Eltern lernen, sie ist Heimat und Identität / <u>Landessprache</u>: die Sprache, die offiziell als Sprache eines Landes bezeichnet und auch für die Verwaltung verwendet wird.

# Heimat ist ...

**A2a** In GA bearbeiten.

Mögliche Lösung:
Beispiele, wo Informationen mehrsprachig sein müssen: Durchsagen in Zug/U-Bahn/Bus,
bei Reisen innerhalb der Schweiz: Verständnisschwierigkeiten, die Schaffner müssen mehrere Sprachen sprechen
Im Schulunterricht, in der Ausbildung und beim Studium müssen die verschiedenen Sprachen berücksichtigt und evtl. gelernt werden.
Wenn man in einem anderen Landesteil studieren möchte, muss man die Sprache können.

**A2b** In EA Text lesen und wie beschrieben vorgehen.

Mögliche Lösung:
Zeile 36–42: Mehrsprachigkeit der Schweizer
Zeile 43–57: Schule und Sprachen
Zeile 58–75: Viersprachige Texte
Zeile 76–Ende: Berufsleben und Verwendung der Sprachen

In GA tauschen sich S über die Abschnitte und ihre Themen aus.

> 4-Ecken-Gespräch: Hängen Sie je eine der hier unten aufgeführten Fragen in die Ecke des Klassenraums. Die S entscheiden sich für eine Frage und sprechen über diese mit anderen S, die sich für diese Frage entschieden haben. Lassen Sie danach noch einmal wechseln. Kurzes Feedback über die Ergebnisse im PL.
> 1. Was hat euch bei dem Text überrascht? 2. Was denkt ihr, ist schwierig in der Schweiz und warum? 3. Würdet ihr gerne in der Schweiz leben? Warum (nicht)? 4. Was sind die Vorteile eines mehrsprachigen Landes? **E**

**A2c** Im PL Aufgabenstellung lesen. In EA machen sich S Notizen, was sie zu den angegebenen Punkten schreiben wollen. Danach schreiben S Text und benutzen so viele RM wie möglich.
Sammeln Sie die Texte zur Korrektur ein oder lassen Sie zwei KG Texte tauschen und gegenseitig korrigieren. Anschließend nehmen Sie sie mit, um den Rest zu korrigieren. → **Portfolio**

**Ü2a** S lösen das Quiz in PA und kontrollieren dann mit dem HV.

Hier bieten sich Anknüpfungspunkte zum fächerübergreifenden Unterricht an, z. B. Geografie, andere Fremdsprachen.

**Ü2b–c** S hören die Sprachbeispiele und markieren die jeweilige Sprache, die gesprochen wird. Vergleich in KG. Dann hören S die Lösung.

> S arbeiten in KG und suchen zu den Punkten aus Übung 2 verschiedene Informationen zu anderen Ländern und erstellen daraus ein Quiz. **E**

**Ü3** Diese Übung entspricht dem Prüfungsformat Lesen, Teil 1 (globales Verstehen) der Prüfung DSD II. Weitere Informationen zum DSD II finden Sie ab S. 173.

S lesen zuerst die Urlaubswünsche der Personen und klären Wortschatz. Dann lesen sie die Texte und ordnen die Personen zu. Vier Buchstaben bleiben übrig.

## Modul 3  Missverständliches

**A1a**  S hören Texte und machen Notizen. Vergleich im PL.

Mögliche Lösung:
Beispiel 1: im Zug, Reise von Augsburg nach Rom, Junge allein im Abteil, zwei Mädchen kommen hinzu; fragen, ob sie sich setzen dürfen. Er antwortet „ja" und sie gehen. – Missverständnis: Er hat die Frage nicht verstanden und dachte, sie fragen, wie in Deutschland üblich: „Ist der Platz frei?"; in Italien fragt man aber: „Ist der Platz besetzt?"
Beispiel 2: Junge Frau, Schüleraustausch in Japan, zwei Wochen bei einer Familie, zeigen Garten, sie läuft direkt darin herum, alle sehen sie komisch an. – Missverständnis: Garten ist zum Anschauen und nicht zum darin Herumgehen da.
Beispiel 3: Junge Frau, Türkei im Urlaub, Busfahrt, Frage an Busfahrer, ob der Bus nach „Bursa" fährt, Busfahrer hebt nur die Augenbrauen, sie fragt mehrmals nach. – Missverständnis: Augenbrauen heben bedeutet „nein".

**A1b**  In KG überlegen S, welche Missverständnisse auf den Bildern dargestellt sind. Vergleich im PL.

A: Der Junge hat noch die Schuhe an, obwohl es in dem Land üblich ist, die Schuhe auszuziehen.
B: Die Mädchen begrüßen sich mit Küsschen und die dritte Person findet es merkwürdig.
C: Die eingeladene Person kommt zu spät.

RM klären; dann sprechen S in KG mit RM darüber, ob sie ähnliche Situationen kennen, welche Missverständnisse sie schon erlebt haben.
Im PL präsentieren die KG eine Situation, die sie besonders überrascht hat.

> Notieren Sie die RM auf Papierstreifen und geben Sie jeder KG einen Satz. Die S nehmen immer ein RM, erzählen mit dieser Struktur und legen es umgekehrt auf den Tisch. So versichern Sie sich, dass die S die RM benutzen.

**Ü1**  Gespräch über die Lebenswelt der S. In KG beenden die S die Sätze. Vorstellen im PL. Kurzes Gespräch in der Klasse, ob alle mit den Sätzen einverstanden sind.

> Bei heterogenen Sprachgruppen hängen S ihre Texte aus. Alle S lesen Texte und raten, um welches Land es sich handelt.

**A2a**  In PA vorgehen wie beschrieben, 2 Minuten Vorbereitungszeit geben, bevor S den Dialog spielen.

**A2b**  Austausch in KG.

> In 3er-Gruppen: Person A und B lesen jeweils eine Rollenkarte, Person C beobachtet und macht Notizen, ohne die Rollenkarten zu lesen. Der Beobachter / Die Beobachterin berichtet zuerst von seinen/ihren Notizen. Dann erklären die anderen ihre Rolle und sprechen über die Fragen.

**Ü2a–d**  Als HA. Ü2d im PL besprechen.

> Text in zwei Gruppen lesen (Text kopieren: Text Zeile 1–27 und Text Zeile 28–40). Dann setzen sich je ein S aus jeder Gruppe zusammen und fassen den Text zusammen; in dieser PA Ü2b bearbeiten. Ende des Textes lesen und Ü2d im PL diskutieren.

**A3a**  Im PL Verneinungsmöglichkeiten an der Tafel sammeln.
Beispiele: *nie, niemand,* **un***höflich,* **miss***verstanden, arbeit***los**

# Heimat ist …

| | |
|---|---|
| | **SPRACHE IM ALLTAG**<br>Im PL lesen und zuordnen: Was bedeutet „nichts", was „nein"? – Kurzes Gespräch, ob die S diese Wörter schon gehört haben. |
| A3b | In PA bearbeiten lassen, im PL korrigieren. |
| 🔑 | 1. noch nie, 2. ohne Zucker, 3. nichts Komisches, 4. niemand, 5. nicht (mehr), 6. kein Missverständnis, 7. nirgendwo, 8. unverständlich, 9. nie, 10. intolerant |
| A3c | In PA vorgehen wie beschrieben. Vergleich im PL. |
| 🔑 | -los; in-; Des-; a-; il-; ir-; Miss-; -frei; -leer; Nicht-; Un-; dis- |

> Für schnellere PA: Die S suchen weitere Beispiele für die Präfixe und Suffixe. **B**
> An Tafel sammeln.

> Wörter aus A3c und weitere, die S kennen, auf Kärtchen schreiben, Gruppen bilden, ein/e S zieht **E**
> ein Wort und bildet das Gegenteil (kann zur Vorbereitung auf A5 dienen).

| | |
|---|---|
| Ü3 | Als HA bearbeiten. |

> Wenn noch mehr Übungsbedarf in der Klasse besteht, schreiben Sie die Sätze von Ü4 auf **B**
> Textstreifen und notieren Sie die Lösung auf der Rückseite. Verteilen Sie die Textstreifen überall im Raum und die S gehen zu zweit herum, sagen das Gegenteil der Sätze, kontrollieren sich selbst mit der Rückseite und gehen zum nächsten Platz mit Textstreifen.

| | |
|---|---|
| Ü4 | Als HA bearbeiten. |
| A4 | In EA bearbeiten, Sätze zuordnen, im PL kontrollieren und die Regel lesen. |
| 🔑 | 1 B – 2 A – 3 E – 4 C – 5 D |
| 👆 | Hinweise, wie das Tafelbild im Unterricht eingesetzt werden kann, können über das Tafelbild im Lehrwerk digital direkt aufgerufen werden. Beschreibungen zu allen Tafelbildern finden Sie auch online als Gesamt-PDF unter www.klett-sprachen.de/aspekte-junior/lehrerhandreichungB2. |
| Ü5a–c | Als HA geeignet. |
| A5 | S notieren Sätze mit oder ohne Negation. Die Zettel (evtl. vorher Korrektur der Sätze durch die Lehrkraft) werden alle gemischt. Dann arbeiten S in KG und die Zettel werden auf die KG aufgeteilt. Ein/e S zieht einen Zettel und sagt in der KG das Gegenteil des Satzes. Die anderen S in der KG kontrollieren, ob es korrekt ist.<br>Kann als Wiederholung öfter eingesetzt werden. |
| **Modul 4** | **Zu Hause in Deutschland** |
| A1 | Fotos an Interactive Whiteboard zeigen (oder als Fotokopien an die Tafel hängen), Titel abdecken, Hypothesen bilden: Worum geht es? Wo könnten die Szenen aufgenommen sein?<br>Dann Titel aufdecken und Assoziogramm ergänzen. |

Beispiele:
viele Sprachen; bikulturelle Ehen; verschiedene Nationalitäten, z. B. in der Schule / im Kindergarten; neue Feste kennenlernen; internationale Restaurants; Offenheit für Neues; einander zuhören / aufeinander zugehen; verschiedene Gerüche

Informationen zum Karneval der Kulturen (oberes Foto):
Der Karneval der Kulturen ist ein multikulturelles Fest, bei dem Tanz und Gesang aus zahlreichen Ländern der Welt vorgestellt werden. Er findet jährlich in vielen Städten Deutschlands statt und dient der Demonstration der kulturellen Vielfalt. Es gibt Umzüge, Musik- und Theaterveranstaltungen.

**A2a** Vorgehen wie beschrieben. In GA über die Überschriften diskutieren und sich auf eine einigen, Präsentation im PL.

Mögliche Lösung:
Abschnitt 1: Statistische Informationen / Informationen zu Migranten in Deutschland
Abschnitt 2: Umfrage zum Thema „Integration" / zu Möglichkeiten der Integration

**A2b** Text noch einmal in Abschnitten hören und Lösung im PL vergleichen.

Abschnitt 1:
1. knapp 82 Millionen, 2. ca. 17 Mio., 3. in Berlin (900.000) / in Frankfurt: ca. 40 %

**A2c** S hören Abschnitt 2 noch einmal und notieren Schlüsselwörter zu den Personen.

Abschnitt 2:

| Person 1 | Person 2 | Person 3 |
|---|---|---|
| Kontakt | Sprache | Toleranz/Akzeptanz |
| **Person 4** | | **Person 5** |
| Unterstützung bei Arbeitssuche/Arbeit | | Projekte zu eigener Kultur |

Hinweis:
Bevor Sie A2c hören, fragen Sie die S, was „Schlüsselwörter" sind. Wenn der Begriff nicht bekannt ist, definieren Sie ihn: „Wichtige Wörter im Text, die das Thema beschreiben." Als Hilfe können Sie den HV-Abschnitt zu Person 1 kopieren und lesen lassen. Besprechen Sie mit den S, was hier das Schlüsselwort ist.

**Ü1** Als HA geeignet.

**A3a** In starken Gruppen vorgehen wie beschrieben. In schwächeren Gruppen Ü2a vor A3a bearbeiten, dann HV.

**Meinung äußern**
Meiner Meinung nach … / Ich bin der Ansicht, dass … / Ich finde, … / Ich stehe auf dem Standpunkt, dass … / Davon bin ich überzeugt. / Ich glaube …
Weitere mögliche Redemittel:
Ich bin der Meinung, … / Ich denke, … Ich meine, … / Ich bin davon überzeugt, dass …

**A3b** Diskussion in GA und Notieren der wichtigen Punkte.
Vergleich im PL, Festhalten der Punkte an der Tafel und evtl. Diskussion im PL.

**Ü2a–b** Als HA geeignet.

**A4a** In KG überlegen S Themen und notieren sie je auf ein Kärtchen. Austausch der Kärtchen mit einer anderen Gruppe.

# Heimat ist ...

| | |
|---|---|
| | Lassen Sie S mehr als fünf Themen notieren.  |
| A4b | Vorbereitung: S markieren mindestens drei für sie wichtige Redemittel im Kasten von A3a und notieren Sie auf Kärtchen. Je nach Klassengröße Diskussion im PL oder in GA.<br>S benutzen Redemittel und legen sie dann ab. |
| | Schneiden Sie **KV 2** auf S. 145 vor dem Kopieren in zwei Teile: „eine Meinung äußern" und „auf Meinungen reagieren". Kopieren Sie diese Kopiervorlagen dann mehrmals auf Papier in zwei Farben (eine Farbe für „Meinung äußern", eine andere Farbe für „auf Meinung reagieren") und zerschneiden Sie sie wie vorgegeben in Streifen.<br>GA: S zieht ein Thema und einen Redemittel-Streifen aus dem Bereich „Meinung äußern" und muss mit dieser Struktur seine Meinung sagen. Alle anderen KG-Mitglieder ziehen einen Streifen vom anderen Stapel („auf Meinungen reagieren") und reagieren damit auf die Meinung.  |
| A5 | S lesen die Projektbeschreibung und schreiben einen kurzen Kommentar in KG.<br>Achten Sie bei der Korrektur auch auf die Verwendung der Redemittel aus 3a. |
| | In KG schreiben S Kommentar; im Raum auslegen, die GA rotieren und kommentieren schriftlich die Kommentare mit den Redemitteln aus 3a.  |
|  | S recherchieren in KG in ihrer Klasse/Klassenstufe oder evtl. mehreren Klassenstufen, wer von den Schülern Wurzeln aus anderen Ländern hat (z. B. Eltern, Großeltern …) oder in welcher Familie es internationale Ehen/Paare gibt. Fragen evtl. nach Unterschieden in diesen Ländern zu Deutschland (Sprache, Traditionen, Feste, …)<br>Die KG erstellen anschließend ein Plakat mit den verschiedenen Ländern und ergänzen interessante Informationen zu den Ländern. |
|  | Hier bieten sich auch Anknüpfungspunkte zum fächerübergreifenden Unterricht an, z. B. Sozialkunde, Geografie. |
| A6a | S überfliegen alle drei Texte und entscheiden sich dann nach Interesse, welchen Text sie genauer lesen möchten. |
| |  Bevor S Aufgabe 6b lösen, lesen S den Strategiekasten auf Seite 19 oben. Weisen Sie die S an, nicht zu kleinschrittig zu notieren. Ebenso sollen sie am Ende nicht vorlesen, sondern die Texte mit ihren eigenen Worten wiedergeben. |
| A6b | S lesen ihren gewählten Text detaillierter und machen sich anhand einer Tabelle wie in A6b angerissen Notizen zu den wichtigsten Informationen aus dem Text. |

| Lisa Owusu | Bora Celik | Bahman Nedaei und Zahir Dehnadi |
|---|---|---|
| ist in Deutschland geboren und fühlt sich als Deutsche; Eltern aus Ghana, war dort erst 2x; Rassismus nicht erlebt, aber Leute fassen manchmal ihre Haare an oder fragen sie, woher sie kommt; Menschen sehen sie als Afrikaexpertin; für Eltern war es am Anfang schwer (neu/fremd/Sprache) | Großeltern aus der Türkei, er und seine Eltern in Deutschland geboren; Türkisch ist Sprache zu Hause; seine Heimat ist Berlin, fühlt sich manchmal zwischen Kulturen hin- und hergerissen; Personen mit unterschiedlicher Herkunft sind normal für ihn; überlegt, nach der Schule eine Zeit in die Türkei zu gehen | Flüchtlingskinder aus dem Iran; Unternehmensgründer: Online-Modehandel Navabi, Mode für Übergrößen; viele Preise erhalten; Engagement bei einer Jobbörse für Flüchtlinge und Arbeitgeber; man kann entscheiden; sagen, wie man mit Erfahrungen umgeht |

| A6c–d | Anschließend suchen sich S zwei weitere S, die einen anderen Text detailliert gelesen haben und berichten sich gegenseitig anhand ihrer Stichpunkte über die Personen. Gespräch über die angegebenen Fragen aus A6d. |
|---|---|

> A6a–d Wirbelgruppen: Teilen Sie die S in drei Gruppen und verteilen Sie die Texte. Jede Gruppe liest einen Text (z. B. Gruppe A den ersten, Gruppe B den zweiten …), S klären den Text in der Gruppe und jede/r S macht sich Notizen.
> Je eine Person aus A, B und C gehen zusammen und stellen sich gegenseitig ihre Person vor. Im Anschluss sprechen S in der KG über die Frage in A6d.

**Ü3**  Als HA geeignet.

**Ü4**  Im Anschluss an die drei Lesetexte zu den Personen bietet sich der Austausch in PA über das Zitat im ÜB an.

**A7**   Die S arbeiten zu viert und sollen ein multikulturelles Fest organisieren. Geben Sie den S dafür ein fiktives Budget, mit dem sie planen können. Jede/r macht sich erst alleine Gedanken, wann man das Fest am besten feiert, was für ein Programm es geben könnte, was man organisieren muss. Kopieren Sie die RM groß auf DIN A3 und legen Sie sie in die Mitte der Gruppen.
S sprechen nun über ihre Vorschläge und entwickeln ein konkretes Programm. Die Programme werden auf Plakaten gestaltet und im PL vorgestellt. Evtl. Abstimmung, welches das realistischste und bunteste Programm ist.

  Wenn Sie die Möglichkeit haben, an der Schule wirklich ein Fest für Ihre Klasse zu veranstalten, bieten sich hier Anknüpfungspunkte zum fächerübergreifenden Unterricht an, z. B. Kunst, Fremdsprachen.

## Aussprache  Fremdwörter

**Ü1a**  S hören und sprechen nach.

> **TIPP** Tipp im PL lesen und weitere Fremdwörter suchen, an Tafel sammeln und vor- und nachsprechen. Erstellen Sie an der Tafel eine Tabelle mit drei Spalten und notieren Sie diese Wörter in die erste Spalte.

**Ü1b**  Hören und nachsprechen

> **TIPP** Auch diesen Tipp im PL lesen und weitere Wörter suchen und diese in Spalte 2 an der Tafel ergänzen. Den letzten Tipp im PL lesen und Tabelle an Tafel ergänzen: In Spalte 3 weitere Wörter notieren, die nicht eingedeutscht wurden.

**Ü1c**  Vorgehen wie beschreiben.

Hinweis: Ideen, wie Sie mit den Wortschatzseiten arbeiten können, finden Sie in der Einleitung dieses Lehrerhandbuchs auf Seite 14.

## Film  Ganz von vorn beginnen

**A1a**  Die Filmseiten passen gut im Anschluss an Modul 1 „Neue Heimat".
In KG überlegen sich S Gründe, warum Menschen auswandern und tauschen sich dann mit einer anderen KG aus.

  Mögliche Gründe für Auswanderung: Hoffnung auf eine bessere Ausbildung/Universität; Eltern wechseln ihre Arbeit; Liebe; Familienzusammenführung; angenehmere klimatische Bedingungen; Abenteuerlust, Exotik; schwierige politische Lage im Heimatland

# Heimat ist …

**A1b** In PA sprechen S über Grafik und über Gemeinsamkeiten/Unterschiede zu ihren gesammelten Gründen.

**A2a** S sehen den ganzen Film, machen sich kurze Notizen und fassen den Inhalt kurz zusammen.

Es geht um eine deutsche Familie, die v. a. wegen geringer beruflicher Perspektiven in Deutschland vor einigen Jahren einen Neubeginn in Alicante, Spanien, gewagt hat. Alle haben sich an das neue Leben gewöhnt. Obwohl sie in bescheidenen Verhältnissen leben und die Eltern hart arbeiten müssen, haben sie nicht die Absicht, nach Deutschland zurückzukehren. Der Umzug in ein größeres Haus ermöglicht vielleicht ein bequemeres Leben.

**A2b** S lesen die Aussagen in A2b und notieren die passenden Namen zu den Aussagen. Evtl. lassen Sie S den Film noch einmal sehen.
Weitere Frage im PL: Wie findet Ihr die Familie? Begründet.

1. Uwe; 2. Yvonne; 3. Denise; 4. Eva; 5. Janine

**A3** Vorgehen wie beschreiben.

1. e, 2. f, 3. d, 4. a, 5. b, 6. c

**A4** Vorgehen wie beschreiben. Jede Gruppe macht sich Notizen, dann setzt sich je eine Person aus Gruppe A mit einer aus Gruppe B zusammen und sie ergänzen ihre Informationen.

Gruppe A: Vater Uwe hatte in Deutschland ein kleines Computer-Geschäft. Wegen der Konkurrenz mit den großen Discountern konnte er nicht genug verdienen und musste das Geschäft schließen. Mutter Eva hatte eine Tierheilpraxis, die sie auch aufgegeben hat. Für ihren Neustart haben die Knells die Mittelmeerküste Spaniens gewählt, weil sie die Gegend aus früheren Urlauben kannten. Sie fühlten sich noch nicht zu alt, um etwas zu ändern.
Gruppe B: Yvonne, die ältere der beiden, war sofort begeistert. Sie sagte damals: „Einmal müssen wir noch nach Hause, ich muss meine Spielsachen und meine Katze mitnehmen, und dann können wir runter." Bei Denise, der jüngsten Tochter, war es schwieriger, denn sie war noch klein (zwölfeinhalb Jahre) und es fiel ihr schwer, ihre Schulfreunde zurückzulassen.

**A5a** S sehen sich die zweite Filmsequenz an und machen sich Notizen zu den einzelnen Punkten. Diese können sie in einem zweiten Schritt auf Plakate schreiben. Die Plakate werden gelesen und dann darüber in der Klasse gesprochen.

> Teilen Sie die Gruppe in Untergruppen auf. Jede Gruppe bekommt ein Thema, auf das sie sich im Film konzentrieren soll. Im Anschluss setzen sich aus jeder Gruppe S zusammen und ergänzen ihre Notizen. **B**

Mögliche Lösung:
Sprache: Eva spricht gut Spanisch, übernimmt Gänge auf Ämter; Uwe spricht immer noch kein Spanisch; Yvonne konnte die Sprache anfangs nicht, jetzt spricht sie die Sprache gut.
Behörden: gutes Spanisch nötig; Anmeldung von Wohnsitz, Auto, Firma ist schwierig („Behördenalptraum"), da alles anders ist als in Deutschland (z. B. Öffnungszeiten)
Integration und Schule: Töchter sind in Spanien Ausländerinnen; Yvonne besucht zehnte Klasse einer weiterführenden Schule; kannte anfangs keinen und konnte die Sprache nicht, gewöhnt sich aber schnell ein, hat jetzt Freunde, kann die Sprache inzwischen gut, macht in drei Jahren Abitur;

Arbeit und Einkommen: Eva hat Job als Hausmeisterin/Verwalterin von Ferienhäusern, sieht nach schönen Zweitwohnsitzen von Deutschen; kann hart arbeiten und will sich durchbeißen; kann ihren ursprünglichen Beruf nicht mehr ausüben, denn er wird dort nicht gebraucht; hat zur Sicherung des Lebensunterhalts für die Familie kürzlich noch Vertrieb mit spanischen Spezialitäten begonnen. Uwe findet in seinem alten Job keine Arbeit; ist handwerklich begabt, erledigt kleine Bauarbeiten („Mann für alle Fälle") für deutsche Dauerurlauber in Alicante. Beide haben immer neue Ideen.
Wohnverhältnisse: (bekannt aus Sequenz 1: vier Personen in 75-Quadratmeter-Wohnung in einer Ferienanlage bei Alicante); Familie besichtigt größeres Haus, das sie sich nach sieben Jahren harter Arbeit leisten könnten; älteste Tochter mit Familie könnte mit einziehen, zögert aber noch

**A5c**     S stellen in GA Vermutungen an. Die interessantesten Vermutungen werden im PL vorgestellt.

Über die Gründe wird im Film nichts gesagt. Man kann über Janines Zögern spekulieren:
Sie hat gute berufliche Perspektiven in Deutschland; sie sieht zu viele Probleme im Ausland (Job, Sprache, …); sie möchte, dass ihr Sohn in Deutschland aufwächst und zur Schule geht; sie möchte wegen ihrem Partner in Deutschland bleiben; sie möchte nicht zu nahe bei ihren Eltern leben

**A6**     In KG bearbeiten.

> Notieren Sie die Fragen an der Tafel. Bilden Sie zwei Kreise im Raum, einen inneren und einen äußeren, sodass sich immer zwei Personen gegenüberstehen und über die Fragen aus A6 sprechen. Nach drei bis fünf Minuten gehen S aus dem äußeren Kreis einen Platz nach rechts. Der innere Kreis bleibt stehen. Wiederholen Sie das drei- bis viermal. Danach kann eine Reflexion im PL darüber stattfinden, was am interessantesten für S war.

**Kapiteltests**
Kapiteltests zu jedem Kapitel finden Sie unter www.klett-sprachen.de/aspekte-junior im Bereich „Tests".
Der Zugangscode lautet: asP!jr2

# Sprich mit mir!

**Themen** Kapitel 2 behandelt verschiedene Aspekte der Kommunikation von Körpersprache über Sprachenlernen und Jugendsprache bis zum richtigen Streiten.

**Auftakt** S beginnen das Kapitel mit ihren eigenen Wahrnehmungen.
**Modul 1** Hier geht es um Körpersprache und ihre Bedeutung für die Kommunikation.
**Modul 2** Die S beschäftigen sich mit dem Thema des frühen Fremdsprachenlernens.
**Modul 3** In Modul 3 lernen S verschiedene Ausdrücke aus der Jugendsprache kennen sowie Merkmale der Jugendsprache.
**Modul 4** Zum Abschluss reflektieren S über Streit und lernen Tipps für einen konstruktiven Streit kennen.
**Film** S sehen eine Reportage über Simultanübersetzer.

**Lernziele**

> **Ihr lernt**
> **Modul 1** | Ein Interview zum Thema „Nonverbale Kommunikation" verstehen
> **Modul 2** | Einen Forumsbeitrag zum Thema „Frühes Fremdsprachenlernen" schreiben
> **Modul 3** | Ein Radiofeature zum Thema „Jugendsprache" hören und Notizen machen
> **Modul 4** | Tipps zum richtigen Streiten verstehen
> In einem Rollenspiel einen Streit konstruktiv führen
> **Grammatik**
> **Modul 1** | Vergleichssätze mit *als*, *wie* und *je …, desto/umso*
> **Modul 3** | Das Wort *es*

## Auftakt  Sprich mit mir!

**Ü1–3** Zur Vorbereitung als HA geeignet.
Ü3 im PL besprechen, damit die verschiedenen Bedeutungen der Präfixe klar werden.

**Ü4a** Lesen Sie die Zungenbrecher einmal vor, dann sprechen alle gemeinsam nach. Anschließend üben S laut in EA, erst langsam, dann schneller.

> Lassen Sie die Zungenbrecher von den S mit verschiedenen Betonungen und Gefühlslagen lesen – sie können aus der Ü1a eine Art zu sprechen auswählen (schimpfen, rufen etc.) und selbst vortragen. So machen Sie S deutlich, wie wichtig die Intonation für das Verstehen und für den Transport der Informationen durch den Sprecher ist.

> Bei offeneren Gruppen bringen Sie für jeden S einen Korken mit und verteilen diese an die S. Die S lesen nun die Zungenbrecher mit den Korken, den sie zwischen den Zähnen festhalten. Dazu ist es wichtig, dass Sie das Sprechen mit dem Korken vormachen. Wenn Sie S haben, die den Korken nicht in den Mund nehmen wollen, können diese auch ihren Daumen benutzen.

**Ü4b** Als HA suchen S einen Zungenbrecher heraus und überlegen, wie man ihn auf Deutsch übersetzen könnte. In der Klasse stellen S einen Zungenbrecher vor. Wenn sie einen Zungenbrecher aus einer anderen Sprache mitgebracht haben, dann sprechen sie ihn erst in dieser Sprache vor und erklären dann die Bedeutung.
Wenn die S Spaß an diesem Thema haben, können sie versuchen, die Zungenbrecher auch alle zu wiederholen.
Bei großen Gruppen bietet es sich an, dies in KG zu bearbeiten.

**A1a** Aufgaben in EA bearbeiten und Assoziationen und Meinungen notieren, Austausch in PA.

Mögliche Lösung:
Bitte beachten Sie hier, dass es bei diesen Aufgaben um die subjektive Wahrnehmung der S geht, es kann also unterschiedliche Assoziationen geben.
1. Das Mädchen möchte ihrem Freund sagen, dass sie den Film gerne sehen möchte.
2. Bild A: demütig, traurig, leidend; Bild B: arrogant, hochnäsig
3. Bild A: Man darf hier nicht parken (sondern nur ganz kurz halten, wenn jemand ein- oder aussteigen will oder das Fahrzeug be- oder entladen wird; „eingeschränktes Halteverbot"). – Bild B: Hier steht der Feuerlöscher. Wenn es brennt, kann man hiermit helfen. – Bild C: Bitte den Mülleimer benutzen. – Bild D: Notausgang.
4. A – Ärger; B – Zufriedenheit; C – Neid; D – Fröhlichkeit; E – Ernst; F – Überraschung
5. A: Geburt; B: 18. Geburtstag; C: Valentinstag/Geburtstag
6. A: positiv; B: negativ; C: negativ; D: positiv; E: negativ; F: positiv; G: negativ
7. A: liebevoll/geliebt – B: skeptisch – C: überrascht/geschockt – D: traurig – E: wütend

**A1b** Am Ende dieses Abschnitts sprechen S im PL darüber, was sie überrascht hat, worin sie sich (nicht) einig waren und wie sie sich die Unterschiede erklären.

## Modul 1 Gesten sagen mehr als tausend Worte …

**A1a** Anleitungen lesen. Bei Spiel 1 bilden Sie je nach Gruppengröße zwei Reihen.
Spiel 2 bearbeiten S in KG, sie einigen sich auf ein Foto und eine Bedeutung, schreiben einen Dialog und spielen ihn im PL vor.
Durch diese zwei Spiele werden die S sensibilisiert, dass Mimik und Gestik für die Kommunikation wichtig sind und dass wir viel über die Körpersprache ausdrücken. Sie sehen, dass sie anhand der Körpersprache eine Vorstellung von der Stimmung der Person haben.

Mögliche Ideen für Spiel 2:
1. Drohung, „Pass auf, ich beobachte dich" – 2. Ich weiß nicht weiter; bin überfordert – 3. Mutter ist verärgert, kontrolliert, ob der Sohn die Hausaufgabe macht – Sohn ist nicht glücklich

**A1b** S überlegen sich ein Standbild, d. h. S dürfen nicht sprechen und sich nicht bewegen, oder eine kurze Szene zu einer eigenen Situation.
Immer zwei Paare arbeiten zusammen, sehen sich die Standbilder des anderen Paars an und überlegen sich einen Text dazu. Geben Sie den S ein wenig Zeit. Dann präsentieren sie den Text im PL.

Hinweise, wie das Tafelbild im Unterricht eingesetzt werden kann, können über das Tafelbild im Lehrwerk digital direkt aufgerufen werden. Beschreibungen zu allen Tafelbildern finden Sie auch online als Gesamt-PDF unter www.klett-sprachen.de/aspekte-junior/lehrerhandreichungB2.

**A2a** Vorgehen wie beschrieben.

Thema der Sendung: Körpersprache und ihre Wirkung
Gast: Thomas Naumann, Psychologe mit Spezialgebiet Körpersprache; promoviert gerade auf diesem Gebiet

# Sprich mit mir!

> Information Körpersprache:
> Körpersprache ist eine Form der nonverbalen Kommunikation und besteht aus der Verbindung von genetischen Anlagen und gelernten Verhaltensmustern. Durch sie können wir ohne Worte bzw. zusätzlich zu unseren Worten unsere Gesprächspartner oder andere Mitmenschen beeinflussen. Es gibt unbewusste Signale des Körpers, mit denen er auf Botschaften reagiert (wie z. B. beim Hören einer schlechten Nachricht) und bewusste Signale, die angelernt oder antrainiert sind (z. B. das „Pokerface").

**A2b** S hören den 2. Abschnitt und ergänzen die Satzanfänge.

1. Gesprochene Sprache ist nur ein Teil der Kommunikation.
2. Mit Mimik, Gestik und Körperhaltung verrät man dem Gegenüber automatisch seine Empfindungen.
3. Körpersprache sagt fast immer die Wahrheit.
4. Ein Lächeln versteht man überall als positives Signal, als Sympathiezeichen.
5. Unterschiedliche Kulturen entwickeln einen eigenen kulturspezifischen Code.

**A2c** Vorgehen wie beschrieben. S notieren die Fragen, die gestellt werden.

1. Kann man Körpersprache lernen? Was lernt man da genau?
2. Wie kann man einen kulturspezifischen Code lernen?

**A2d** In PA wählt jede/r S eine der Fragen und notiert Antworten. Austausch in PA.

1. Körpersprache ist lernbar; unbewusst achten wir viel auf Körpersprache; man lernt Regeln der Körpersprache, z. B. nicht so oft auf die Uhr schauen, wenn ich nicht signalisieren möchte, dass ich gelangweilt bin – keine Arme verschränken, das wirkt egoistisch/distanziert – ständig an etwas herumspielen bedeutet Unwohlsein
2. Reiseführer versuchen auf Körpersignale aufmerksam zu machen; Firmen schulen ihre Mitarbeiter, allerdings sind Regeln regional unterschiedlich; Beispiel: direkt in die Augen schauen, gilt in manchen Kulturen als unhöflich, in Deutschland ist es andersherum

> Teilen Sie die S in zwei Gruppen. Gruppe A notiert sich Antworten für die erste Frage und Gruppe B für die 2. Frage. In den Gruppen besprechen und ergänzen S ihre Antworten. Dann suchen sie sich einen Partner / eine Partnerin aus der anderen Gruppe und tauschen sich aus.

**Ü1**
P
GI

Diese Übung entspricht dem Prüfungsformat Lesen 2 des Goethe-Zertifikat B2 für Jugendliche. Weitere Informationen zum Goethe Zertifikat B2 finden Sie ab S. 166.
Geben Sie den S die Übung als HA mit dem Hinweis, dass sie ohne Wörterbuch arbeiten und die Zeit stoppen sollen. In der Prüfung haben die S ca. 12 Minuten dafür.
In der Klasse Gespräch: Was waren die Schwierigkeiten? Hat die Zeit gereicht oder brauchten die S länger? Sammlung von Strategietipps für dieses Leseverstehen.

**A3a** In PA verbinden S die Sätze. Kontrolle mit HV.

1 b – 2 c – 3 a

| | |
|---|---|
| A3b | Im PL Regel lesen und klären. In EA notieren S die Regel ins Heft und ergänzen ein Beispiel für Gleichheit und Ungleichheit aus A3a. |
| 🗝 | Gleichheit: Solche Signale nehmen wir genauso schnell wahr, wie wir gesprochene Sprache aufnehmen. (Satz 2c)<br>Ungleichheit: Wir achten nämlich viel mehr auf die Sprache des Körpers, als wir meinen. (Satz 1b) / Körpersignale aus anderen Kulturen bedeuten oft etwas anderes, als man denkt. (Satz 3a) |
| A3c | In PA bearbeiten. |
| 🗝 | 1. …, als man glaubt.<br>2. …, als man sich vorstellen kann.<br>3. …, als man denkt.<br>4. …, wie ich vermutet habe / wie ich vermute. |
| Ü2 | Als Wiederholung in der Klasse in PA bearbeiten lassen. |

> Bei stärkeren Gruppen als HA bearbeiten lassen und in der Klasse kontrollieren, bevor Sie mit A4 beginnen. **B**

| | |
|---|---|
| Ü3 | Als HA geeignet. |
| Ü4 | In EA bearbeiten. Dann in KG vergleichen. |
| A4a–b | In PA bearbeiten. |
| 🗝 | 1. Je eindeutiger die Signale <u>sind</u> (Nebensatz), desto **besser** <u>verstehen</u> wir sie. (Hauptsatz)<br>2. Je **länger** ein Gespräch <u>dauert</u> (Nebensatz), umso **klarer** <u>wird</u> die Bedeutung der Körpersignale. (Hauptsatz)<br><br>Regel: je … – **Nebensatz**, desto/umso … – **Hauptsatz** |
| A4c | In PA bearbeiten. Kontrolle im PL. Erinnern Sie die S an die Komparative. |
| 🗝 | 1. Je besser man Körpersprache versteht, desto/umso weniger Missverständnisse gibt es.<br>2. Je schneller man Körpersignale wahrnimmt, desto/umso angemessener kann man reagieren.<br>3. Je leichter man die Reaktionen des Gesprächspartners erkennt, desto/umso besser kann man sich verstehen. |
| Ü5 | In PA schreiben S Sätze. Sie geben sie einem anderen PA und diese kontrollieren die Korrektheit der Sätze und korrigieren ggf. |
| Ü6 | Als HA bearbeiten.<br>In der Klasse danach mündliche Auswertung in PA durch gegenseitiges Vorlesen und Kontrollieren. Gibt es Probleme? Ggf. im PL klären. |
| A5 | In PA üben S wie beschrieben die Satzstruktur. |

# Sprich mit mir!

> Umknickspiel: Die S arbeiten in Vierer-KG. Jede/r S bekommt ein Blatt Papier. Jede/r S schreibt einen „je"-Satz auf das Blatt. Das Blatt wird nach hinten geknickt und die Blätter rotieren nach rechts. S schreiben nun einen desto/umso-Satz, ohne den je-Satz gelesen zu haben. Wieder wird rotiert. S schreiben einen neuen je-Satz usw. Nach 10 Minuten klappen S die Blätter auf, lesen sich gegenseitig die Sätze vor. Es kommen sehr lustige Sätze zustande. S korrigieren formale Fehler. Nehmen Sie am Ende die Zettel mit und notieren Sie die noch nicht korrigierten Sätze für die nächste Stunde an der Tafel/IWB/Folie, um sie im PL gemeinsam korrigieren zu können. **V**

## Modul 2  Sprachen kinderleicht?!

**A1**  Vorentlastung: S sprechen über ihre eigenen Erfahrungen als Fremdsprachenlerner zu den drei Fragen aus A1. Sie tauschen sich in PA aus und machen sich kurze Notizen über den Partner.
S stellen zwei interessante Punkte von ihrem Partner / Ihrer Partnerin aus dem Gespräch im PL vor.

> Mögliche weitere Fragen: Wo hast du die Fremdsprachen gelernt (in der Schule / bei einem Austausch / …)? Von wann bis wann? Warum hast du dich für diese Sprache entschieden? Welche Sprache möchtest du noch lernen? Warum? Welche Sprache findest du am schwierigsten? etc.

> S bekommen jede/r eine Frage oder bei größeren Gruppen eine Frage in PA von **KV 3** auf S. 146. Diese Frage müssen sie bis zu acht anderen S aus der Klasse stellen.
> S gehen in der Klasse herum und befragen sich gegenseitig, sie notieren die Namen der gefragten Personen und kurz die Antwort auf einen Extra-Zettel. Nach 10–15 Minuten Fragezeit setzen sich alle S wieder hin und beantworten nun die Frage, die in kursiv geschrieben steht, aus den erhaltenen Antworten.
> Anschließend werden im PL dann nur diese zusammenfassenden Antworten präsentiert.
> Beispiel Nr. 3: Die meisten finden das Alter von 6 Jahren am besten, um eine Fremdsprache zu lernen.

**A2a**  Lesen Sie gemeinsam die Aufgabe und erklären Sie den S, dass sie sich im ersten Schritt „nur" auf die Meinung des Autors zum Frühen Fremdsprachenlernen konzentrieren sollen, soweit sie diese beim schnellen Lesen herausfiltern können.
In EA Text lesen, dann in KG sprechen: Was ist die Meinung des Autors? Was haben die anderen notiert?

 Seine Meinung: Das frühe Fremdsprachenlernen ist gut, nicht schwer und bringt viele Vorteile.

Hinweis: Lesetechnik – diagonales Lesen
Beim diagonalen Lesen wird der Text rasch überflogen. Mit dieser Lesetechnik werden die wichtigsten Informationen (Schlüsselwörter) erfasst. Wenn man während des raschen Überfliegens eines Textes auf Stellen stößt, die von besonderem Interesse sind, werden diese Passagen sofort, quasi als Stichprobe, gelesen. Man nennt dies auch „Anlesen" eines Textes. Ziel des diagonalen Lesens ist es, einen Gesamtüberblick über einen Text und dessen Thema zu erhalten.

**STRATEGIE** Vor A2b besprechen.
Die Strategie erklärt das Vorgehen beim detaillierten Lesen. Man liest einen Text Schritt für Schritt, Zeile für Zeile, Absatz für Absatz und markiert bzw. notiert die wichtigsten Informationen, um den Text als Ganzes zu verstehen und Fragen dazu im Detail beantworten zu können.

| | |
|---|---|
| A2b | Wenn Ihre S nicht in das Buch schreiben dürfen, kopieren Sie den Text von A2a für alle S, damit S die Strategie anwenden und so die wichtigsten Informationen pro Abschnitt markieren können.<br>S lesen den Text detaillierter und notieren Pro-Argumente mit Zeilenangabe. Sammeln im PL. |

Sprachen früh lernen
- von der EU-Sprachenpolitik gewünscht (Zeile 16–18)
- man kann viel über Kulturen und Länder lernen, neue Freunde finden (Zeile 28–33)
- Eltern sehen bessere Startchancen für ihre Kinder (Zeile 37–38)
- in Afrika/Asien werden viele verschiedene Sprachen benutzt, keine Überforderung (Zeile 42–50)
- Gehirn kann Mehrsprachigkeit verarbeiten (Zeile 51–53)
- Kinder unter vier Jahren lernen eine Fremdsprache mühelos und können leicht in ihr kommunizieren (Zeile 58–60)
- Ab acht bis zehn Jahre ist diese Phase vorbei; Kinder lernen meist spielend (Zeile 60–62)
- Wichtig ist, dass Sprache bei Kontaktaufbau hilft und dass man in der Sprache handelt (Zeile 63–65)
- Wichtig ist, Geduld zu haben, Entwicklung der Sprache kann länger dauern (Zeile 67–68)
- Zweisprachige Kinder können mehr Eindrücke aufnehmen und wichtige Dinge besser von unwichtigen unterscheiden (Zeile 75–77)
- Erwachsene können sich in lauter Umgebung besser konzentrieren, wenn sie zweisprachig aufgewachsen sind (Zeile 77–79)

> Kopieren Sie den Text und zerteilen Sie ihn in drei Abschnitte, z. B. Zeile 1–32; Zeile 33–66; Zeile 67–85.
> S arbeiten in KG, jede KG bekommt einen Teil und dann Vorgehen wie in A2b beschrieben. Anschließend setzen sich S aus den verschiedenen KG zusammen und gemeinsam ergänzen sie die Pro-Argumente.

| | |
|---|---|
| A2c | In EA notieren S zu den Aspekten weitere Informationen über den Text hinaus. Gespräch in KG: Was haben sie noch notiert? Was überrascht sie? Welche Erfahrungen haben sie beschrieben? Haben alle dieselbe Meinung? Mit welchen Argumenten? |
| Ü1a | In PA formulieren S drei Fragen. |
| Ü1b–c | S hören Text und lösen die Aufgaben. |
| Ü1d | In PA vergleichen S Informationen aus 1b und 1c und stellen fest, ob ihre Fragen gestellt wurden bzw. beantwortet wurden. Gespräch in GA über Technik, die sie gerne ausprobieren würden. |
| Ü1e | HV und Notieren von drei Wünschen. Vergleich im PL. |
| Ü1f | HV und Korrektur im PL. |
| A3a | Lesen der Kommentare. In PA Argumente gegen die Meinungen in den Kommentaren sammeln und notieren. |

In den Kommentaren genannte Meinungen:
Einsprachigkeit ist kein Defizit, sondern der Normalfall – Kinder müssen heute schon früh zu viel lernen und sollten lieber selbst entscheiden, wie sie die Zeit spielerisch verbringen wollen – Das Lernen einer Fremdsprache im Kindergarten ist kein natürliches Fremdsprachenlernen. – Es bringt nichts, mehrere Sprachen zu lernen, wenn man sie dann am Ende alle nicht richtig kann. – Lesen und Schreiben gehören zur Beherrschung einer Sprache dazu, sind aber Fertigkeiten, die man erst später erwirbt.

# Sprich mit mir!

**A3b** In GA Redemittel zu den Themen sammeln.
Ein S notiert die Redemittel seiner Gruppe an der Tafel. Vergleich und Ergänzen im PL.

Mögliche Lösung:

| Eigene Argumente nennen | Gegenargumente nennen |
|---|---|
| Ich bin der Ansicht/Meinung, dass … | Es stimmt zwar, dass …, aber … |
| Ein großer/wichtiger Vorteil von … ist, dass | Ich sehe ein Problem bei … |
| Ein weiterer Aspekt ist … | Das Gegenteil ist der Fall: … |
| Es ist (auch) anzunehmen, dass … | Im Prinzip ist das richtig, trotzdem … |
| Gerade bei … ist wichtig, dass … | Dagegen spricht, dass … |
| Viel wichtiger als … finde ich … | |
| Es ist logisch, dass … | Eigene Erfahrungen beschreiben |
| Untersuchungen/Studien zeigen, dass … | Ich habe ähnliche Erfahrungen gemacht, als … |
| Sicher sollten … | Es gibt viele Leute, die … |
| An erster Stelle steht für mich, dass … | Mir ging es ganz ähnlich, als … |
| | Bei mir war das damals so: … |
| Zustimmung ausdrücken | Wir haben oft bemerkt, dass … |
| Der Meinung/Ansicht bin ich auch. | Uns ging es mit/bei … so, dass … |
| Ich bin ganz deiner/Ihrer Meinung. | Wir haben gute/schlechte Erfahrungen mit … gemacht. |
| Das stimmt. / Das ist richtig. / Ja, genau. Da hast du / haben Sie völlig recht. | Meine Erfahrungen haben mir gezeigt, dass … |
| Es ist mit Sicherheit so, dass … | In meiner Kindheit habe ich … |
| Ich stimme dir/Ihnen/… zu, denn/da … | Im Umgang mit … habe ich erlebt, dass … |
| Ja, das sehe ich auch so / genauso … | Ich habe die Erfahrung gemacht, dass … |
| Ich finde es auch (nicht) richtig, dass … | Ich habe festgestellt, dass … |
| Ich finde, … hat damit recht, dass … | |
| Ich bin der gleichen Meinung wie … | |
| Da kann ich mich nur anschließen. | |
| Du hast / Sie haben recht damit, dass … | |

Bei schwachen Gruppen kann hier die Redemittelseite im Anhang des KB helfen. **B**

Hinweise, wie das Tafelbild im Unterricht eingesetzt werden kann, können über das Tafelbild im Lehrwerk digital direkt aufgerufen werden. Beschreibungen zu allen Tafelbildern finden Sie auch online als Gesamt-PDF unter www.klett-sprachen.de/aspekte-junior/lehrerhandreichungB2.

**A3c** In EA schreiben S eine Antwort zu einem Kommentar. Weisen Sie S darauf hin, dass sie hier auch ihre Notizen aus 2b–c benutzen können. S lesen alle Kommentare und vergleichen die Antworten. Welche sind ähnlich / ganz anders?

Die Aufgabe kann auch in PA bearbeitet werden, dann weiter Vorgehen wie oben oder in V. **E**

Kopieren Sie die Foreneinträge einzeln und hängen Sie sie im Klassenraum auf. Jedes Paar nimmt einen Eintrag und antwortet. Dann wird er wieder aufgehängt. Das Paar nimmt einen neuen Eintrag und antwortet auf Kommentar und Antwort. Dies 2–3 Mal wiederholen. Anschließend wird alles gelesen. Als Abschluss stellen sich S zu dem Kommentar mit den Antworten, die ihnen am besten gefallen haben und begründen, warum. **V**

S formulieren Interview-Fragen zum Sprachenlernen. Wenn es möglich ist, stellen sie dann diese Fragen Passanten auf der Straße oder ihrer Familie.
Mögliche Fragen: Wie viele Sprachen sprechen Sie? Welche und warum? Welche mögen Sie am liebsten/ gar nicht? Wann haben Sie Ihre erste Fremdsprache gelernt? Welche war es? Ab wann sollte man Ihrer Meinung nach mit den Fremdsprachen beginnen? Welche Fremdsprache sollte man unbedingt lernen? …
Anschließend erstellen S entweder Porträts von den Personen oder entwerfen eine Statistik zu den Antworten, die sie bekommen haben.

**Ü2** Als HA.

**Ü3a** In PA bearbeiten. Vergleich im PL.

**Ü3b–c** In PA schreiben S eigene Minidialoge und präsentieren sie dann in der Klasse.

> In PA wählen S zwei Redewendungen aus Ü3a und schreiben Minidialoge, die zu den Redewendungen passen, ohne sie zu erwähnen. Dann spielen sie die Dialoge in der Klasse vor und die Klasse rät, um welche Redewendung es sich handelt.

## Modul 3    Jugendsprache – schwere Sprache?

> Steigen Sie mit dem aktuellen Jugendwort des Jahres ein. Geben Sie bei einer Suchmaschine „Jugendwort des Jahres" ein. Lassen Sie die S zuerst über die Bedeutung dieses Wortes in der Klasse spekulieren. Geben Sie dann Beispiele für dieses Wort. Machen Sie anschließend mit dem Buch weiter.

**A1a** In PA sortieren S die Wörter und Erklärungen.

    1 D – 2 E – 3 F – 4 A – 5 C – 6 H – 7 B – 8 G

**A1b** In der Klasse nennen S Wörter ihrer Sprache, die nur von Jugendlichen benutzt werden, und erklären diese auf Deutsch.

> In GA überlegen sich S Wörter ihrer Sprache, die nur von Jugendlichen benutzt werden, und erstellen eine Zuordnungsaufgabe wie in A1a.
> Dann werden die Aufgaben gemischt, neu verteilt und von anderen Gruppen gelöst. Vergleich und Gespräch über die Antworten.

**A2a** S hören den Podcast und notieren Teilthemen.

    A, C, E, F

**A2b** S hören den ersten Teil noch einmal und machen sich Notizen. Vergleich in PA.

Mögliche Lösung:
A: Sprechweise und Merkmale, die unterschiedliche Gruppen von Jugendlichen in verschiedenen Altersstufen und unter verschiedenen Kommunikationsbedingungen verwenden
F: Musik großer Einflussfaktor (Sprache kreieren und experimentieren), neue Medien tragen zur Verbreitung der Jugendsprache bei (Chatbeiträge nicht in Standardsprache, viele computerspezifische Ausdrücke)

# Sprich mit mir!

C: typische Merkmale: Veränderung der Bedeutung der Wörter, Bedeutungsverschiebungen, -verengungen oder -erweiterungen („Message" heißt dann auch „Entscheidung"), viele englische Wörter werden eingedeutscht, Grammatik: Häufiges Wegfallen von Artikeln und Präpositionen
E: Jugendsprache will Hochsprache nicht verändern, ist eine Variation, Sprache verändert sich im Laufe der Zeit, das war schon immer so

**A3a** Vorgehen wie beschrieben.

1. gibt – 2. kommt – 3. handelt – 4. haben – 5. fehlt – 6. hat

**Ü1** Als HA.

**A3b** In PA bearbeiten lassen. Vergleich im PL.

| *es* als Subjekt | *es* als Objekt |
|---|---|
| 1. Es gibt einige typische Merkmale für Jugendsprachen.<br>2. Oft kommt es zu einer Bedeutungsverschiebung.<br>3. Oder es handelt sich um eine Bedeutungserweiterung.<br>5. Den Sätzen fehlt es häufig an Artikeln und Präpositionen. | 4. Man könnte meinen, Jugendliche haben es heute ständig eilig, denn sie sprechen kaum noch komplette Sätze.<br>6. Die Jugendsprache hat es nicht auf die Veränderung der Hochsprache abgesehen |

**A3c** In der Klasse Regel lesen und ergänzen lassen.

*es kommt an auf + A. / es handelt sich um + A. / es fehlt an + D.*

**Ü2** In PA bearbeiten.

**Ü3–4** Als HA.

**Ü5** In PA bearbeiten.

> Kopieren Sie die vier Dialoge etwas größer und zerschneiden Sie sie und verteilen sie im Raum. Notieren Sie die Lösung auf der Rückseite. In PA gehen S herum und lösen die Dialoge und kontrollieren sie direkt. **V**

**A4a** S ergänzen die Regel. Anschließend Vergleich mit Grammatik-Rückschau, KB, S. 37.

Position 1 – *es*

**A4b** In PA formen die S die Sätze um.

1. Etwas über Jugendsprache zu wissen, ist wichtig.
2. Dass Jugendliche ihre eigene Sprache haben, finden viele gut.
3. Jugendliche für ihre Sprache zu kritisieren, ist völlig falsch.
4. Dass Jugendliche sprechen, wie sie wollen, halten viele für einen Fehler.

> Schnellere Paare schreiben weitere eigene Sätze, tauschen sie mit anderen schnellen Paaren aus und formen sie um. So haben alle Paare Zeit, die Sätze in 4b umzuformen. **B**

| Ü6a–b | Als HA bearbeiten. |
|---|---|

> Hier bieten sich „Lebendige Sätze" an, damit die S sehen, warum *es* entfällt. Schreiben Sie die Satzteile aus A4a und Ü6b auf große Karten, den jeweiligen „dass-Satz" schreiben Sie auf eine Karte. Bei Ü6b nehmen Sie eine Variante aus den Lösungen. Verteilen Sie die Karten an die S (pro S eine Karte). Die S stellen den richtigen Satz, die anderen kontrollieren. Lassen Sie dann eine Umstellung bilden, in der das „es" entfällt.
> Sagen Sie den S, dass nur die Nomen groß geschrieben sind und fragen Sie sie nach dem Aufstellen, welches Wort auch noch groß geschrieben werden müsste.
> Beispiel: Sechs Karten für den folgenden Satz: es / ärgert / mich / , / dass du ständig zu spät kommst / .
> S können in KG auch eigene Sätze auf die Karten schreiben und eine andere KG strukturiert sie einmal mit „es" und einmal ohne.

| Ü7 | In KG bearbeiten. |
|---|---|
| A5 | Teilen Sie die Gruppe in KG ein, jede KG recherchiert nach Wörtern aus der Jugendsprache. Sie einigen sich in der Gruppe auf fünf Wörter und schreiben diese auf ein Plakat. S überlegen sich Minidialoge zu den einzelnen Wörtern.<br>Anschließend erklären sie den anderen die Wörter anhand der Dialoge. |

> Variante für die Präsentationen: Die S entscheiden sich aus verschiedenen Möglichkeiten, wie sie ihre Wörter präsentieren wollen und bereiten diese vor:
> – S schreiben Wörter und Definitionen auf verschiedene Zettel – Zuordnungsübung
> – S spielen Minidialoge zu ihren Wörtern vor.
> – S machen aus Wörtern und Definitionen ein Domino/Memo-Spiel
> – eigene Ideen der S
> In der Präsentationsstunde werden die verschiedenen Möglichkeiten vorgeführt bzw. bearbeitet. Wenn S sich z. B. für die Zuordnungsübung entschieden haben, kopieren Sie diese öfter, sodass die anderen S sie in KGs bearbeiten können. Die Dialoge werden im PL vorgeführt.

Hier bieten sich Anknüpfungspunkte zum fächerübergreifenden Unterricht an, z. B. die eigene Muttersprache.

## Modul 4  Wenn zwei sich streiten …

| A1a | In KG sprechen S über die dargestellten Situationen. |
|---|---|
| A1b | S sammeln Erfahrungsberichte zu den Fragen in KG und präsentieren diese dann im PL. |
| A2a | Diese Übung entspricht dem Prüfungsformat Hören, Teil 2A der Prüfung DSD II. Weitere Informationen zur Prüfung DSD II finden Sie ab S. 173.<br>S lesen die Aussagen der Personen, hören und ordnen zu. |
|  | A 1 – B 3 – C 2, 4 |
| A2b | Diese Übung entspricht dem Prüfungsformat Hören, Teil 2B der Prüfung DSD II. Weitere Informationen zur Prüfung DSD II finden Sie ab S. 173.<br>Aussagen lesen, weisen Sie die S daraufhin, dass zwei Aussagen übrig bleiben. Noch einmal hören. |
|  | A x – B 3 – C x – D 2 – E 4 – F 1 |

# Sprich mit mir!

> Um das Prüfungsformat zu trainieren, notieren die S Schlüsselwörter der Aussagen, auf die sie im HV achten wollen. S hören das HV und notieren sich zu den Personen auch Schlüsselwörter. Dann ordnen sie die Aussagen zu.
> Gespräch in der Klasse, wo die Schwierigkeiten waren.

**A2c** Diskussion in KG.
Damit sich die S daran gewöhnen, verschiedene Redemittel zu benutzen, zeigen Sie die passenden Redemittel aus dem Anhang im KB an der Tafel und S notieren sich ein paar, die sie benutzen wollen.

> Kopieren Sie passende Redemittel zur Diskussion auf Kärtchen, verteilen Sie sie in den KG und S ziehen ein Kärtchen und formulieren ihr Argument mit diesem Redemittel.

**A3a** In PA die Zwischenüberschriften lesen, ggf. klären von Wortschatz.
Artikel lesen, Überschriften zuordnen.

1 B – 2 G – 3 E – 4 F – 5 A – 6 C – 7 D – 8 H

**A3b** In PA fassen S die Tipps mit eigenen Worten zusammen. Vergleich mit einem anderen Paar.

Mögliche Lösung:
1. Streit nicht mit einem Vorwurf beginnen, ruhig bleiben
2. direkt über den Streitpunkt sprechen, aber nicht andere Punkte hinzunehmen
3. richtige Zeit suchen, nicht abends oder vor einem Test, nicht zu lange warten
4. gut zuhören und Interesse zeigen; offen bleiben, respektvoll sein
5. konstruktive Diskussion mit Ich-Botschaften
6. nicht immer eine Lösung, die alle gut finden; nicht so gerechte Aufgabenteilung auch einmal hinnehmen, das als Verhandlungsgrundlage für einen Kompromiss in einem anderen Bereich
7. um Entschuldigung bitten, wenn man nicht konstruktiv gestritten hat.
8. Resümee am Ende des Tages – was war gut/schlecht?

> Teilen Sie die Tipps auf. Jede/r S fasst in EA einen Absatz zusammen. Anschließend setzen sich je acht S zusammen und nennen die Tipps.

**A3c** Gespräch über die Tipps in der Klasse. Welche Tipps haben S evtl. schon selbst ausprobiert? Wie war die Erfahrung damit? Auf welchen möchten sie achten? Warum?

### SPRACHE IM ALLTAG

Lesen der Redensarten im „Sprache im Alltag"-Kasten. Notieren Sie dann ein paar Ausgangssituationen an der Tafel:

> *Beispiel für Situationen:*
> *Ich warte schon seit über einer Stunde auf meine Freundin / meinen Freund.*
> *Meine Schwester war schon wieder an meinem Kleiderschrank und hat mein Lieblings-T-Shirt genommen.*
> *Ein Freund / eine Freundin will schon wieder die Hausaufgaben von mir.*
> *Mein Bruder hat mein Handy kaputt gemacht.*

S reagieren mit den Sätzen aus dem „Sprache im Alltag"-Kasten und verschiedenen Intonationen. Machen Sie den S deutlich, dass diese Aussprüche alle relativ hart sind.

|  |  |
|---|---|
|  | In PA schreiben S auch ein oder zwei Ausgangssituationen oder Beispielsätze, lesen sie im PL vor und die anderen überlegen passende Reaktionen.  |
| Ü1a | S lesen alle Gedichte erst leise, dann lesen sie eins in GA laut vor. Kurzes Gespräch, welches ihnen am besten gefällt. |
|  | In GA suchen sich S ein Gedicht aus und inszenieren es für das PL. Jede Gruppe entscheidet selbst, ob sie das Gedicht mit Gesten und Mimik unterstützt, ob die Gruppe aufgeteilt wird und einzelne S verschiedene Zeilen lesen etc. Dann präsentieren S ihr Gedicht.  |
| Ü1b | In EA notieren sie zu jedem Gedicht einen Satz. Einzelne S lesen in der GA-Gruppe einen Satz vor und die anderen S ordnen die Aussage dem jeweiligen Gedicht zu. |
| Ü1c | S sammeln im PL weitere Wörter zum Thema „Streit". Dann schreiben sie in KG ein Gedicht mit Wörtern aus den Gedichten im ÜB und/oder Wörtern von der Tafel und tragen es vor. |
|  | Die Gedichte können im Klassenraum aufgehängt werden. Wenn es möglich ist, können Sie daraus ein kleines Buch mit allen Gedichten (korrigierte Fassungen) binden lassen, sodass jede/r S eines bekommt. → **Portfolio**  |
|  | In Klassen, die noch wenig mit Gedichten und dem Selbstschreiben gearbeitet haben, bietet sich an, vorher Ideen im PL an der Tafel zu sammeln.  |
| A4a | S besprechen Bilder in GA und stellen Hypothesen auf, worum es geht. |
| A4b–c | S entscheiden sich nach dem Lesen der drei Textanfänge für eine der Textsorten und bilden mehrere Gruppen, in denen sie die Texte aus der Ich-Perspektive zu Ende schreiben. Weisen Sie darauf hin, dass Gedanken und Gefühle die Texte interessanter machen.<br>Vorlesen ausgewählter Texte in der Klasse. → **Portfolio** |
|  | Bei stärkeren Gruppen suchen sich S in EA einen Textanfang aus und schreiben eine Minute lang den Text weiter. Dann geben sie ihren Text nach rechts und bekommen einen anderen, den sie wiederum weiterschreiben. So lange weitergeben, bis der Originaltext wieder beim ursprünglichen S angekommen ist. So ergeben sich ganz neue und für alle interessante Texte. Die Texte werden anschließend vorgelesen.  |
| Ü2a–b | Als HA.<br>Worterklärung im PL. S lesen die Beispielsätze mit den Verben aus der HA vor. |
| A5a–b | Redemittel im PL lesen und evtl. klären. Situationen im Buch lesen und in PA Dialog schreiben. Dabei auch die angegebenen Redemittel verwenden. Vorspielen In der Klasse. Das Publikum achtet darauf, was gut/schlecht gelaufen ist.<br>Kopieren Sie den Beobachtungsbogen von **KV 4** auf S. 147. So hören die S aktiver zu und können ein detailliertes Feedback geben.<br>Wenn Sie die Rollenspiele in GA durchführen, bilden Sie am besten Sechser-Gruppen. Zwei S führen das Rollenspiel durch und von den anderen vier achtet jeder auf einen Punkt des Feedback-Bogens der KV. Danach wird gewechselt. |

# Sprich mit mir!

> Für stärkere Gruppen: Kopieren Sie jeweils eine Beschreibung plus Foto (größer) auf Kärtchen.
> In PA bekommen S je ein Kärtchen, ohne das des Partners / der Partnerin zu kennen, und gehen direkt in den Dialog.
> Die S, die zuhören, machen sich Notizen, was gut gelaufen ist und wie/ob die S die Tipps aus A3b angewendet haben.
> Schwächeren Gruppen schreiben erst den Dialog und nutzen dann ihre Notizen auch beim Vorspielen. Das Publikum hat dieselbe Aufgabe wie in starken Gruppen.

## Aussprache  Etwas mit Nachdruck sprechen

Einstieg mit einer Situation, in der man mit Nachdruck spricht. Notieren Sie den Dialog an der Tafel. Sie sprechen A und ein S spricht B.

> *Beispiel: Unzufriedenheit im Restaurant*
> *A: Die Suppe ist zu salzig.*
> *B: Tatsächlich?*
> *A: Ja, viel zu salzig.*

Gespräch im PL: Was ist S aufgefallen?

**Ü1a** Sensibilisierung: S hören und markieren.

**Ü1b** S hören noch einmal und sprechen mit verteilten Rollen nach, ggf. einmal im Plenum in Gruppe A (Schüler) und B (Mutter), dann Wechsel und dann in PA selbstständig sprechen.
Weiterführende Frage: Wie würden S Nachdruck in der eigenen Muttersprache herstellen?

**Ü1c** In EA hören S die Aussagen und ordnen zu. In PA auswerten, evtl. Schwierigkeiten im PL besprechen.

**Ü2** In PA wählen S einen Anfang und schreiben kurze Gespräche. Helfen Sie den S ggf., wie Nachdruck mit den angegebenen Mitteln ausgedrückt werden kann.
Beim Spielen des Dialogs die Zuschauer beobachten lassen, ob die Inhalte mit Nachdruck vermittelt werden.

<u>Hinweis</u>: Ideen, wie Sie mit den Wortschatzseiten arbeiten können, finden Sie in der Einleitung dieses Lehrerhandbuchs auf Seite 14.

## Film  Sprache als Beruf

**A1a** S sammeln in KG Berufe, die mit Sprache zu tun haben. Anschließend Vergleich in der Klasse.

Mögliche Beispiele: Lehrer/in, Flugbegleiter/in, Übersetzer/in, Autor/in, Moderator/in, Schauspieler/in

**A1b** In PA einigen sich S auf einen Beruf aus A1a und informieren sich detaillierter. Dies ist auch als HA sinnvoll, sodass die S im Internet recherchieren können.
Wenn alle PA recherchiert haben, Präsentation in der Klasse. Teilen Sie dazu die Klasse in zwei Gruppen auf, d. h. die PA trennen sich und jeder berichtet in der Gruppe über den gewählten Beruf.

**A1c** In GA vermuten S, was den Beruf eines Simultanübersetzers ausmacht. Sammlung in der Klasse, halten Sie die Vermutungen an der Tafel fest.

**A2a** Sehen der ersten Filmsequenz und S beantworten die Fragen. Vergleich in der Klasse.

🗝 1. University of Westminster in London – 2. Rollenspiele (hier eine internationale Konferenz über die Auswirkungen der Globalisierung) – 3. Training für ihren späteren Beruf – 4. So können alle gleichzeitig trainieren.

**A2b–c** S sehen die erste Filmsequenz noch einmal und achten auf A2b–c. Vergleich in GA, dann Klären in der Klasse.

🗝 A2b:
Simultanübersetzer sind Übersetzer, die noch während gesprochen wird, ohne Zeitverzögerung übersetzen.

A2c:
A-Sprache: Muttersprache, in die übersetzt wird – B-Sprache: weitere Sprachen in die und aus denen gedolmetscht werden kann – C-Sprache: man beherrscht sie gut genug, um aus ihnen zu übersetzen, aber nicht in sie

**A3** S lesen die Fragen aus A3, evtl. Klärung, dann Sehen der zweiten Filmsequenz und S beantworten die Fragen. Klärung in der Klasse.

🗝 1. Bestimmte Gefühle und Erfahrungen machen wir nur in der Muttersprache und deshalb assoziieren wir sie nur mit der Muttersprache
2. Muttersprache: Auslösen von Gefühlen – andere Sprachen: Wahrnehmung ist rein phonetisch
3. Teil ihres Frontalgehirns, dort haben sie hohe Aktivitäten, was ihnen ermöglicht, extrem schnell zwischen den Sprachen zu wechseln.
4. Sie arbeiten nie allein und brauchen nach 30 Minuten eine Pause.

**A4a** In PA sortieren S die Verben den Ausdrücken zu.

🗝 1 D – 2 E – 3 C – 4 B – 5 A

**A4b** In PA schreiben S mindestens fünf Sätze, d. h. pro Ausdruck aus A4a einen Satz bezugnehmend auf den Film.
Im Anschluss daran werden die Sätze mit einem anderen PA ausgetauscht und korrigiert. Bei der Korrektur liegt der Fokus auf der richtigen semantischen Verwendung des Ausdrucks und der Verbposition.

> Schnellere S können mehr Sätze notieren und in der Korrekturphase nach den Fokuspunkten auch andere Punkte korrigieren. Ⓑ

**A5** S lesen die Experiment-Anweisungen und entscheiden sich in GA für eines der beiden und führen es durch. Gespräch in der Klasse: Was für Erfahrungen habt ihr gemacht? War es schwierig? Was genau fiel euch schwer?

---

**Kapiteltests**
Kapiteltests zu jedem Kapitel finden Sie unter www.klett-sprachen.de/aspekte-junior im Bereich „Tests".
Der Zugangscode lautet: asP!jr2

# Ganz schön sportlich

**Themen**  Das dritte Kapitel beschäftigt sich mit dem Thema „Sport" und seinen verschiedenen Aspekten.

**Auftakt**  Den Einstieg bieten verschiedene Sportberufe, über die sich die S austauschen.
**Modul 1**  Hier geht um junge Menschen, die ihr Leben dem Sport widmen.
**Modul 2**  Mit dem Thema „eSport: Ist das Sport oder nicht?" beschäftigt sich Modul 2.
**Modul 3**  In Modul 3 geht es darum, wie man durch Sport Gewalt verhindern kann.
**Modul 4**  Das komplette Modul 4 widmet sich dem Thema „Schulsport".
**Film**  Eine Reportage behandelt den Extremsport Freeclimbing.

**Lernziele**

**Ihr lernt**
**Modul 1** | Eine Reportage zum Thema „Jugendliche im Leistungssport" verstehen
**Modul 2** | Über das Thema „eSport" diskutieren
**Modul 3** | Einen Text über ein Projekt zu Sport gegen Gewalt verstehen
**Modul 4** | Informationen und Meinungen zum Thema „Schulsport" in einem Interview und in einem Forum verstehen
Eine Erörterung zum Thema „Schulsport" verfassen

**Grammatik**
**Modul 1** | Zweiteilige Konnektoren
**Modul 3** | Relativsätze mit *wer*

## Auftakt  Ganz schön sportlich

**A1a**  In GA spekulieren S über die Berufe der Personen auf den Fotos.
Damit die S hier nicht die Texte schon lesen, arbeiten Sie mit dem IWB oder kopieren Sie die Fotos, schneiden sie aus und zeigen nur die Fotos.

**A1b**  In PA: Vorgehen wie beschrieben. Gibt es bei einem Text/Foto Zweifel?

1 C:  Trainerin im Fitnessstudio; Trainerlizenz, Lehrgang mit Prüfung, Menschen kennenlernen, Pläne erstellen, Geräte erklären, Kenntnisse in Anatomie und Physiologie
2 D:  Sportjournalist, viel reisen, stressig, Schnelligkeit bei den Artikeln
3 E:  Fachangestellter für Bäderbetriebe (Bademeister), 3-jährige Ausbildung, für Sicherheit + Ordnung zuständig, Menschen retten, Erste Hilfe – sich auch um Becken und Geräte kümmern
4 B:  Sportphysiotherapeut, verletzte Sportler behandeln, Massagen, Übungen machen, möchte gerne bei einem Fußballverein arbeiten
5 A:  Sportökonomin, Studium: Sportökonomie → BWL, Jura und Sport, arbeitet bei einem Sportartikelhersteller, Analyse von sportlichen Entwicklungen + Trends; Produktwerbung bei Veranstaltungen

Gespräch mit S, welchen Beruf sie interessant finden, welchen sie gerne ausüben würden und warum (nicht)?

Klassenstatistik: Notieren Sie die fünf Berufe an der Tafel. Die S kommen nach vorne und markieren mit einem Strich, für welchen Beruf sie sich entscheiden würden.
Welcher Beruf ist am beliebtesten? Warum?

**Ü1a–c**  Als Vorbereitung für A2 sinnvoll. In EA lösen und vergleichen.

**A2**  In GA raten S die Sportarten.

> Bevor die S Pantomime machen, sammeln sie weitere Sportarten an der Tafel, sodass die S anschließend einen größeren Fundus für die Pantomime haben.

> In GA oder PL (je nach Gruppengröße) notieren S Sportarten auf Kärtchen. Sammeln Sie die Kärtchen ein und verteilen Sie sie neu. Ein/e S zieht eine Karte und beschreibt die Sportart. Wer sie als Erstes rät, bekommt die Karte. Gewonnen hat, wer die meisten Sportarten erraten, also die meisten Karten gesammelt hat.

**A3** In EA oder PA wählen S einen Beruf aus A1 oder einen anderen Sportberuf, den sie interessant finden. Sie recherchieren folgende Punkte:
- Ausbildung/Studium? Wie lange? Wo?
- Tätigkeiten?
- Vorteile?
- Nachteile?

Aus ihren Informationen stellen sie eine kleine digitale Präsentation her oder ein schön gestaltetes Plakat und präsentieren die Informationen sowie ihre Meinung zu dem Beruf in der Klasse.

Hier bieten sich Anknüpfungspunkte zum fächerübergreifenden Unterricht an, z. B. Sport, Wirtschaft.

**Ü2** Als HA.

**Ü3** In KG bearbeiten. Vergleich im PL – welche Gruppe hat am meisten Komposita gefunden?

**Ü4** In PA.

> Als HA schreiben S einen kleinen Text, in dem sie eine Redewendung verwenden müssen.

## Modul 1    Leben für den Sport

**A1a** Im PL Namen und Informationen sammeln.

**A1b** In PA teilen sich S die Ausdrücke auf. Jede Person sucht vier der Ausdrücke im Wörterbuch. Anschließend erklären sie sie sich gegenseitig.

**A1c–d** Als Einstieg ins Thema: Gespräch in der Klasse: Was ist Leistungssport? Was gehört dazu? Dann Vorgehen wie beschrieben.

Marie Schmidt: Tennisspielerin, Tennis seit sie 4 war, anfangs: 2x pro Woche, spezielles Sportgymnasium, 5–6x Training pro Woche, meist 4 Stunden, 6 Uhr aufstehen – Sportübungen – Schule – Training, wenig Freunde, die nicht aus dem Leistungssport kommen, kann sich ein Leben ohne Sport nicht vorstellen

Valentin: mit 5 Jahren begonnen, Fußball zu spielen, mit 11 Jahren von einem Talente-Scout entdeckt; großer Verein – mit Bedingung dort aufs Internat zu gehen, muss gute Leistungen im Internat und beim Sport bringen – großer Druck, beneidet seine alten Freunde um ihre Freizeit, Knieverletzung, schwierig, danach die Qualität wieder zu erreichen, Absacken in der Schule, Konsequenz: Aufgabe des Traums vom Profifußballer

**A2a** Gespräch in GA. Interessante Punkte am Ende ins PL.

**A2b** S sprechen in der Klasse.

# Ganz schön sportlich

**Ü1**  Als HA.

**A3a**  S schreiben die Sätze ins Heft und ergänzen die Konnektoren. Dann hören sie zur Kontrolle.

1. nicht nur …, sondern auch, 2. Entweder … oder, 3. Je …, desto, 4. zwar … aber, 5. weder … noch, 6. Einerseits …, andererseits, 7. sowohl … als auch

**A3b**  S legen im Heft eine Tabelle wie im Buch an und ordnen die Konnektoren in die Tabelle.
Falls ihre S mehr Hilfe brauchen, um die Konnektoren einzuordnen, bieten Sie weitere Sätze an.
Beispiele:
Emma muss zwar viel trainieren und hat wenig Zeit, aber es macht ihr großen Spaß.
Sie gehen heute entweder ins Fitness-Studio oder Tennis spielen.
Ich mag weder klassische Musik noch Jazz.
Mein Freund und ich haben sowohl in der gleichen Stadt gelebt, als auch im gleichen Haus.
Mit meiner besten Freundin telefoniere ich nicht nur jeden Tag, sondern ich sehe sie auch jedes Wochenende.
Je mehr Sport ich mache, desto besser kann ich mich in der Schule konzentrieren.
Einerseits mag Lukas Sport, aber andererseits möchte er nicht so viel trainieren.

| <u>Aufzählung</u> | <u>„negative"</u> <u>Aufzählung</u> | <u>Vergleich</u> | <u>Alternative</u> | <u>Einschränkung/</u> <u>Gegensatz</u> |
|---|---|---|---|---|
| nicht nur …, sondern auch sowohl …, als auch | weder … noch | je …, desto | entweder … oder | zwar …, aber einerseits …, andererseits |

**Ü2a–c**  Übung zur Satzstellung der Konnektoren als HA. Weisen Sie darauf hin, dass es in dieser Übung um die Verknüpfung von ganzen Sätzen und nicht um die Verknüpfung von Satzteilen geht.

> Wenn Ihre Gruppe Schwierigkeiten mit der Satzstellung hat, in PA in der Klasse bearbeiten lassen.  **B**

> Auch hier können Sie die S wieder lebendige Sätze stellen lassen (vgl. Kapitel 2 Modul 3) oder Sie kopieren die Teile auf Kärtchen und die S legen verschiedene Versionen in GA.  **E**

**A3c**  Im Anschluss daran lösen S in EA die Aufgabe und vergleichen sie dann in PA.

1. Je häufiger man trainiert, desto seltener kann man Freunde treffen.
2. Beim Leistungssport ist sowohl das Talent wichtig als auch das Durchhaltevermögen. / Beim Leistungssport ist nicht nur das Talent wichtig, sondern auch das Durchhaltevermögen.
3. Viele junge Sportler trainieren nicht nur unter der Woche, sondern auch am Wochenende. / Viele junge Sportler trainieren sowohl unter der Woche als auch am Wochenende.
4. Die Trainer erwarten nicht nur viel Einsatz, sondern auch gute Leistungen. / Die Trainer erwarten sowohl viel Einsatz als auch gute Leistungen.
5. Junge Sportler haben weder Zeit für andere Hobbys noch für Freunde.
6. Ein Leben für den Leistungssport ist zwar anstrengend, aber es kann auch sehr erfüllend sein. / Einerseits ist ein Leben für den Leistungssport anstrengend, andererseits kann es auch sehr erfüllend sein.
7. Zwar wollen viele junge Leute Profisportler werden, aber das schaffen nur sehr wenige. / Einerseits wollen viele junge Leute Profisportler werden, andererseits schaffen das nur sehr wenige.

Hinweise, wie das Tafelbild im Unterricht eingesetzt werden kann, können über das Tafelbild im Lehrwerk digital direkt aufgerufen werden. Beschreibungen zu allen Tafelbildern finden Sie auch online als Gesamt-PDF unter www.klett-sprachen.de/aspekte-junior/lehrerhandreichungB2.

**Ü3** Als HA.

> Schwächere Gruppen ziehen zur Vorbereitung auf A3c die Ü3 vor und bearbeiten dann A3c in PA. In stärkeren Gruppen als HA geeignet.

**A3d** Zur Verdeutlichung der Konnektoren schreiben S Beispielsätze und vergleichen/korrigieren sie in GA.

**Ü4** Als HA auf einem Extra-Zettel bearbeiten. Die Zettel neu mischen und verteilen, in PA korrigieren S die Sätze wenn nötig.

**A4** Gespräch in GA. Präsentation einzelner S und ihrer Sportarten im PL.

> Lassen Sie A4 bei schwächeren Gruppen als HA vorbereiten, sodass S Wörter und Formulierungen suchen und diese Notizen bei A4 benutzen können.

 S bereiten eine kleine Präsentation zum Thema „Sport" vor. Das kann eine Sportart sein, die sie machen oder auch eine, die sie gerne lernen würden oder z. B. beim Zusehen interessant finden (Skispringen z. B.): Was ist das Typische an dem Sport? Was und wie trainiert man? Wie verbreitet ist der Sport (in meinem Land, in anderen Ländern)? Warum habe ich ihn gewählt? bzw. Warum interessiert er mich?
Für die Präsentation in der Klasse bringen sie evtl. Dinge mit, die man für den Sport braucht.

 Wenn Sie einen Sport vorstellen, den sie selbst machen, können sie ggf. etwas vorführen. Hier bieten sich Anknüpfungspunkte zum fächerübergreifenden Unterricht an, z. B. Sport

## Modul 2 Ist eSport ein richtiger Sport?

**A1** In KG definieren S den Begriff „Sport". Vergleich im PL.

> In PA notieren S eine Definition zum Begriff „Sport". Zwei PA gehen zusammen und einigen sich auf eine gemeinsame Definition. Zwei KG gehen zusammen und einigen sich wieder auf eine gemeinsame Definition.
> Die Definitionen werden anschließend im PL vorgelesen.

**A2a** Diese Aufgabe entspricht dem Prüfungsformat Lesen, Teil 2 der Prüfung DSD II. Weitere Informationen zur Prüfung DSD II finden Sie ab S. 173.
S lesen in EA zuerst die sieben Aussagen, dann den Text und notieren die korrekte Lösung.

 1 f (Z. 8–12) – 2 f (Z. 19–23) – 3 f (Z. 28–29) – 4 nicht im Text – 5 r (Z. 58–61) – 6 r (Z. 73–75) – 7 r (Z. 76–79)

Hinweis: Geben Sie S für die Prüfung den Tipp, dass es zum Üben hilfreich ist, die jeweiligen Zeilen im Text zu markieren, in der sie die wichtigen Informationen gefunden haben (dazu kopieren Sie ggf. den Text). So kann man im Nachgang mögliche Fehler erklären und nachvollziehen, wie S zu den Lösungen kamen.

**Ü1a–b** Als HA geeignet.

**A2b** S lesen den Text in EA noch einmal und ergänzen alle wichtigen Informationen zum eSport aus dem Text. Vergleich in PA.

# Ganz schön sportlich

**A2c**    Diskussion in GA mit den angegebenen Redemitteln.
Auch hier bietet sich wieder an, dass die S die Redemittel auf Karten schreiben und diese ablegen, sobald sie ein RM benutzt haben.

> Hier bietet sich die Methode des „Kugellagers" (Ziel: dialogisches Sprechen mit wechselnden Partnern) an: S bilden zwei Kreise, einen inneren und einen äußeren. Immer zwei Personen sitzen sich gegenüber.
> Nennen Sie die erste Aussage, zu der S eine kurze Diskussion mit ihrem Gegenüber führen. S sollen dabei die Redemittel benutzen. Empfehlen Sie S, möglichst viele verschiedene Redemittel zu benutzen. Nach ein paar Minuten setzen sich alle vom Außenkreis einen Stuhl weiter nach rechts, Sie nennen die nächste Aussage und wieder wird diskutiert. Nach ein paar Minuten wieder rotieren und die dritte Aussage zur Diskussion geben. Ebenso mit der vierten Aussage verfahren.

**A3**    Als Abschluss dieser Einheit und als HA schreiben S einen Kommentar zum Thema „eSport".
→ **Portfolio**

**Ü3**    Diese Übung entspricht dem Prüfungsformat Sprechen 1 des Goethe-Zertifikats B2 für Jugendliche. Weitere Informationen zum Goethe-Zertifikat B2 finden Sie ab S. 166.

Lesen Sie die Aufgabenstellung gemeinsam in der Klasse. Als Vorentlastung kopieren Sie den S die Tipps zu diesem Prüfungsteil aus dem LHB S. 172 und besprechen Sie, wie man Notizen macht (Symbole benutzen, keine ganzen Sätze, Verweise mit Pfeilen etc.)
Sammeln Sie gemeinsam Redemittel für die Einleitung, Übergänge und den Schluss und verweisen Sie die S auf den Redemittelanhang am Ende des KB.

In PA nimmt jede/r S ein Thema, bereitet sich ca. 10 Minuten auf den Vortrag vor und hält ihn dann seinem/ihrem Partner / seiner/ihrer Partnerin. Der/Die Zuhörende muss am Ende mindestens eine Frage zum Vortrag stellen. Dann Wechsel.

> Kopieren Sie die Redemittel von **KV 5** auf S. 148. S sortieren sie in Gruppen zu. Dann notieren S sich einige aus jeder Kategorie auf Kärtchen, die sie während ihres Vortrags benutzen möchten.

## Modul 3    Sport gegen Gewalt

**A1a**    S lesen Titel, sehen sich das Foto an und sammeln im PL, wie ihrer Meinung nach Sport gegen Gewalt helfen kann.
Hypothesen werden schriftlich festgehalten, damit nachher wieder auf sie eingegangen werden kann.

> *Mögliche Hypothesen:*
> *Sport kann das Selbstbewusstsein stärken.*
> *Wer fit ist, fühlt sich körperlich und mental stärker und hat dann weniger Angst.*
> *Mit Kampfsport kann man sich selbst und andere verteidigen.*
> *Sport ist ein sinnvoller Zeitvertreib.*
> *Sport sorgt für Gemeinschaftsgefühl (z. B. Vereine, Clubhäuser und Sportfeste, Fanclubs, Fanmeilen während der Fußball-WM, …)*
> *Sport ist für internationale Verständigung wichtig (z. B. Idee von Olympia, überall in der Welt sind bekannte Sportclubs beliebtes Gesprächsthema, …).*
> *Beim Sport baut man Aggressionen ab.*
> *Bei vielen Sportarten lernt man, wie wichtig Fairness ist und dass man andere nicht verletzen darf.*
> *…*

**A1b** In EA Text lesen und Notizen zu Fahim Yusufzai notieren. Vergleich in GA. Gleichzeitig überprüfen S die eigenen Hypothesen.

- Fahim Yusufzai: gebürtiger Afghane, arbeitete als Sicherheitsleiter im Einkaufszentrum Jenfeld
- war frustriert, weil er immer wieder dieselben Jugendlichen wegen Diebstahl, Randalieren oder Leute-Ärgern der Polizei übergeben musste
- lernte als 13-Jähriger Taekwondo
- seit 1989 schwarzer Gürtel
- gründete Verein „Sport gegen Gewalt" und bringt Jugendlichen Taekwondo, Kickboxen, Fußball und Basketball bei
- die im Einkaufszentrum erwischten Jugendlichen können wählen, ob er sie zur Polizei bringt oder ob sie zu ihm in den Verein kommen
- seit dem Training sind Zahl der Diebstähle und Sachbeschädigungen zurückgegangen
- sein Verein ist ein Vorbild für viele andere Projekte mit ähnlichen Zielen

> Informationen Jugendkriminalität in Deutschland:
> Als Jugendkriminalität werden im Allgemeinen strafrechtlich relevante Verstöße junger Menschen im Alter von 14 Jahren bis unter 21 Jahren bezeichnet. Das Jugendstrafrecht stellt die Erziehung der Jugendlichen sowie die Verhinderung weiterer Straftaten in den Vordergrund. Es zielt also besonders auf Sanktionen, die die Entwicklung der Jugendlichen positiv beeinflussen sollen (z. B. Teilnahme an sozialen Trainingskursen oder gemeinnützige Arbeiten).

**A1c** In PA ergänzen S den passenden Abschnitt. Vergleich im PL.

1 C – 2 A – 3 D – 4 B – 5 F – 6 E

**Ü1a–b** Kann bei stärkeren Gruppen in EA bearbeitet werden, dann Vergleich in PA. Auch als HA geeignet.

> Erklären Sie in schwächeren Gruppen, dass alle Wörter im Text A1b vorkommen und sie diese auch grammatisch anpassen müssen. Bearbeitung in PA. Vergleich und Klärung von Fragen im PL.

**Ü2** Wiederholung der Relativpronomen. In KG überlegen S, was sie noch über Relativsätze wissen (z. B. Relativpronomen, Satzstruktur, etc.). Im PL werden alle Informationen zusammengetragen und auf einem Plakat ergänzt, das an die Wand gehängt wird, sodass alle S immer wieder darauf zurückgreifen können.
Dann Ü2 in PA als Vorbereitung für A2a–c bearbeiten.

**A2a–b** S suchen Relativsätze in EA im Text und legen in ihrem Heft eine Tabelle an. Dort markieren sie die Verben und ergänzen, welcher Satz der Haupt- und welcher der Nebensatz ist. Vergleich in PA.

| Nebensatz | | Hauptsatz | |
|---|---|---|---|
| Wer | erwischt wurde, | der | bekam zunächst Hausverbot. |
| Wen | Fahim Yusufzai der Polizei übergeben hatte, | dem | begegnete er am nächsten Tag garantiert wieder im Einkaufszentrum. |
| Wer | diesen Sport treibt, | dem | sind Eigenschaften wie Disziplin, Selbstbeherrschung und Verantwortung nicht … fremd. |
| Wer | einmal solche Eintragungen hat, | der | hat sich seine Zukunft verbaut. |
| Wer | zu ihm in sein Taekwondo-Training kommt, | den | bringt er nicht zur Polizei. |
| Wer | im Training flucht oder jemanden beleidigt, | der | muss Liegestütze machen. |

# Ganz schön sportlich

| Nebensatz | | Hauptsatz | |
|---|---|---|---|
| Wen | Probleme plagen, | der | hat die Möglichkeit, jederzeit mit ihm zu sprechen. |
| Wem | er Taekwondo beibringt, | der | merkt schnell, dass es keinen Sinn macht, Mist zu bauen. |

**Ü3** In PA bearbeiten.

**A2c** In EA ergänzen S die Regel.

1. Person, 2. Nebensatz, Hauptsatz, 3. Verb, 4. *der/den/dem*

**A2d** In PA bearbeiten.

2. Wer Sport treibt, dem geht es besser.
3. Wem es gut geht, der kann besser lernen.
4. Wen Kampfsport interessiert, der kann eine Probestunde machen.
5. Wer regelmäßig Sport im Verein macht, dem ist nicht langweilig.

A2d bietet sich als Kettenübung in KG mit max. fünf Personen an: ein S beginnt und macht aus Nr.1 einen Relativsatz mit *wer;* dann macht der nächste S mit dem zweiten Satz weiter etc., bis alle S der Gruppe einen Satz gesagt haben.

Kopieren Sie die **KV 6** auf S. 149 für mehrere Gruppen und zerschneiden Sie die Kärtchen horizontal. Jede Gruppe bekommt einen Packen. Die S mischen und verteilen die Kärtchen in der Gruppe. Ein Kärtchen kommt in die Mitte. Der Reihe nach versuchen die S, passende Sätze zu bilden und ihre Kärtchen abzulegen. Wenn ein S kein Kärtchen mehr hat, hat er gewonnen.

Hinweise, wie das Tafelbild im Unterricht eingesetzt werden kann, können über das Tafelbild im Lehrwerk digital direkt aufgerufen werden. Beschreibungen zu allen Tafelbildern finden Sie auch online als Gesamt-PDF unter www.klett-sprachen.de/aspekte-junior/lehrerhandreichungB2.

**Ü4–Ü5** Als HA bearbeiten.

**A3** Meinungen lesen, S entscheiden, welcher Meinung sie sich anschließen und überlegen sich in EA Argumente und notieren Redemittel aus dem Redemittelanhang, die sie in der Diskussion benutzen wollen.
Diskussion in KG.

Hängen Sie die Meinungen in zwei Ecken des Raums. S stellen sich in die Ecke, deren Meinung sie vertreten möchten. Die dort versammelte KG sammelt anschließend Argumente.
Aus jeder Ecke kommt eine gleiche Anzahl S zusammen und diskutiert. Weisen Sie die S für die Diskussion auf die Redemittel im Anhang des KB hin.

S entscheiden sich in EA für eine Meinung und notieren sich fünf Redemittel aus der Liste im Anhang des KB auf ein Blatt, die sie in der Diskussion benutzen sollen.
Anschließend Diskussion im „Aquarium": Drei S kommen nach vorne und beginnen mit der Diskussion, die anderen sind Zuhörer/innen und dürfen nichts sagen; wenn jemand etwas sagen möchte, steht er/sie auf und geht „ins Aquarium": Er/Sie legt einem/einer der drei S, die vorne sitzen, die Hand auf die Schulter und löst ihn/sie ab, diese/r wird zum Zuschauer / zur Zuschauerin und setzt sich auf seinen/ihren Platz und der/die andere nimmt den Platz im „Aquarium" ein. Jede/r S sollte mindestens einmal im „Aquarium" gewesen sein. S können als Hilfe die Redemittel mit nach vorne nehmen.

## Modul 4  Schulsport – Sport in der Schule?

**A1a**  Vorgehen wie beschrieben.

> Kopieren Sie die Zeichnungen größer und geben Sie jeder Gruppe ein Set. S benutzen diese Karten und tippen auf die jeweilige Zeichnung.

**A1b**  S hören den Rhythmus noch einmal und machen mit.
Wenn S es ein wenig öfter geübt haben, machen sie die Übung vor und werden Sie schneller. Anschließend sprechen Sie darüber, wie es den S gefallen hat. Warum gut/schlecht?

> Wenn Ihre Gruppe Spaß an diesen Übungen hat, können S sich bis zum nächsten Mal eigene Übungen ausdenken und diese in der Klasse oder in GA ausprobieren.

**A2a**  An der Tafel Positives und Negatives zum Thema „Sport" sammeln.

Mögliche Lösung:

| positiv | negativ |
|---|---|
| man fühlt sich besser | viel Druck |
| man ist im Team/sozial | stressig (Wettbewerbscharakter) |
| man kann sich selbst Ziele setzen – Zufriedenheit, wenn man sie erreicht | man bekommt einen roten Kopf |
| | man ist k.o. danach |
| oft draußen | anstrengend |
| man wird/bleibt fit | viele Termine |
| gute Figur | |

**Ü1**  Als HA.

**Ü2a**  Ü2a in PA lösen.
Schnellere S können weitere Worträtsel machen, gemeinsames Lösen im PL.

  Hier bieten sich Anknüpfungspunkte zum fächerübergreifenden Unterricht an, z. B. Biologie.

**Ü2b**  In PA lösen

**A2b**  S hören das HV zweimal und machen sich Notizen. Vergleich in der KG.

1. Förderung des Sportunterrichts und Bewegung in Schulen
2. Immunsystem: stärkt Abwehrkräfte, Immunsystem stark – selten krank
Herz: Stärkung, beim Sport steigt Blutdruck – Herz muss mehr pumpen – starkes Herz: mehr Blutbewegung, kann also langsamer schlagen und in den Pausen wird der Muskel besser durchblutet.
Blutkreislauf: bleibt in Schwung, wird „durchgespült", Blutbahnen sind frei – Risikosenkung eines Schlaganfalls oder Thrombose
Gehirn: Sport macht Kopf frei, schafft Platz für klare Gedanken, bessere Durchblutung

**A2c**  HV des zweiten Teils und S machen sich Notizen. Erst Vergleich im PL. Dann noch einmal hören.

methodische Kompetenzen: Beobachten und Analysieren: Bewegungsabläufe im Sportunterricht analysieren S, bevor sie sie nachmachen / Organisieren: Schiedsrichter, S organisieren sich selbst beim Üben und Trainieren
soziale Kompetenzen: Kooperation und Kommunikation: beim Teamsport muss man sich absprechen, auf Fähigkeiten der anderen eingehen

# Ganz schön sportlich

persönliche Kompetenzen: man lernt seinen Körper besser kennen / Durchhaltevermögen: an die Grenzen gehen, z. B. bei einem 1.000 Meter Lauf / Selbsteinschätzung und persönliche Zielsetzung: z. B. Weitsprung, erst schätzen, wie weit man kommt, danach neues Ziel setzen / Verantwortung: Sportgeräte richtig aufbauen, sonst ist es gefährlich, anderen helfen

> Teilen Sie die Klasse in drei Gruppen auf. Jede Gruppe achtet auf eine Kompetenz. Anschließend Austausch in Dreiergruppen.

**A2d** S hören den letzten Teils des Interviews und sprechen über die Vorschläge von Herrn Fraunberger.

 5 Stunden Sport pro Woche; Pausen- und Schulhöfe besser mit Sportmöglichkeiten ausstatten, z. B. Beachvolleyball-Platz, Tischtennisplatten und Boulder-Anlagen

> Information „bouldern"
> bouldern kommt vom engl. „Felsblock" und bedeutet Klettern ohne Seil und Gurt an Felsen oder Kletterwänden. Man klettert nur bis zu einer Höhe, von der man abspringen kann, ohne sich zu verletzten.

**A2e** In GA erstellen S eine Mindmap mit Argumenten für den Schulsport. Präsentation der verschiedenen Mindmaps im PL.

**SPRACHE IM ALLTAG**
Vor A3 lesen Sie den Sprache im Alltag-Kasten im PL. Welche Wendung finden S interessant oder lustig? Was gibt es in anderen Sprachen auch?

**A3** Diese Aufgabe entspricht dem Prüfungsformat Lesen 1 des Goethe-Zertifikats B2 für Jugendliche. Nähere Informationen zum Goethe-Zertifikat B2 finden Sie im Anhang ab S. 166.
S lesen zuerst die neun Aussagen. Ggf. Wörter klären. Mehrfachnennungen sind möglich. Geben Sie den S 18 Minuten Zeit, wie in der Prüfung empfohlen wird, und sehen Sie dann, wie weit die S sind. Reicht die Zeit? Ja/Nein – warum?

 1 b – 2 c – 3 c – 4 b – 5 a – 6 d – 7 c – 8 d – 9 a

**A4a** Wie in A2e beschrieben, erstellen S nun in GA eine Mindmap gegen den Schulsport. Präsentation im PL.

**A4b** In KG sprechen S über die Cartoons und welche Probleme sie darstellen. Vergleich im PL.

 1. Lehrer bewertet S nach unlogischen Kriterien, keine positive Motivation – 2. S interessieren sich nur noch für ihr Handy – verzweifelter Versuche eines L, S zum Sport zu motivieren.

> Gespräch in der Klasse: Wie findet ihr die Cartoons? Kennt ihr weitere Cartoons zum Thema? Evtl. mitbringen und vorstellen lassen.

**A5a** Die komplette A5 ist die Hinführung zum Schreiben einer Erörterung.
Aufgabe im PL lesen, in PA einigen sich S auf einen Standpunkt und notieren Argumente für ihren Standpunkt in einer Tabelle. Hilfe finden sie in den Mindmaps.

**Ü3** Hier finden S weitere Argumente. Sie markieren, ob sie positiv/negativ sind oder gar keine Wertung enthalten und in Ü3b ordnen sie die aussagekräftigen Argumente nach der Wichtigkeit.

**A5b** STRATEGIE Zurück zu ihrer eigenen Erörterung sortieren S in PA ihre eigenen Argumente nach der Wichtigkeit. Lesen Sie dazu auch die Strategie im PL.

| | |
|---|---|
| A5c | S notieren die Redemittel in eine Tabelle im Heft. Vergleich im PL. |
| A5d | In PA schreiben S eine Einleitung zum Thema mit den im Buch angegebenen RM. S lesen sich ihre Einleitungen in GA vor und geben sich konstruktives Feedback: Was ist gut? Was könnte man anders schreiben? |
| Ü4 | Zur Vorbereitung des Schreibens bearbeiten S Ü4 in EA. Sie wiederholen so Konnektoren, die sie auch in ihrer eigenen Erörterung nutzen können. |
| STRATEGIE | Lesen Sie im Anschluss daran, direkt die Strategie. |
| A5e | S schreiben eine Erörterung als HA. Korrigieren Sie die Texte und lesen sie ein paar sehr gut gelungene Beispiele (eins für mehr Wochenstunden Schulsport / eins dagegen) im PL vor.<br>→ **Portfolio** |
| Ü5<br>P<br>GI | Diese Übung entspricht dem Prüfungsformat Lesen 5 des Goethe-Zertifikats B2 für Jugendliche. Nähere Informationen zum Goethe-Zertifikat B2 finden Sie im Anhang ab S. 166.<br>Als HA bearbeiten. Die empfohlene Zeit in der Prüfung sind 6 Minuten. S sollen die Zeit stoppen, um sehen zu können, wie weit sie in diesem Zeitraum kommen und wo sie Schwierigkeiten haben. |
| Ü6a | HV hören und alle machen mit. |
| Ü6b | Als HA. |

| Aussprache | Konsonantenhäufung |
|---|---|
| Ü1a | In EA lesen S die Wörter leise und markieren das Wort mit den meisten zusammenstehenden Konsonanten. |
| Ü1b–d | Vorgehen wie beschrieben. |
| Ü2a | Zuerst hören S den Zungenbrecher, dann üben sie ihn in GA. |
| Ü2b | Anschließend suchen sie weitere Wörter aus dem KB, bei denen viele Konsonantenhäufungen auftreten. Sammeln an der Tafel und gemeinsames Üben.<br><br>Hinweis: Ideen, wie Sie mit den Wortschatzseiten arbeiten können, finden Sie in der Einleitung dieses Lehrerhandbuchs auf Seite 14. |

| Film | Faszination Freeclimbing |
|---|---|
| A1a | In KG sprechen S über die Situationen. Welche weiteren Situationen, bei denen Konzentration sehr wichtig ist, fallen S noch ein? Anschließend Zusammenfassung und Vergleich in der Klasse. Welche weiteren Gebiete wurden genannt? |
| A1b | Notieren Sie *Freeclimbing* an der Tafel. Was assoziieren S mit dem Begriff? Halten Sie die Ideen an der Tafel fest. |
| A2 | In PA: Jede/r S liest einen Text, notiert sich wichtige Informationen in Stichpunkten und informiert seine(n)/ihre(n) Partner/Partnerin über den Text, ohne ihn vorzulesen. Geben Sie evtl. die Anzahl der Stichpunkte vor, z. B. nicht mehr als fünf. |

# Ganz schön sportlich 3

**A3**     S sehen die erste Filmsequenz ohne Ton und notieren Stichpunkte. Vergleich im PL.

Mögliche Lösung:
Landschaft/Natur: hoch, Berge, Fluss, Bäume, schön, einsam
Sport/Bewegung: Freeclimbing, gefährlich, hoch, gute Schuhe, Fingerspitzengefühl, anspruchsvoll
Gefahr: hoch, ohne Seil, Abgrund, Nervenkitzel
Gefühle/Atmosphäre: Nervenkitzel, gefährlich, sehr hoch, Adrenalin, souverän

> Teilen Sie die Klasse in vier Gruppen auf, z. B. nach Farben (rote, grüne, blaue und gelbe Karten verdeckt austeilen), jede Gruppe achtet auf einen Punkt. Nach der Sequenz vergleichen S in der KG ihre Notizen, dann Zusammentragen im PL.
> Alternative: Sie bilden neue Gruppen, in der jeweils ein S aus den verschiedenen Farbgruppen vertreten ist und sie erzählen sich gegenseitig ihre Stichpunkte. **V**

**A4a**     S sehen nun den ganzen Film und beantworten die Fragen. Vergleich im PL.

> Teilen Sie die Gruppe auf, sodass jede KG nur eine Frage beantworten muss. Der Wortschatz im Film ist anspruchsvoll. **B**

Was sagt Robert Hahn über den Sport?: Konzentration nur aufs Klettern; totale Freiheit beim Bewegen am Fels; man ist auf sich allein gestellt
Was fasziniert ihn daran?: totale Freiheit; Ehrlichkeit und Bedingungslosigkeit: dauernde Entscheidung zwischen Können und Nichtkönnen, dabei Wissen, dass Nichtkönnen Konsequenzen hat; man kann sich hier nicht rauslavieren
Was sagt er zum Thema „Gefahr"?: man hofft, dass es hält; Fühlen des Wechselspiels: Kann ich Griff halten oder nicht?; wenn nicht, stürzt man ab und ist tot
Warum benutzt er kein Seil?: Kräftemessen mit dem Berg ohne Kompromisse: will keine Ausreden haben, sondern Ehrlichkeit und Bedingungslosigkeit am Berg erleben

**A4b**     Im PL weitere Extremsportarten sammeln. Dann in KG über Freeclimbing und die anderen Sportarten diskutieren. Welche Meinung haben die S? Was gibt es Positives/Negatives bei den Sportarten? Warum machen Menschen solche Sportarten?
Beispiele für weitere Extremsportarten: *Volcano Boarding, Hai-Tauchen, Big Wave Surfing, Cave Diving (Höhlentauchen), Eisklettern, Skydiving (Fliegen im Windkanal),* …

**A4c**     Im Anschluss bearbeiten S A4c erst in EA, dann Diskussion in KG.

> In den KG müssen S sich auf fünf Eigenschaften einigen und dies begründen. Sie setzen sich mit einer anderen KG zusammen und müssen sich wieder auf fünf Eigenschaften einigen. Dann Vergleich im PL: Auf welche Eigenschaften haben sich die Gruppen geeinigt? Warum? **E**

**A5a**     Zitat von Robert im PL klären, dann Diskussion in KG. Weisen Sie S auf die Redemittel im Anhang des KB hin, damit S diese während der Diskussion verwenden.

**A5b**     S lesen die Einträge und schreiben in EA eine Meinung dazu. Austausch mit einem/einer anderen S und Antwort auf dessen/deren Meinung. → **Portfolio**

---

**Kapiteltests**
Kapiteltests zu jedem Kapitel finden Sie unter www.klett-sprachen.de/aspekte-junior im Bereich „Tests". Der Zugangscode lautet: asP!jr2

# Zusammen leben 4

**Themen**  Das Kapitel beschäftigt sich mit dem Zusammenleben in der sozialen Gemeinschaft.

**Auftakt** Cartoons bieten einen witzig-kritischen Einstieg in das Thema.
**Modul 1** In Modul 1 geht es um die Stärkung des Teamgeists und der Klassengemeinschaft.
**Modul 2** Modul 2 thematisiert unterschiedliche Facetten von Armut.
**Modul 3** In Modul 3 geht es um das Internet und die Onlinesucht.
**Modul 4** Modul 4 behandelt das Leben von Jugendlichen verschiedener Generationen und die Zukunftsvisionen der heutigen Jugendlichen.
**Film** Die Reportage berichtet von einem blinden Jungen und seinem Leben.

**Lernziele**

**Ihr lernt**
**Modul 1** | Einen Team-Tag beschreiben und planen
**Modul 2** | Über das Thema „Armut" sprechen
**Modul 3** | Eine Radiosendung zum Thema „Internetverhalten und Onlinesucht" verstehen
**Modul 4** | Grafiken zu einem Sachtext erstellen und beschreiben
Interviews mit anderen Generationen führen und Wandzeitungen gestalten

**Grammatik**
**Modul 1** | Konnektoren mit *um zu*, *ohne zu* und *anstatt zu* + Infinitiv und Alternativen
**Modul 3** | Nomen-Verb-Verbindungen

## Auftakt Zusammen leben

**Ü1**  Als Vorbereitung auf das Kapitel sortieren S in drei Gruppen (Gruppen nach Themen eingeteilt) Wörter einem passenden Oberbegriff zu. Kontrolle und evtl. Diskussion im PL, welche Wörter mehrfach passen.

Da die meisten Wörter den S bekannt sind, bietet sich hier für stärkere Gruppen an, mit einem Tabu-Spiel einzusteigen. Verwenden Sie dazu **KV 7** auf S. 150:
Zwei Gruppen: A und B. Eine Person aus Gruppe A zieht eine Karte und erklärt/umschreibt das fett gedruckte Wort. Die anderen Wörter dürfen nicht benutzt werden, auch keine verwandten Wörter. Wenn z. B. das Wort *Wahlen* nicht verwendet werden darf, dann darf auch das Wort *wählen* nicht benutzt werden. Der Rest der Gruppe A rät.
Ein Mitglied aus der anderen Gruppe (B) sitzt neben der Person aus Gruppe A, die das Wort / den Begriff definiert, und kontrolliert, ob die Wörter, die nicht verwendet werden dürfen, auch tatsächlich nicht verwendet wurden. Wenn sie verwendet wurden, bekommt Gruppe B die Karte und somit einen Punkt.
Nach einer Minute wird gewechselt. Nun erklärt eine Person aus Gruppe B das fett gedruckte Wort und Gruppe B muss raten, Gruppe A kontrolliert.
Die Gruppe, die nach ca. 10–15 Minuten mehr Karten geraten hat, ist Sieger.

**Ü2**  Als HA geeignet.

**A1a**  S lesen die Cartoons. In KG erzählen und begründen.

**Ü3**  In PA bearbeiten. Den Wortschatz können S dann direkt bei A1b anwenden.

**A1b**  Im PL gesellschaftliche Themen sammeln, die darin vorkommen. Evtl. Verständnisfragen klären.

55

# Zusammen leben

Mögliche Lösung:
A: Jugendliche/Erziehung/Generationenkonflikte
B: Dienstleistungen/Gastronomie/Beschwerden/Höflichkeit
C: Gesundheit/Umwelt
D: Ausbildung/Arbeit/Beruf/Stress
E: Schule/Erziehung/Respekt
F: Behörden/Regeln

Hinweise, wie das Tafelbild im Unterricht eingesetzt werden kann, können über das Tafelbild im Lehrwerk digital direkt aufgerufen werden. Beschreibungen zu allen Tafelbildern finden Sie auch online als Gesamt-PDF unter www.klett-sprachen.de/aspekte-junior/lehrerhandreichungB2.

**A2**    S suchen zu Hause ihren Lieblingscartoon und bringen ihn ausgedruckt mit oder präsentieren ihn auf dem IWB. Sie stellen ihn vor und begründen. Die anderen S dürfen Fragen zur Präsentation stellen.

**Ü4–6**    Als HA bearbeiten.

| Modul 1 | Ein starkes Team |
|---|---|

**A1a**    Einladung lesen, Gespräch im PL, worum es geht und wie die S die Idee finden.

> In KG: Kennt ihr so etwas aus eurer Schule?
> Ja: Was für eine Aktivität war das? Wie war es?
> Nein: Würdet ihr so etwas auch gerne einmal machen? Ja/nein – warum?

**A1b**    S lesen die Sätze und suchen die Konnektoren mit *zu + Infinitiv* aus dem Text. Die drei Sätze sind nicht in der Reihenfolge des Textes.

Satz 1: Konnektor *anstatt ... zu*
Satz 2: Konnektor *um ... zu*
Satz 3: Konnektor *ohne ... zu*

**A1c**    S notieren die Regel ins Heft und ergänzen sie.

1. Ziel/Absicht: *um ... zu*, 2. Einschränkung: *ohne ... zu*, 3. Gegensatz: *(an)statt ... zu*

Gemeinsam lesen im PL. Gehen Sie dann auf den letzten Satz ein und fragen Sie, wie man Sätze formuliert, wenn das Subjekt nicht gleich ist.
Schreiben Sie dazu jeweils ein Beispiel angelehnt an die Sätze aus A1b an die Tafel:

> 1. Wir werden keine Tests schreiben, sondern ihr werdet andere Aufgaben lösen.
>    Anstatt ...
>    (Lösung: <u>Anstatt dass</u> wir Tests schreiben, werdet ihr ...)
> 2. Wir benötigen den Abschnitt unterschrieben zurück, weil die Schule die Anzahl der Teilnehmer wissen muss.
>    Wir benötigen ... zurück, ...
>    (Lösung: Wir benötigen ... zurück, <u>damit</u> die Schule ... weiß.)
> 3. Wenn das Team nicht zusammenhält, könnt ihr Aufgaben nicht lösen.
>    Ohne ...
>    (Lösung: <u>Ohne dass</u> das Team zusammenhält, könnt ...)

Lesen Sie eventuell gemeinsam mit den S die Grammatik-Rückschau von S. 69.

Ü1 Als HA.

Ü2 In PA bearbeiten.

> Zum weiteren Üben in der Klasse, kopieren Sie die Sätze aus Ü2 größer und schneiden Sie sie in Streifen. Notieren Sie die Lösung auf der Rückseite. S gehen in PA herum und sagen die Sätze mit den vorgegebenen Konnektoren. Anschließend kontrollieren sie mit der Rückseite.
> Zur Festigung: die Sätze als HA noch einmal schreiben lassen. **V**

A1d In EA wie beschrieben. In PA vergleichen.

1. … um die Schüler und Eltern zu informieren, 2. … ohne es ihren Eltern zu zeigen, 3. … um weitere Informationen zu bekommen, 4. Anstatt sich zu freuen, schimpft Leon über den Ausflug.

Hinweise, wie das Tafelbild im Unterricht eingesetzt werden kann, können über das Tafelbild im Lehrwerk digital direkt aufgerufen werden. Beschreibungen zu allen Tafelbildern finden Sie auch online als Gesamt-PDF unter www.klett-sprachen.de/aspekte-junior/lehrerhandreichungB2.

Ü3 Als HA.
Schwächere S schreiben die Sätze mithilfe des Schüttelkastens zu Ende. Stärkere S schreiben die Sätze frei zu Ende.

> Die S schreiben die Sätze frei in EA zu Ende und tauschen sie mit einem/einer anderen S aus. Diese/r korrigiert die Fehler. Danach werden die Sätze wieder zurückgegeben und S lesen und klären mögliche Fragen mit den „Korrektoren".
> Schnellere S schreiben weitere Sätze mit den verschiedenen Konnektoren. **V**

> Zur Wiederholung der verschiedenen Konnektoren kopieren Sie den Spielplan und die Kärtchen mit Konnektoren von **KV 8/1** auf S. 151 und **KV 8/2** auf S. 152 und schneiden die Konnektoren-Kärtchen aus. S würfeln in KG und ziehen eine Karte. Mit dem darauf vorgegebenen Konnektor müssen sie einen korrekten Satz formulieren, der von den Mitspielern kontrolliert wird. Ist der Satz nicht korrekt, muss der Spieler / die Spielerin zwei Felder zurück. Ist ein korrekter Satz gebildet, darf er/sie die Zahl der gewürfelten Felder im Spielfeld vorrücken. Kommen S auf das untere Ende einer Leiter, so dürfen sie die Leiter hochsteigen. Kommen Sie auf den Ausgangspunkt eines Blitzes, so werden sie, dem Blitz folgend, zurückgeworfen. Gewonnen hat, wer zuerst im Ziel ankommt. **E**

Ü4 In PA bearbeiten.

> Auch hier bietet sich das Vorgehen wie unter Ü2 beschrieben an.
> Sie können Ü2 und Ü4 auch mischen, indem Sie die Sätze von Ü2 auf einer Farbe kopieren und die von Ü4 auf einer anderen. Weisen Sie die S darauf hin, dass die Streifen von Ü4 schwieriger sind als die von Ü2. **V**

A2a S lesen den Wortschatzkasten. Ggf. Klären von unbekanntem Wortschatz im PL.
Anschließend Gespräch in KG: S beschreiben die Fotos mithilfe der Wörter.
Am Ende wird pro Foto eine Beschreibung im PL vorgestellt.

> Bei schwächeren Gruppen: Im PL werden die Wörter zu den einzelnen Fotos sortiert. Welches Wort passt zu welchem Foto? Anschließend ein Foto im PL beschreiben lassen, die restlichen Bilder in KG. **B**

# Zusammen leben

**Ü5a** In PA bearbeiten lassen. Vergleich im PL und Unklarheiten besprechen.

**Ü5b** Als HA bearbeiten.

**A2b** 1. Teil des HV hören: S machen Notizen zu der Beschreibung der Aktivitäten von Vera. Wie findet Vera die Aktivitäten? Vergleich und Gespräch im PL.

1. Aktivität: Mit drei Brettern eine Brücke bauen, durften den Boden nicht berühren, Bretter waren nicht breit, also musste man balancieren; um zum Ziel zu kommen, musste man immer wieder das letzte Brett vom Boden heben und nach vorne durchreichen (hat Vera Spaß gemacht)
2. Aktivität: eine Person über ein Hindernis aus Seilen heben, ohne dass die Person die Seile berührt oder herunterfällt (hat gut geklappt, aber Vera mochte es nicht, weil sie die Person war, die über das Hindernis gehoben wurde und sie Angst hatte, dass die anderen sie nicht halten können)
3. Aktivität: Wasserleitung: Jeder hat ein Stück Regenrinne bekommen und sie mussten Wasser in einen Eimer gießen, der sehr weit weg war. Alle Teile eng zusammenhalten. Die Rinne reichte nicht, also musste der Erste das Wasser in die Leitung schütten, schnell ans Ende laufen und seine Regenrinne wieder davorhalten und das Wasser durfte nicht zu schnell fließen. (Vera gefiel die Kombination aus Schnelligkeit und Genauigkeit)
4. Aktivität: großes Tuch mit Löchern und sie mussten einen Ball von der einen Seite zur anderen balancieren, ohne dass er in die Löcher fiel. (Am Anfang klappte es nicht, weil sie zu hektisch waren, aber am Ende haben sie den Rhythmus gefunden und Vera fand die Aktivität schön)

> **SPRACHE IM ALLTAG**
> Lesen Sie die Sätze im PL. Betonen Sie, dass diese Ausdrücke vorwiegend mündlich und im familiären-freundschaftlichen Kontext benutzt werden. Bei förmlicherer schriftlicher Kommunikation, insbesondere im beruflichen Kontext, sollte man diese Ausdrücke vermeiden.

**A2c** In KG sprechen S über die angegebenen Fragen und dürfen hierbei auch die Ausdrücke aus dem Sprache im Alltag-Kasten benutzen.

> Im Anschluss kurzes Feedback: Sie notieren die vier Aktivitäten an der Tafel (Brücke bauen – Seilhindernis – Wasserleitung – Ball um Löcher balancieren) und die S machen einen Punkt bei der Aktivität, die sie gerne machen würden. So haben Sie ein Ergebnis, welche Aktivität bei der Klasse am besten angekommen ist und evtl. kann man sie auch organisieren. **E**

**A2d** Vorgehen wie beschrieben.

sind netter zueinander (sie versuchen es); man kann im Unterricht mitmachen, ohne dass andere es uncool finden, Klassengemeinschaft ist besser

**A3** Arbeit in GA. S einigen sich auf eine Idee und entwickeln ein konkretes Programm für den Tag und gestalten einen Ablaufplan.
Geben Sie evtl. Hilfestellung, zu welchen Punkten sich S Gedanken machen sollen:
- Welche Aktivität?
- Welche Materialien brauchen wir?
- Wer wählt das Ziel aus? / Wo können wir es machen?
- Wer bringt was mit?/ Wen müssen wir um Hilfe bitten?
- Was kostet es?

> S wählen eins der Projekte aus und führen es – wenn möglich – wirklich durch. Im Anschluss danach bietet sich ein Gespräch darüber an, ob/wie sich der Teamgeist in der Klasse verändert hat. **E**

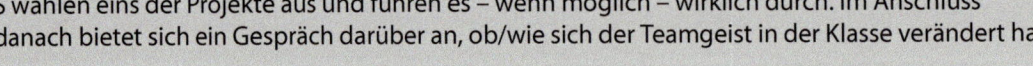

Hier bieten sich Anknüpfungspunkte zum fächerübergreifenden Unterricht an, z. B. Sport, Naturwissenschaften, Wirtschaft, Sozialkunde.

# 4

## Modul 2 Armut

**A1a** Assoziogramm in KG erstellen, dann im PL vorstellen.

**Ü1–2** Als Ergänzung des Assoziogramms können Ü1 und Ü2 in PA bearbeitet werden. Klären des Wortschatzes und Erweiterung des Assoziogramms.

**A1b–c** S schreiben einen kurzen Text in PA auf ein großes Plakat zum Thema und hängen es in der Klasse auf. Weisen Sie die S auf die Redemittel im Anhang des KB hin.
S lesen die aufgehängten Erklärungen und suchen in KG Gemeinsamkeiten und Unterschiede, stellen Fragen und sprechen über das Thema.

**A2** **STRATEGIE** Ein S liest die Arbeitsanweisung und die Strategie laut und mögliche Fragen werden geklärt. Kopieren Sie die Aussagen, damit die S in EA dort die Schlüsselwörter markieren können. Vergleich im PL.

Dann lesen S die Texte, versuchen dort die Schlüsselwörter aus den Aussagen zu finden und ordnen die Aussagen zu. Erste Kontrolle im PA. Wo gibt es Unterschiede? In diese Texte noch einmal hineingehen und den „Beweis" für die Aussage finden.
Anschließend die Lösung im PL besprechen.

1. C – 2. 0 – 3. A – 4. 0 – 5. B – 6. E – 7. 0 – 8. D – 9. A – 10. E

> Teilen Sie die Texte auf, sodass die S nicht alle Texte lesen müssen. Am Ende berichten S ihre Lösungen im PL und nennen auch die passenden Schlüsselwörter aus dem Text, die zu der jeweiligen Aussage passen. **B**

**A3** Rückgriff auf die eigenen Definitionen zu Armut vom Anfang des Kapitels. S ergänzen und/oder verändern diese. Danach Gespräch in KG darüber, was sie verändert haben und warum.

 Hier bieten sich Anknüpfungspunkte zum fächerübergreifenden Unterricht an, z. B. Sozialkunde, Wirtschaft, Politik.

**Ü3** Teilen Sie die Wendungen auf. Die S suchen in KG ihre Wendungen im Wörterbuch. Es kann sein, dass S nicht alle Wendungen finden, diese notieren sie extra und sie werden gemeinsam geklärt. Auch als HA geeignet. Jede KG erklärt ihre Wendungen in der Klasse. Die nicht gefundenen Wendungen werden gemeinsam geklärt.

> Zur Wortschatzüberprüfung schreiben Sie die einzelnen Wendungen auf Kärtchen und verteilen Sie diese. Die S erklären die Wendung. Die anderen raten, um welche Wendung es sich handelt. **E**

> Teilen Sie die Wendungen in der Klasse auf, sodass jedes Paar oder jede KG nur ein paar Wendungen suchen muss. Geben Sie dann im PL die Fragen zur Bedeutung an die jeweilige „Expertengruppe". **B**

**Ü4** Diese Übung entspricht dem Prüfungsformat Hören 4 des Goethe-Zertifikat B2 für Jugendliche.
**P** Weitere Informationen zum Goethe Zertifikat B2 finden Sie ab S. 166.
**GI**

S lesen die Aufgaben 1–8. Geben Sie Ihnen dafür 90 Sekunden Zeit. S hören und markieren die richtige Lösung. Zum Üben lassen Sie nach dem ersten Hören die Lösungen in PA vergleichen.
S notieren überall dort, wo ihr Partner eine andere Lösung hat, auch diese Lösung und achten beim 2. Hören nur auf die schwierigen Stellen.

# Zusammen leben

## Modul 3    Im Netz

**A1a**  S notieren in EA drei Dinge, die sie am häufigsten im Internet machen.
Klassenstatistik: Im PL wird gefragt und notiert, was in der Klasse am häufigsten genannt wurde.

> Jede/r S notiert seine drei Dinge auf eine Karte. Dann gehen alle herum und fragen sich gegenseitig: „Machst du auch am häufigsten … (die drei Dinge nennen)?" Wenn Sie eine Person gefunden haben, die genau dasselbe macht wie sie selbst, bleiben sie zusammen. Am Ende stellen sich die Paare mit ihren Aktivitäten kurz vor.
> Was wurde insgesamt am häufigsten genannt?

**A1b**  S hören die Umfrage und notieren Informationen zu den Personen. Vergleich und Rückgriff auf die eigene Umfrage.

1. Chatten mit Freunden, fürs Studium: Recherche von Fachbüchern in der Unibibliothek, shoppen
2. Freunde im Netz treffen: chatten, Austausch von Infos zu neuen Songs und Filmen, spielen in Game-Community
3. Informationen einholen zu Produkten und Preise vergleichen, Tickets buchen
4. mit der Familie skypen, im Internet die Fernsehsender des eigenen Landes sehen und die Musik hören, Streaming-Dienst für Musik

**A1c**  Globales Hören. S lesen die Themen und notieren dann, über welche Teilthemen gesprochen wird.

1. – 3. – 6. – 4.

**A1d**  Selektives Hören: S hören den Text aus A1c noch einmal und notieren die Angaben zu Zahlen und Merkmalen. S vergleichen und ergänzen in der KG, evtl. zur Kontrolle noch einmal hören.

| Zahlen | Merkmale einer Onlinesucht |
|---|---|
| 22 Stunden wöchentlich online (Personen im Alter zwischen 12–25) Mit 77,1 % spielt das Smartphone die größte und wichtigste Rolle für den Zugang ins Netz 7,1 % der 12- bis 17-jährigen Mädchen sind betroffen von Störungen durch starke Internetnutzung (bei den Jungen nur 4,5 %) | Onlinewelt dominiert Denken und Verhalten / Tätigkeit am Computer am wichtigsten im Leben, ohne Computer Entzugserscheinungen (Angst, Konzentrationsschwäche, Nervosität, hoher Blutdruck, Aggressionen) Verlust der Kontrolle über die Zeit |

**A1e**  In GA lesen S den Infokasten und sprechen darüber, was sie überrascht und vergleichen mit sich selbst.

**A2a**  S hören die Sätze, notieren sich die Nomen und schreiben dann die kompletten Sätze ins Heft.

1. Untersuchungen – 2. Aufregung – 3. Frage – 4. Flucht

Dann notieren Sie die Nomen-Verb-Verbindungen aus den Sätzen an der Tafel:

> *Untersuchungen anstellen – in Aufregung versetzen – eine Frage stellen – die Flucht ergreifen*

| | |
|---|---|
| **A2b** | In PA formen S die Sätze um und benutzen dazu die passenden Verben. Vergleich im PL. |
| 🔑 | 2. aufregen: Die Ergebnisse regten nicht nur Eltern und Lehrer auf.<br>3. fragen: Da möchte ich Sie gleich noch weiter fragen.<br>4. fliehen: Die Jugendlichen fliehen in virtuelle Parallelwelten. |
| **A2c** | In PA ordnen S die Bedeutung zu. Vor der Umformulierung Kontrolle im PL. |
| 🔑 | 1. B: Bei der Entstehung einer Sucht ist Stress sehr relevant.<br>2. C: Jugendliche sind heute enorm gestresst.<br>3. A: Da sind mehrere Merkmale möglich. |
| **A2d** | Die Regel im PL lesen. Die S suchen aus A2a–c Beispiele heraus. |
| 🔑 | Beispiele für die erste Regel: alle Sätze aus A2a<br>Beispiel für die zweiter Regel: alle Sätze aus A2c |
| **Ü1a–b** | Als Anwendung der Regel in PA. Kontrolle im PL und Fragen klären. |
| **Ü2** | Als HA. |
| **Ü3** | In PA bearbeiten. Kontrolle im PL und über Schwierigkeiten sprechen. |
| **Ü4** | Als HA. |
| **A3** | Schritt 1: S notieren in Dreier-KG zehn Nomen und Verben aus Nomen-Verb-Verbindungen getrennt auf Kärtchen und mischen diese.<br>Schritt 2: Die Kärtchen werden an die nächste KG gegeben.<br>Schritt 3: Diese sucht die passenden Verbindungen – wer eine gefunden hat, bildet einen Satz. Die anderen korrigieren und kontrollieren.<br><br>Sollten den S nicht genügend Nomen-Verb-Verbindungen einfallen, verweisen Sie auf die Übersicht im Übungsbuch auf S. 156. |
| **Ü5** | Als HA bearbeiten. Der Text wird dann zur Korrektur abgegeben. → **Portfolio** |

> **B** Zur Vorbereitung des Textes sammeln Sie mit den S Redemittel zu „Meinung/Begründung/Zustimmung/Ablehnung ausdrücken" an der Tafel. S sammeln in vier Gruppen zu je einem Thema Redemittel und diese werden zusammengetragen. Zeigen Sie S dann noch einmal den Redemittelanhang.

> **E** Stiller Dialog: S schreiben in EA einen Forumstext zum Thema „Onlinesucht". Auslegen der Texte, und S gehen herum und antworten auf verschiedene Texte und deren Antworten, sodass am Ende ein Text nicht nur eine Antwort hat, sondern mehrere haben kann. Als Abschluss werden alle Texte still gelesen.
> Anschließend kann sich hier ein Gespräch entwickeln: Welche Probleme wurden am häufigsten genannt? Gab es realistische Lösungen?

# Zusammen leben

## Modul 4  In deinem Alter

**A1a** In KG erstellen S ein Plakat und notieren die angegebenen Dinge in die Tabelle und fügen eigene hinzu.

Mögliche Lösung (Ausdrücke hier nur einmal zugeordnet):

| 0–9 | 10–19 | 20–35 | 36–50 | 51–65 | 66 und älter |
|---|---|---|---|---|---|
| auf die Welt kommen, in den Kindergarten gehen, mit Freunden spielen, sprechen lernen, wachsen, Zähne bekommen, zur Schule kommen | viele Hobbys haben, Ausbildung machen, die Schule abschließen, im Haushalt helfen, in der Pubertät sein, viel Zeit mit Freunden verbringen | auf Partys gehen, eine Arbeitsstelle suchen, heiraten, studieren, zu Hause ausziehen | eine Familie gründen, ein Haus bauen, Eltern betreuen, graue Haare bekommen, Karriere machen, Kinder bekommen, Kredite abzahlen, sich um Kinder kümmern | Enkel haben, sich etwas leisten können, viel Verantwortung tragen, wenig Freizeit haben | Ruhe genießen, aufhören zu arbeiten, Rente bekommen |

**A1b** Immer zwei KG gehen zusammen, sehen sich ihre Plakate an, sprechen über die Unterschiede und begründen, warum sie die Begriffe in der jeweiligen Phase notiert haben.

Hinweis:
Klären Sie hier ggf. noch einmal, dass eine Ausbildung in Deutschland, Österreich und der Schweiz ebenso anerkannt ist wie ein Studium und dass es viele Ausbildungsberufe gibt, die evtl. in anderen Ländern ein Studium sind.

**Ü1** Diese Übung entspricht dem Prüfungsformat Hören1 des Goethe-Zertifikat B2 für Jugendliche. Weitere Informationen zum Goethe Zertifikat B2 finden Sie ab S. 166.
S lesen die Aufgaben, hören den Text, vergleichen in KG. Gehen Sie v. a. auf die Texte ein, die unterschiedlich gelöst wurden, ggf. noch einmal hören

**Ü2** Als HA bearbeiten.

**A2a** S hören das HV und machen sich Notizen zu den einzelnen Punkten (beim Thema „Ausbildung" können S auch etwas zur Arbeit notieren) mit Zeitangaben: Wann macht der Großvater das?

a Ausbildung/Arbeit: mit 14 keine Schule mehr, Ausbildung zum Schlosser, mit 17 Geselle, am Anfang ca. 13 Euro pro Monat bekommen, Tagesablauf: 5 Uhr aufstehen, 6:45 bis 16 Uhr arbeiten, teils samstags gearbeitet
b Freunde: beim Sport getroffen, Wochenende: mit Freunden auf ein Fest
c Wünsche/Ziele: Abendschule (nach der Arbeit bis 22 Uhr) – Traum: Studium
d Hobbys: nachmittags dreimal pro Woche zum Sport, Wochenende: Sportturniere
e Familie: sonntags Familientag, gut gegessen, Kaffee und Kuchen, im Radio Wunschkonzert gehört

Verteilen Sie die einzelnen Themen auf verschiedene KGs, diese notieren Stichpunkte zu ihrem Thema mit den jeweiligen Zeitangaben. Diese Aufteilung bietet sich an:
KG 1: a Ausbildung
KG 2: c Wünsche/Ziele und Familie
KG 3: b Freunde und d Hobbys
Wirbelgruppen: Aus KG 1, 2 und 3 setzen sich jeweils immer ein/e S zusammen und sie berichten ihre Notizen.

A2b  In GA sprechen S über eine typische Woche des Großvaters und was sie erstaunt.

A2c  Text hören und Informationen zur Großmutter notieren. S können sich an den Punkten des HV vom Großvater orientieren. In PA vergleichen S die beiden Großeltern.

a Ausbildung: Hauswirtschaftsschule: nähen, kochen lernen, was man als Hausfrau können muss; Sekretärin bei einer Baufirma
b Freunde: Wochenende: Rock'n Roll tanzen, in einen Club gehen (obwohl die Eltern es verboten hatten)
e Familie: sonntags im Radio Wunschkonzert gehört – das fand sie furchtbar

> Zur Vorbereitung auf A2d geben Sie einer KG den Hörauftrag bei A2c darauf zu achten, was die Enkel sagen.

A2d  S sprechen in KG und fassen zusammen, was die Großeltern und die Enkel sagen.
S wählen eine Möglichkeit der Zusammenfassung aus den folgenden Optionen:
– sie machen eine Tabelle mit Stichwörtern zu „gleich" und „anders"
– sie schreiben kurze Texte zu Ähnlichkeiten und Unterschieden. Geben Sie ihnen hier Redemittel vor, die die S benutzen können

| Großeltern + Enkel: Gemeinsamkeiten | Großeltern + Enkel: Unterschiede |
|---|---|
| Oma wollte lieber tanzen oder auf Partys gehen als sonntags mit der Familie zu verbringen – Eltern haben es verboten, aber sie ist trotzdem gegangen, Ärger bekommen | Großeltern haben früher angefangen zu arbeiten, verdienten weniger als heute, hatten früher weniger Auswahl an Berufsmöglichkeiten, viele Frauen waren Hausfrauen |

A3a  In PA sprechen S über ihre eigenen konkreten Wünsche und Ziele zu den angegebenen Punkten und gestalten dazu ein Plakat.
In GA werden die Plakate vorgestellt und verglichen.
Was sind oft genannte Punkte?

Ü3  Als Vorbereitung auf A3b in PA bearbeiten. Vergleich im PL.

> **TIPP** Tipp im PL vor dem Lesen des Textes lesen und anschließend bei A3b direkt anwenden. Nach dem Lesen des Textes geben Sie S ein paar Minuten Zeit, um sich Ausdrücke herauszuschreiben, die sie lernen wollen.

A3b  S lesen zuerst die Überschriften, dann den Text und ordnen die Überschriften zu.
Bei Schwierigkeiten nennen S bei der Kontrolle im PL die Zeile und Schlüsselwörter/Ausdrücke, anhand derer sie sich für die Überschrift entschieden haben.

A 3 – B 5 – C 1 – D 2 – E 4

A3c  S gehen noch einmal in den Text und vergleichen ihn dann mit ihren eigenen Plakaten. S notieren stichwortartig Wünsche/Ziele und Schwierigkeiten, die in dem Text genannt wurden.

Wünsche, Ziele, die im Text genannt werden: gute Freunde haben (73 %); gesund sein (69 %); Beruf, der Spaß macht (64 %); glückliche Partnerschaft (60 %); Familie (55 %); finanzielle Absicherung (54 %); beruflicher Erfolg (41 %); sozialer Aufstieg (35 %); frei sein (20 %); sich viel leisten können (17 %)
Schwierigkeiten, die im Text genannt werden: Sorgen: jemandem aus der Familie oder Partnerschaft stößt etwas Schlimmes zu (64 %); eigene schwere Erkrankung (46 %), finanzielle Probleme im Alter (41%); Arbeitslosigkeit (35 %); falsche Berufswahl (33 %); Freundschaften zerbrechen (31 %); keinen Ausbildungs- oder Studienplatz (17 %)

# Zusammen leben

**A3d**     In PA lesen S die Redemittel und sortieren den Titel zu.

🔑 **2. Einen Text zusammenfassen und darüber diskutieren**

> Zum Trainieren der Redemittel: Im PL ergänzen S die Redemittel mündlich zu kompletten Sätzen. So wird ihnen die Struktur und die Anwendung derselben klarer. **E**

**A3e**     Als Vorbereitung auf das Gespräch machen sich S vorher stichpunktartig Notizen zu bestimmten Themen, die sie während des Gesprächs ansprechen wollen. S notieren sich zudem aus jeder Kategorie mindestens ein bis zwei Redemittel, die sie im Gespräch benutzen wollen.
In PA sprechen S mit den Redemitteln über den Inhalt des Textes und bringen ihre eigenen Erfahrungen und Meinungen mit ein. Die Gegenüberstellung der Wünsche/Ziele und Sorgen aus A3c kann dabei helfen.

**Ü4a**     Vorbereitung auf die Beschreibung einer Grafik: In PA ordnen und notieren S die Redemittel für das Wiedergeben von hohen und niedrigen Werten ins Heft. Vergleich im PL.

**Ü4b**     In PA wählen S zu jeder Grafik Redemittel aus.

**Ü4c**     In PA: Jede/r S wählt eine Grafik aus und beschreibt sie mit den Redemitteln aus Ü4a. Zur Übung lassen Sie es die S schriftlich vorbereiten. Anschließend lesen sie sich gegenseitig die Beschreibungen vor: Wurden alle wichtigen Aspekte genannt?

> Die S lesen ihre Texte gemeinsam und achten auf grammatische Strukturen, wie z. B. die Verbpositionen, Verknüpfungen etc.

**A4a**     Grafik beschreiben: S sehen sich die Grafik an und überlegen sich eine passende Frage für die Grafik, um das Thema zu benennen.

🔑 Mögliche Lösung:
Was hat sich in den letzten Jahren verändert? Oder: Was ist einfacher geworden?

**A4b**     Im PL die Redemittel für eine Grafikbeschreibung lesen und auch hier ggf. die Sätze wieder ergänzen lassen, da Grafikbeschreibungen oft problematisch für die S sind.
In EA machen sich S Notizen zu den angegebenen Punkten und überlegen sich, was sie als Fazit sagen wollen. In PA stellen sich S die Grafik aus A4a gegenseitig vor und geben sich Feedback. Welche Sätze/Ausdrücke waren gut? Was ist dem Partner evtl. nicht so klar geworden?

**A4c**     Aus dem Text von A3b wählen S einen Abschnitt und erstellen eine eigene Grafik. Kopieren Sie dazu die verschiedenen Diagramme, sodass S wählen können, welches sie nehmen und direkt dorthinein schreiben können. Das ist auch wichtig für A4d, weil sie dort die Grafiken tauschen sollen.

🔑 Mögliche Diagramme pro Abschnitt:
Abschnitt A: Balkendiagramm/Pyramidendiagramm
Abschnitt B: Kreisdiagramm
Abschnitt C: Balkendiagramm/Pyramidendiagramm
Abschnitt D: zwei Kreisdiagramme (da zwei Fragestellungen)
Abschnitt E: Balkendiagramm/Pyramidendiagramm

<u>Hinweis</u>: Welche Diagramme benutzt man wann?
<u>Kreisdiagramme</u>: zeigen bestimmte Anteile von einer Gesamtheit; eignen sich, wenn man Teile von einer Kategorie aufzeigen will und über eine 100 % Verteilung spricht

Balkendiagramme: waagerecht liegende Balken, eignen sich bei Mehrfachantworten und um Rangfolgen anzuzeigen
Pyramidendiagramme: eignen sich bei Mehrfachantworten und um Rangfolgen anzuzeigen; dabei befindet sich der größte Wert unten

Wichtig ist, dass die S darauf achten, die Diagramme sinnvoll zu beschriften. Sind die Items kurz, kann man sie ganz gut in oder neben/unter die Balken schreiben. Sind die Items länger, bietet sich eher eine Beschriftung neben der Pyramide an.

 Hier bieten sich Anknüpfungspunkte zum fächerübergreifenden Unterricht an, z. B. Mathematik.

**A4d** Grafiken werden getauscht und dann in PA beschrieben. Verteilen Sie die S so, dass sie immer mit einem/einer S zusammen sind, der/die nicht den identischen Abschnitt gewählt hat.
S nutzen dabei die Redemittel aus A4b.

> Stärkere S schließen ihre Bücher und versuchen die Redemittel frei anzuwenden.

**A5a** In KG erstellen S eine Liste oder Mindmap mit Interviewfragen. Vergleich und Ergänzen im PL. Fragen an der Tafel sammeln.

**A5b** S führen die Interviews durch und notieren die Antworten auf den Interviewzettel. Sie können natürlich auch andere ältere Leute befragen, wie Tanten oder Onkel, Nachbarn.
S gestalten aus den Interviews eine Wandzeitung. Hier können sie auch Fotos/Bilder mitbringen, damit es visuell attraktiver wird. Ebenso können S weitere Punkte noch detaillierter recherchieren und Informationen dazu notieren.

Hier bieten sich Anknüpfungspunkte zum fächerübergreifenden Unterricht an, z. B. Kunst, Geschichte.

**A5c** Alle lesen die Wandzeitung. Teilen Sie die Klasse in verschiedene Gruppen: eine Gruppe fasst zusammen, was den älteren Personen in ihrer Jugend wichtig war, eine andere die Gemeinsamkeiten und die dritte die Unterschiede zu den S. Hierzu können die S nochmals auf A3a zurückgreifen.
Vorstellen der Punkte im PL. Was hat euch überrascht?

**Ü5** Als HA bearbeiten.

## Aussprache  Stimmhaftes und stimmloses *s* und *z*

**Ü1a–d** Bearbeitung in der Klasse.

**Ü1c** Zur Lösung für Ü1c können S auch noch einmal die Wörter aus Ü1a leise vor sich hinsprechen.
Hinweis: Bei 2. geht es um das *s* vor *t* und *p* **im** Wort (z. B. *kannst* oder *Transport*) und nicht am Wortanfang. Denn da wird es „scht" oder „schp" gesprochen.
Bei 5. gibt ein Beispiel in Ü1a für *äu*, aber nicht für *eu*.

>  Probieren Sie den Tipp gemeinsam in der Klasse aus. Sprechen Sie das stimmhafte *s* und legen sich eine Hand an den Hals. Die S probieren es auch aus und sagen, ob sie eine Vibration fühlen. Dann lesen S die kleinen Texte in Ü1d mit der Hand am Hals.

**Ü2a–b** Bearbeiten wie beschrieben.

# Zusammen leben

> Als Wiederholung: Notieren Sie die Wörter von Ü2a auf einen Zettel. Die S arbeiten in PA und haben beide die Wörter vor sich liegen. S 1 liest ein Wort vor und markiert auf seinem/ihrem Zettel, für welches Wort er/sie sich entschieden hat. S2 markiert auf seinem/ihrem Zettel, welches Wort er/sie gehört hat. Am Ende Vergleich: Haben beide das gleiche angekreuzt? Dann Wechsel.

> **TIPP** Der Tipp kann hilfreich für S sein, die diesen Laut in ihren Sprachen oft haben, aber nicht mit dem Buchstaben *z* identifizieren. Wenn Ihre S Schwierigkeiten haben, kleben Sie ein *z* = „ts"- Poster an die Wand, auf das Sie immer wieder hinweisen können, wenn die S den Laut nicht richtig aussprechen. So wird der Laut den S bewusster.

**Ü3** Vorgehen wie beschrieben.

<u>Hinweis</u>: Ideen, wie Sie mit den Wortschatzseiten arbeiten können, finden Sie in der Einleitung dieses Lehrerhandbuchs auf Seite 14.

| Film | **Blind geboren** |

**A1a** Gespräch im PL und Zusammentragen an der Tafel.
Beispiele für Hilfsmittel, mit denen Blinde Schwierigkeiten im Alltag lösen können: *Stock/Langstock, Blindenschrift, Vorlesefunktion am Computer, Wecker mit Zeitansage* etc.

**A1b** In PA: Vorgehen wie beschrieben. S sprechen über die Schwierigkeiten und Gefühle dabei.

> Weitere Dinge, die S mit geschlossenen Augen machen können, könnten sein:
> – mit verbundenen Augen Name/Adresse/Telefonnummer auf einen Zettel notieren
> – zur Tafel gehen
> – etwas mit verbundenen Augen an die Tafel schreiben
> – zur Tür gehen und den Raum verlassen

**A2a** S sehen die erste Filmsequenz und machen sich Notizen, was sie über die Familie erfahren. Austausch in KG.

Mögliche Lösung:
Kevin ist ein 11 Jahre alter Junge und seit der Geburt blind. Trotzdem fährt er, auch zum Erstaunen seiner Eltern, Fahrrad, denn er kennt die Umgebung und hört, wo er langfährt, fährt „nach Gefühl". Als Kevin vier Monate alt war, erfuhren seine Eltern, dass er nie sehen würde – und waren geschockt.

**A2b** Sehen der zweiten Filmsequenz und zuordnen der Satzteile. S vergleichen in PA.

1. b – 2. d – 3. c – 4. a – 5. f – 6. g – 7. e

> S ordnen zuerst die Satzteile zu und vergleichen dann mit der Filmsequenz.

**A2c** Legen Sie die Fotos mit der jeweiligen Frage auf die Tische und S setzen sich zu der Frage, die sie beantworten wollen.
Ansehen der dritten Filmsequenz.

1 <u>Wie „sieht" Kevin?</u>: „sich vortasten und ausprobieren" als Devise, „sieht"/tastet mit den Händen, macht ein spezielles Mobilitätstraining, benutzt in unbekannter Umgebung einen besonderen Stock, um Hindernisse zu erspüren
2 <u>Wie verstehen sich Kevin und sein Bruder Dennis?</u>: Dennis ist eine große Hilfe, stehen sich nahe, Dennis ist stolz auf Kevin, findet ihn einen „guten Bruder"

3 Was machen die Eltern, um Kevin zu unterstützen?: ein Blindenerfahrungsseminar, in dem sie mit verbundenen Augen in Kevins Welt eintauchen

**A3** S klären die Adjektive im Kasten in KG. Fragen im PL.
Die drei ersten Filmsequenzen (bis Minute 4:06) noch einmal sehen. Besprechung in PA, offene Fragen im PL besprechen.

Mögliche Lösung (manche Adjektive passen auf mehrere Personen):
Kevin: entschieden – begabt – konzentriert – glücklich – schnell – vielseitig – neugierig – leidenschaftlich – sicher – musikalisch – interessiert – selbstständig
Dennis: bewundernd – glücklich – stolz – verständnisvoll – hilfsbereit
Eltern: liebevoll – besorgt – bewundernd – geschockt – glücklich – stolz – vorausschauend – ruhig – fürsorglich

> S ergänzen weitere Adjektive zu den jeweiligen Personen – entweder in KG für alle drei Personen oder Sie teilen die Gruppe auf und jede KG sucht für eine Person weitere passende Adjektive.

**A4** S sehen die vierte Filmsequenz und machen sich zu den angegebenen Punkten Notizen.

Mögliche Lösung:
Gefühle: manchmal Sehnsucht, doch sehen zu können / er vermisst das Sehen, wenn er traurig ist; sonst aber meistens optimistisch
Zukunftspläne: Programmierer (später als Hobby) und Musiker (später als Beruf)

**A5** Vorgehen wie beschrieben. Anschließend setzt sich von den Gruppen je ein/e S zusammen und tauschen sich aus.
Glaubt ihr, dass Kevin einen von diesen Berufen ausüben wird?

**A6a** Text lesen, dann in KG sprechen.

Was kann man hier machen?: Ausstellungsparcours komplett im Dunkeln, durch den man geführt wird
Idee der Ausstellung: Erfahrung machen, wie es als Blinder ist. Eintauchen in die Welt der Blinden/Sehbehinderten

**A6b** Diskussion im PL. S begründen ihre Meinung. Geben Sie für die beiden Diskussionen in A6b und A6c wieder Redemittel vor, die den S helfen können.

**A6c** Diskussion in KG. Festhalten der Ergebnisse auf Plakaten. Diese werden am Ende den anderen Gruppen vorgestellt.

> **Kapiteltests**
> Kapiteltests zu jedem Kapitel finden Sie unter www.klett-sprachen.de/aspekte-junior im Bereich „Tests".
> Der Zugangscode lautet: asP!jr2

# Wer Wissen schafft, macht Wissenschaft

**Themen**  Kapitel 5 beschäftigt sich mit verschiedenen Aspekten rund um die Wissenschaft.

**Auftakt** Die S starten mit einem Quiz ins Thema, bei dem sie Wissen testen oder einfach nur raten können. Sie sollen mit Spaß an Fragen aus unterschiedlichen Schulfächern herangehen, auch wenn sie die Antwort nicht wissen. Wer alles weiß, ist hier ein echtes Phänomen!
**Modul 1** In diesem Modul geht es um die Heranführung von Kindern an die Wissenschaft in speziellen Experimentierlabors.
**Modul 2** Wo hört die Wahrheit auf und fängt die Lüge an? Wie werden Lügen bewertet? Lügen wir alle? Was sagt die Wissenschaft dazu? Damit beschäftigen sich die S in diesem Modul.
**Modul 3** Hier geht es um einen Blick in die Zukunft, wie die Erde ohne Menschen aussähe und welche Vorstellungen die S dazu haben.
**Modul 4** Den Abschluss bildet das Thema „Schlaf": die Wichtigkeit des Schlafes und die Problematik bei Schlafmangel.
**Film** In der kurzen Reportage geht es um Linkshänder. Was ist typisch für Linkshänder, was für Rechtshänder? Welche Fähigkeiten sind in welcher Gehirnhälfte angesiedelt?

**Lernziele**

> **Ihr lernt**
> **Modul 1** | Einen Text zum Thema „Kinder und Wissenschaft" verstehen
> **Modul 2** | Ein Radiofeature zum Thema „Lügen" verstehen und eine kurze Geschichte schreiben
> **Modul 3** | Einen Artikel über eine Zukunftsvision verstehen und eigene Szenarien entwickeln
> **Modul 4** | Ein Interview zum Thema „Schlaf" verstehen
> Einen Forumsbeitrag schreiben
>
> **Grammatik**
> **Modul 1** | Passiv und Passiversatzformen
> **Modul 3** | Indefinitpronomen

## Auftakt  Wer Wissen schafft, macht Wissenschaft

**A1a**  In KG lösen S das Quiz und diskutieren darüber, welche Antwort richtig ist, und notieren diese im Heft. Es geht bei dem Quiz nicht darum, dass die S alle Fragen richtig beantworten, sondern dass sie sehen, welche unterschiedlichen Kompetenzen es in ihrer Klasse gibt.

**A1b**  Vergleich mit Lösung auf der angegebenen Seite im KB und in der Klasse: Wie viel haben die KG richtig? Welche KG hat am besten geraten / am meisten gewusst? Woher?

**A1c**  Im PL Sammeln der Schulfächer pro Quizfrage an der Tafel.

 1. Geografie, 2. Geschichte, Physik, 3. Biologie, 4. Biologie, 5. Sport, 6. Biologie, 7. Physik, Mathematik, 8. Gesellschaftskunde, Philosophie, 9. Geografie, 10. Geschichte, Wirtschaft

 Hinweise, wie das Tafelbild im Unterricht eingesetzt werden kann, können über das Tafelbild im Lehrwerk digital direkt aufgerufen werden. Beschreibungen zu allen Tafelbildern finden Sie auch online als Gesamt-PDF unter www.klett-sprachen.de/aspekte-junior/lehrerhandreichungB2.

**Ü1–3**  Als HA geeignet.

**Ü4a** In PA strukturieren S den Wortschatz in der Mindmap. Eine PA macht es an der Tafel. Vergleich und Gespräch: Was habt ihr gleich/unterschiedlich? Warum?

> **TIPP** Im PL lesen. In Ü4b wird der Tipp direkt angewendet.

**Ü4b** In KG entscheiden S sich für eine Wissenschaft und erstellen eine Mindmap zu drei Oberbegriffen. Präsentation im PL.

**A2** S sammeln in KG interessante Fragen, bei denen sie auch auf Ü4 zurückgreifen können, um so mehr Ideen für A2 zu haben. Danach erstellen S ein Quiz und zwei KG lösen gegenseitig ihr Quiz.

Hier bieten sich Anknüpfungspunkte zum fächerübergreifenden Unterricht an, z. B. Geschichte, Mathematik, Geografie, Biologie, Philosophie/Ethik, Chemie, Gesellschaftskunde.

> S teilen sich in Gruppen zu verschiedenen Fächern/Wissenschaften auf. Jede/r S sucht als HA interessante Informationen zum Thema seiner/ihrer Gruppe und bringt sie in die Klasse mit. Dann setzen sich die S in der KG zusammen, vergleichen ihre recherchierten Informationen, wählen die interessantesten aus und entwickeln Fragen zu diesen plus drei Antwort-Möglichkeiten (mit Angabe der richtigen Lösung). S ergänzen die Fragen mit Bildern/Fotos. Die Quizfragen werden nach Themenbereichen in der Klasse aufgehängt und in PA gehen S von Thema zu Thema und notieren die richtigen Antworten.
> Vergleich im PL. Dort ist die Gruppe, die die Fragen entwickelt hat, Lösungsexperte. Welches PA hat gewonnen? Evtl. einen kleinen Preis bereithalten. **V**

## Modul 1 — Wissenschaft für Kinder

**A1** S ordnen in EA nach ihrem eigenen Wissen mithilfe ihrer Kombinationsgabe die Wörter zu, erst ohne ein Wörterbuch zu benutzen. Dann Vergleich in PA und Austausch über die Zuordnung und Kontrolle der Zweifelsfälle mit Wörterbuch.

1 E, 2 D, 3 B, 4 A, 5 C

> **SPRACHE IM ALLTAG**
> Vor allem in Sach- und Fachtexten findet man häufig Abkürzungen. Weisen Sie auf den Sprachkasten hin und gehen Sie im PL die einzelnen Abkürzungen und ihre Bedeutung durch.

> Entwickeln Sie aus dem Sprachkasten eine Aufgabe:
> Notieren Sie nur die Abkürzungen an der Tafel und fragen Sie, ob und welche die S kennen – notieren Sie dann die konkrete Bedeutung dazu. In KG überlegen sich die S konkrete Sätze, in denen sie die Abkürzungen verwenden können. Austausch in zwei KG. Anschließend werden ein paar Sätze im PL vorgelesen.

**A2a** Vorgehen wie beschrieben. Es geht in dieser Aufgabe darum, dass S den Text global verstehen und die Hauptaussage zusammenfassen können.

Mögliche Lösung:
Kinder werden in Experimentierkursen an die Wissenschaft herangeführt und so wird ihre Neugier für die Wissenschaft geweckt.

# Wer Wissen schafft, macht Wissenschaft

**A2b** Vorgehen wie beschrieben.

1. Sie experimentieren im Labor und führen wissenschaftliche Versuche durch. So verlieren sie ihre Scheu vor der Forscherwelt. – 2. Es gibt einen großen Bedarf an qualifiziertem Personal, aber zu wenig junge Deutsche in den Studiengängen der Natur- oder Ingenieurswissenschaft; mathematische und analytische Fähigkeiten müssen früh erworben werden, damit sie sich voll entfalten können; Kinder sollten also möglichst früh für die Wissenschaft begeistert werden. – 3. Ganz praktisch und spielerisch: Erst stellen sie das Phänomen in einem einfachen Experiment nach und sehen, was das Besondere daran ist. Dann erleben sie die Ursache für das Verhalten des Wassers, indem sie sich selbst in einem Spiel wie „Wasserteilchen" verhalten.

**A2c** In KG sprechen S über die Vor- und möglichen Nachteile dieser Initiative und tauschen sich über ihre eigenen Erfahrungen aus.

**Ü1** S hören das HV und markieren die richtigen Aussagen.

**A3a** S lesen die Sätze und ordnen sie zu.

1. B (Aktiv: die Personen, die etwas machen, stehen im Vordergrund)
2. A (Passiv: ein Vorgang / eine Aktion steht im Vordergrund)

**Ü2** In PA bearbeiten. Vergleich im PL: Wo gab es Schwierigkeiten? Warum habt ihr euch für Aktiv bzw. Passiv entschieden?

**A3b** S schreiben die Tabelle ins Heft und ergänzen die richtige Form von *werden*. Dann markieren sie dort die Verbteile des Passivs. Vergleich in KG.

**Präsens**: *werden + herangeführt*
**Präteritum**: *wurde + gegründet*
**Perfekt**: *ist + konzipiert worden*
**mit Modalverb**: *müssen + erworben werden*

> Für sehr schwache Lerngruppen weisen Sie darauf hin, dass die S alle Sätze in den Texten finden und zum Lösen nutzen können. (Zeilen 17/18 – 20 – 12 – 34/35).

**A3c** In PA schreiben S für jede Passivform einen Beispielsatz. Die Sätze werden an ein anderes PA weitergegeben, sie kontrollieren und korrigieren. Dann Rückgabe an das Ausgangspaar. Wo gibt es noch Schwierigkeiten?

> Kreatives Schreiben und Üben der Passivstruktur: S sammeln verschiedene Themen an der Tafel, z. B. *Wohnen, Freundschaft, Wissenschaft, Schule* etc. In KG einigen S sich auf ein Thema. Geben Sie an der Tafel die folgenden Strukturen vor:
>
> ```
> _____ wird/werden _____.
> _____ kann/können _____ werden.
> _____ wurde/wurden _____.
> _____ muss/müssen _____ werden.
> _____ ist _____ worden.
> ```
>
> S schreiben in KG ein kurzes Gedicht oder eine kurze Geschichte zu einem Thema, in der jede Struktur mindestens einmal vorkommen muss. Austausch und Korrektur in KG, anschließend Präsentation einzelner oder aller Geschichten im PL.→ **Portfolio**

| | |
|---|---|
| **Ü3** | Zur Wiederholung der Passivformen als HA geeignet. |

> Wenn Ihre S Schwierigkeiten mit dem Passiv haben, lassen Sie Ü3 in PA bearbeiten. Evtl. Wiederholung von Partizip II.

| | |
|---|---|
| **Ü4** | In PA bearbeiten lassen und Vergleich im PL. Fragen Sie S nach der Begründung für die Korrektur (z. B. 1. Passiv mit Modalverb + Infinitiv „werden") |
| **A3d** | In PA bearbeiten. |

> Stärkere PA formulieren die Sätze um, ohne im Text nachzusehen, und vergleichen dann. Schwächere PA suchen direkt im Text.

1. Die Begeisterung der Kinder für die Wissenschaft muss möglichst früh geweckt werden. (Z. 36/37)
2. In diesem Umfeld lässt sich die Scheu der Kinder vor der Forscherwelt leicht abbauen. (Z. 13–15)
3. Auch im Kindergartenalter können bereits naturwissenschaftliche Experimente durchgeführt werden. (Z. 44/45)
4. Naturwissenschaftliche Phänomene sind so viel besser verständlich. (Z. 18/19)

| | |
|---|---|
| **Ü5–6** | Als HA bearbeiten. Bei Ü6c Vergleich der Adjektiv-Listen in KG. |

> Lernstationen: Ü5–7; Beschreibung nach Ü7.

| | |
|---|---|
| **A4** | S formulieren Sätze um. |

Mögliche Lösung:
1. Kinder lassen sich leicht motivieren. / Kinder sind leicht zu motivieren. / Kinder sind leicht motivierbar.
2. Viele Projekte für Kinder sind ohne staatliche Hilfe nicht finanzierbar. / Viele Projekte für Kinder lassen sich ohne … nicht finanzieren.
3. Die Aufgaben sind von den Kindern zu lösen.

> Kopieren Sie die Bilder von **KV9** auf S. 153 auf Karton für KGs. Jede KG erhält einen Stapel Karten und S notieren Sätze zu den jeweiligen Bildern im Passiv Präsens, Präteritum oder Perfekt. Sagen Sie den S, dass sie, wo möglich, auch Passiv mit Modalverb oder die Passiversatzformen benutzen sollen. Vergleich im PL.

> Damit sich das Thema „Passiv" setzen kann, bietet sich hier eine thematische Erweiterung an. S recherchieren im Internet: Welche kulturellen Angebote gibt es in eurer Stadt für Kinder und Jugendliche? Notieren Sie die Fragen an der Tafel: Was wird angeboten? In welchem Themenbereich? Wann wird das Angebot durchgeführt? Wer wird angesprochen? Was wird gezeigt? Die S berichten in KG über die Angebote, indem sie u.a. das Passiv verwenden. Die anderen S notieren je zwei bis drei Fragen zur Präsentation.

| | |
|---|---|
| **Ü7** | Vertiefung und Übung der Passiversatzformen. Als HA geeignet. |

# Wer Wissen schafft, macht Wissenschaft

> Lernstationen: Kopieren Sie die Übungen 5, 6a, 6b, 6c und 7 einzeln und legen Sie die Lösung verdeckt dazu, damit S sie direkt vergleichen können. In PA lösen S zuerst die Übung, mit der sie am meisten Schwierigkeiten haben, vergleichen dann mit der Lösung, notieren evtl. Fragen. Dann machen sie die nächste Übung. Geben Sie S 30 Minuten Zeit (Rest als HA). Anschließend setzen S sich in KG zusammen und stellen ihre Fragen und versuchen sie anhand der Lösungen zu klären.
> Wenn es Fragen gibt, bei denen S sich unsicher sind, werden diese im PL geklärt. **V**

## Modul 2 — Wer einmal lügt, …

**A1a** Vorentlastung: Die Begriffe *Lüge* und *Notlüge* im PL definieren.
In KG über die Bedeutung der Aussagen und über Zustimmung bzw. Ablehnung sprechen.

> Sprechmühle: Bücher sind geschlossen und S bewegen sich zu Musik im Raum. Stoppen Sie die Musik und sagen eine Zahl zwischen 2 und 4. S bilden Gruppen in der entsprechenden Größe. Zeigen Sie die erste Aussage an der Tafel und lesen Sie sie. S sprechen über die Bedeutung und ob sie zustimmen oder nicht. Nach ca. zwei Minuten starten Sie wieder die Musik und S bewegen sich weiter. Identisches Vorgehen für die weiteren Aussagen. **V**

**A1b** In KG sprechen S über Redewendungen/Sprichwörter in ihren eigenen Sprachen. Präsentation von einem interessanten Sprichwort im PL.

**Ü1** Als HA.

> Bei einer an Sprichwörtern interessierten Gruppe kann Ü1 in PA im Unterricht behandelt werden. **V**

> In PA zeichnen S verschiedene Sprichwörter, z. B. die aus Ü1 oder auch die bei A1b genannten, dann geben sie die Zeichnungen weiter und ein anderes PA notiert das Sprichwort und einen Kontextsatz darunter. Rückgabe und Kontrolle an das erste Paar. **E**

**A1c** S ergänzen in EA oder PA die Tabelle. Dazu benutzen sie auch das Wörterbuch.
Sammeln Sie die Begriffe danach an der Tafel und lassen Sie bei Fragen immer den „Experten" (den S, von dem das Wort genannt wurde) auf Deutsch erklären.

Mögliche Lösung und Tafelanschrieb:

| wahr | nicht wahr |
|---|---|
| die Wahrheit, wahr, die Wahrheit sagen, wahrsagen, die Wahrsagerin, richtig, wahrheitsgemäß, ungelogen, glaubhaft, sicher, aufrichtig, wahrhaftig, wahrlich, glaubhaft versichern, … | lügen, die Lüge, falsch, täuschen, schwindeln, wie gedruckt lügen, Lügner, anlügen, belügen, das ist erlogen / das ist erfunden, das ist geflunkert, unwahr, die Unwahrheit (sagen), lügnerisch, die Lügengeschichte, … |

**A2a** Vorbereitung auf das HV: S sprechen im PL. Machen Sie den S deutlich, dass es hier um wohlwollende Lügen geht, wie z. B. zur Freundin, die eine neue Frisur hat, die sie schrecklich findet, der man aber sagt, dass die Frisur ok ist, obwohl man sie selbst auch nicht schön findet.

72

| | |
|---|---|
| **A2b**  | Diese Aufgabe entspricht dem Prüfungsformat Hören, Teil 1 der Prüfung DSD II. Weitere Informationen zur Prüfung DSD II finden Sie ab S. 173. |
| | Die S lesen in EA erst die Aussagen. Sagen Sie den S, dass die Antworten chronologisch im Text vorkommen. S hören den gesamten Text einmal und kreuzen die richtige Lösung an. In PA vergleichen. Lassen Sie bei Bedarf hier zur Übung den Text noch einmal hören, damit die S ihre Lösungen, bei denen sie sich in PA nicht sicher waren, überprüfen können. Dann Kontrolle im PL. In Anschluss Gespräch zum Inhalt des Interviews im PL: Was hat euch überrascht? |
|  | 1 b – 2 c – 3 c – 4 b – 5 c – 6 c – 7 a – 8 a |
| **A3** | In KG sprechen S darüber, welche der Lügen sie am schlimmsten finden und über mögliche alternative Reaktionen. |
| **Ü2a** | Im PL Brainstorming an der Tafel. |

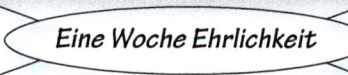

| | |
|---|---|
| **Ü2b–c** | S lesen den Text in EA, überprüfen dann gemeinsam ihre Hypothesen und ordnen die Überschriften zu. |
| **Ü2d** | Vorgehen in PA wie beschrieben. Vergleich im PL. |

Unterteilen Sie die Gruppe in zwei Teilgruppen. Eine Gruppe notiert die positiven Erfahrungen von Moritz, die andere die negativen. Anschließend setzt sich aus den verschiedenen Gruppen je ein/e S mit einem/einer anderen zusammen und sie ergänzen die Tabelle.

| | |
|---|---|
| **Ü3** | Als HA. |
| **A4a** | In EA schreiben S Texte. Dann vorgehen, wie beschrieben. |
| **A4b** | Im Anschluss kurzes Gespräch im PL: Was hat die Lügen enttarnt? Woran haben S die Lügen erkannt? |

In EA schreibt jede/r S fünf wahre/unwahre Aussagen über sich selbst. Dann lesen S diese in KG vor, die anderen raten, welche Aussagen wahr, welche gelogen sind.

## Modul 3  Ist da jemand?

| | |
|---|---|
| **Ü1** | Vorentlastung zum Thema: In PA bilden S Wortpaare. Vergleich in KG und evtl. Begründung, warum sie diese Wortpaare gebildet haben. |
| **A1a** | S lesen die Aufgabe und sprechen in KG darüber oder sie erstellen eine Zeitleiste, die sie auf DIN-A3-Papier notieren. Im PL werden die Ergebnisse präsentiert und verglichen.<br>Tafelanschrieb als Zeitleiste in Jahren: |

| Was passiert? | in 10 | in 50 | in 500 | in 1000 | in … Jahren |
|---|---|---|---|---|---|
| | | | | | |

# Wer Wissen schafft, macht Wissenschaft

**STRATEGIE** Vor dem Lesen im PL Strategie lesen. Überschriften in KG aufteilen und S notieren Vermutungen: Welche Themen könnten in einem Text mit dieser Überschrift angesprochen werden? Sammeln an der Tafel.

**A1b** S lesen den Text und ordnen die Überschriften zu. Vergleich in PA mit Begründung aus dem Text, warum die jeweilige Überschrift passt. Nur Zweifelsfälle im PL besprechen.

D 1 – B 2 – F 3 – E 4 – C 5 – A 6

> Wenn S Probleme hatten, die Überschriften zuzuordnen, lassen Sie S in KG die Überschriften ins Heft notieren, dann lesen S den Text noch einmal und notieren passende Schlüsselwörter aus den Abschnitten zu den Überschriften (am besten mit Zeilenangabe). So können sie sehen, welche Überschrift am besten zu welchem Abschnitt passt. Vergleich im PL. **B**

> Erweiterte Wortschatzarbeit: Wörter aus vorhandenem Wissen erschließen.
> Schreiben Sie 2–3 Wörter an die Tafel, die S ohne Wörterbuch erschließen sollen und können. Was kennen sie in den Wörtern?
> Beispiel: *überflutet*: Partizip II als Adjektiv: *Flut + über* = mit Wasser mehr als voll; *hinterlassen*: *hinter + lassen* = etwas zurücklassen
> Weitere gut erschließbare Worte aus dem Text in A1b: *ansiedeln, geschützt* **E**

**A1c** Vorgehen wie beschrieben.

| Was? | Wie? | Warum? |
|---|---|---|
| Großstadt | • U-Bahn voll mit Grundwasser<br>• Häuser stürzen ein<br>• Straßen versinken, werden zu neuen Flussbetten; grüne Städte | • Pumpen fallen aus<br>• Natur erobert Städte zurück |
| Atomkraftwerke | • fallen aus<br>• Ansiedlung von Tieren | • niemand tankt Diesel auf<br>• Kühlsystem fällt aus |
| Tierwelt | • Tiere vermehren sich<br>• Läuse, Ratten, Kakerlaken etc. sterben aus | • keine Stromleitungen und Lichter mehr<br>• keiner, der sie mehr direkt oder indirekt ernährt |
| Architektur | • Brücken, Dämme, Städte etc. fallen zusammen, brechen ein<br>• Tunnel unter Atlantik bleibt bestehen | • Natur erobert alles zurück |
| Metalle/Farben/ radio-aktives Material /Kunststoffe | • Blei, Plutonium und Plastiktüten gäbe es noch immer | • brauchen zig Tausende bis Millionen Jahre, um abgebaut zu werden<br>• für den Abbau von Plastik müsste sich erst eine neue Art von Bakterien entwickeln |

> Notieren Sie die Themen aus „Was?" je auf Kärtchen. Verteilen Sie die Kärtchen an S in KG, jede KG sucht zu seinem Thema das „Wie?" und „Warum?" aus dem Text.
> Wirbelgruppen: Aus jeder KG kommen die S zusammen und erzählen sich gegenseitig ihre Informationen. Bei Zeitknappheit: Die verschiedenen Themengruppen (Großstadt, Tierwelt, Architektur etc.) präsentieren ihre Ergebnisse zu „Wie?" und „Warum?" im PL. **V**

| **A1d** | Vergleich mit eigenen Hypothesen vom Anfang: Was haben S auch vermutet? Worüber sagt der Text nichts? |
|---|---|
| **A2a** | S suchen in PA im Text die Indefinitpronomen und ergänzen die Tabelle im Heft. |

| Indefinitpronomen | | | | | |
|---|---|---|---|---|---|
| Nominativ | man | (k)einer/(k)eins/(k)eine | niemand | jemand | irgendwer |
| Akkusativ | | (k)einen/(k)eins/(k)eine | niemanden | jemanden | irgendwen |
| Dativ | | (k)einem/(k)einem/(k)einer | niemandem | jemandem | irgendwem |

| **Ü2a** | Als HA geeignet. |
|---|---|

> Da diese Übung für Ü2b wichtig ist, bearbeiten S sie in EA, um sicherzustellen, dass alle sie gelöst haben. Kontrolle im PL, in dem verschiedene S die korrekten Lösungen als Dialogteile vorlesen. **V**

| **Ü2b** | S arbeiten in Dreiergruppen wie beschrieben. Machen Sie ein Beispiel mit zwei S vor. |
|---|---|

> Brauchen S mehr Übungsmaterial für dieses Phänomen, lassen Sie die Kärtchen der einzelnen Gruppen rotieren, so dass S mehr Fragen und Antworten bilden müssen. **B**

| **A2b** | S erstellen ein Lernplakat in KG und notieren die fehlenden Wörter. |
|---|---|

| Die Indefinitpronomen beziehen sich auf … | | | |
|---|---|---|---|
| **Personen** | **Orte** | **Zeiten** | **Dinge** |
| man, einer/eine, irgendwer, jemand | irgendwohin, irgendwoher, irgendwo | irgendwann | etwas, einer/eins/eine, irgendetwas |

Vergleich und Klärung evtl. Fragen im PL.

| **Ü3–4** | Als HA geeignet. Fragen zu den Lösungen in der Klasse klären. Bei Ü4 eventuell auch die Dialoge lesen lassen. |
|---|---|
| **A2c** | S überlegen in PA, welche Adjektive am besten zu dem Satzanfang passen. Vergleich im PL. |

Aussagen mit Indefinitpronomen sind allgemein, offen, unbestimmt

| **A2d** | Jede/r S notiert sich drei Fragen mit Pronomen. Alle S stehen auf, gehen durch den Klassenraum, stellen sich gegenseitig ihre Fragen und die anderen müssen reagieren. |
|---|---|
| **A2e** | In derselben KG, die auch in A2b zusammengearbeitet hat, ergänzen S ihr Lernplakat um die Negation. |

| Die Indefinitpronomen beziehen sich auf … | | | |
|---|---|---|---|
| **Personen** | **Orte** | **Zeiten** | **Dinge** |
| man, einer/eine, irgendwer, jemand niemand, keiner/keine | irgendwohin, irgendwoher, irgendwo nirgendwo, nirgends nirgendwoher, nirgendwohin | irgendwann<br><br>nie, niemals | etwas, einer/eins/eine, irgendetwas nichts keiner/keins/keine |

# Wer Wissen schafft, macht Wissenschaft

**Ü5**  Als PA bearbeiten. Fragen anschließend im PL klären.

**A3**  Rückgriff auf das Thema: S sprechen in KG darüber, was man tun kann.
Bevor die S in die Diskussion einsteigen, verweisen Sie auf die Redemittel im Anhang des KB. Die S notieren sich fünf Redemittel, die sie in der Diskussion verwenden sollen.

## Modul 4  Gute Nacht!

**A1a**  In PA befragen sich S gegenseitig. Vergleich in der Klasse.

> Damit S mit mehreren S sprechen können, bietet sich hier auch wieder die „Kugellager"-Methode an (vgl. K3/M2/A2c).

> S erstellen eine Klassenstatistik: In KG sind sie für eine Frage zuständig und fragen alle anderen S. Anschließend werden die Ergebnisse in einem Plakat zusammengefasst.

**A1b**  S ordnen in PA die Ausdrücke zu. Vergleich im PL.

1. C – 2. F – 3. A – 4. H – 5. B – 6. G – 7. D – 8. E

**A1c**  In PA schreiben S Beispielsätze zu drei Wörtern bzw. Ausdrücken der A1b. Vergleich der Sätze mit einem anderen PA.

> Notieren Sie zur Wiederholung der Wörter diese auf Kärtchen und die Definitionen auf der Rückseite (bei großen Gruppen können die Wörter doppelt vorkommen). S gehen herum und zeigen einem/einer anderen S die Definition, diese/r sagt das passende Wort. S mit der Karte kann dies auf der Rückseite überprüfen. Die Karten werden getauscht und weitere S gefragt.

**Ü1**  Als HA geeignet zur Wiederholung des Wortschatzes.

**A2a**  Diese Aufgabe entspricht dem Prüfungsformat Lesen, Teil 3 der Prüfung DSD II. Weitere Informationen zur Prüfung DSD II finden Sie ab S. 173.
**P**  S lesen die Sätze A–G aus der Satzliste. Zur Übung klären Sie ggf. unbekannte Wörter und
DSD  Bedeutungen.
Dann lesen S den Text und notieren im Heft die Lösung. Vergleich in PA. Wenn S unterschiedliche Lösungen haben, gehen sie noch einmal in den Text und suchen Argumente für „ihren Satz", meist finden S diese in den Satzanfängen (denn/diese/allerdings …).

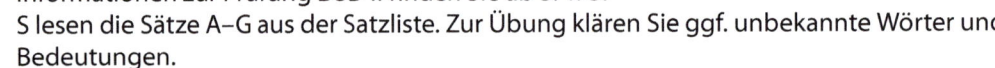

1 D – 2 G – 3 A – 4 E – 5 C

**A2b–c**  S lesen den Text noch einmal und notieren in EA fünf Fragen zum Textinhalt. In PA Fragen stellen und gegenseitig beantworten.

> Mögliche Fragen: Wie hat sich die Schlafdauer in den letzten 100 Jahren verändert? Wie lange schliefen die Menschen vor 100 Jahren? Warum gehen viele Jugendliche spät ins Bett? Warum ist zu frühes Aufstehen nicht ratsam? Was passiert in der Schule, wenn man zu wenig Schlaf bekommt? Was tun Menschen, wenn sie nicht schlafen können? Wie gehen andere Kulturen mit Schlaf um?

**A2d**  In PA wichtige Informationen aus dem Text sammeln, Vergleich und Sammlung im PL.

Mögliche Lösung:
- Schlaf ist wichtig für die Gesundheit
- Vor 100 Jahren: 9 Stunden Schlaf; vor 20 Jahren: 8; heute: 7 Stunden.
- Eine Nacht durcharbeiten → Zeichen der Leistungsfähigkeit
- Spät ins Bett → Zeichen von Erwachsensein
- Zu frühes Aufstehen: vor 8 Uhr kein vernünftiges Denken möglich.
- Dauerhafter Schlafmangel → Krankheit und Übergewicht.
- Kinder und Jugendliche → immer später ins Bett → Schlaf kürzer → möglicher Leistungsabfall
- Wunsch von Jugendlichen: Schlafen bis 8/9 Uhr
- immer mehr Menschen mit Schlafstörungen
- Japan: Nickerchen im Büro / in der U-Bahn positiv
- China: Schulkinder Mittagsschlaf
- Zu viel Schlaf → auch nicht gesund

Hier bieten sich Anknüpfungspunkte zum fächerübergreifenden Unterricht an, z. B. Biologie.

**A3a** S lesen die Themen, evtl. Klären von Wortschatz, dann HV hören und die Reihenfolge der Teilthemen notieren. Vergleich erst in PA, dann im PL.

 1 E – 2 F – 3 G – 4 D – 5 B – 6 C – 7 A

**A3b** 2. Hören des Interviews, wichtige Informationen notieren und in KG vergleichen. Klassengespräch: Was hat euch überrascht? Was findet ihr interessant? Wie ist es bei euch?

| 1E | 8.000 Jugendliche befragt – viele leiden an Schlafmangel<br>an Wochentagen – weniger als 7 Stunden pro Nacht<br>jeder fünfte Jugendliche weniger als 6 Stunden |
|---|---|
| 2F | ab 12. Lebensjahr – Ausstoß vom Schlafhormon Melatonin später als vorher<br>Konsequenz: Jugendliche später müde |
| 3G | Schulbeginn 8 Uhr, zu früh<br>manche Länder beginnen um 9 Uhr (besser für den Biorhythmus) – Schule später zu Ende |
| 4D | durch Beschäftigung mit Smartphones/Computer bleibt man länger wach<br>Gehirn kommt nicht so schnell zur Ruhe<br>am Abend Geräte auslassen oder früher ausmachen |
| 5B | man kann innerhalb von 2 Tagen Schlaf nachholen oder vorschlafen |
| 6C | Wechsel von Schlafphasen im 90-Minuten-Rhythmus<br>Tiefschlaf: Hormone für Regeneration<br>Traumschlaf: für geistige Erholung (Verarbeitung des Tages) |
| 7A | ausreichend Bewegung am Tag<br>keine Cola am späten Nachmittag<br>abends: lesen oder Musikhören<br>Zimmer: dunkel und kühl |

Teilen Sie die Klasse auf und geben Sie den KG nur ein paar Themen, eine mögliche Aufteilung wäre folgende, dabei bearbeiten alle Gruppen Punkt A:
Gruppe 1: Themen E – D – A
Gruppe 2: Themen F – B – A
Gruppe 3: Themen G – C – A
Anschließend besprechen S erst in ihrer Gruppe die wichtigsten Informationen und dann wirbeln Sie die Klasse, sodass immer je ein/e S aus Gruppe 1–3 zusammen sind und sich ihre Informationen gegenseitig vorstellen.

## Wer Wissen schafft, macht Wissenschaft

**Ü2a**     S arbeiten in PA: Jede/r S entscheidet sich für einen Text, liest ihn und notiert die Hauptaussage.

**Ü2b**     Im PL Lesen der Aufgabe und der Punkte, über die S sprechen sollen. Lesen der Redemittel.
S notieren sich je ein Redemittel auf einen Zettel. Diese müssen sie bei der Präsentation benutzen.
Um zu überprüfen, ob das Thema des Textes und die Meinung dazu verständlich waren, nimmt der/
die andere S kurz Stellung oder stellt eine Frage.

**Ü3a**     Als HA geeignet.

**Ü3b**     Vorbereitung als HA. S suchen/überlegen, welche Sprichwörter es in ihren Sprachen gibt.
In der Klasse Gespräch über Sprichwörter aus der/den Muttersprache/n.

> In national heterogenen Gruppen sprechen Sie im PL über Gemeinsamkeiten/Unterschiede in den Sprachen und Sprichwörtern.    **B**
> In national homogenen Gruppen halten Sie dieses Gespräch kurz und lassen nur berichten, welche verschiedenen Sprichwörter S gefunden haben.

**A4**     In PA entscheiden sich S für eine Situation und verteilen die beiden Rollen. Jede/r S notiert sich in EA Argumente für seine/ihre Rolle. Geben Sie eine Zeit, ca. fünf Minuten, vor.
Im PL Redemittel klären. Jede/r S notiert sich Redemittel auf Kärtchen, die er/sie in der Diskussion „abarbeiten" muss. Für jedes verwendete Redemittel wird eine Karte abgelegt, bis der/die S keine mehr übrig hat.
In PA spielen S den Dialog. Weisen Sie die S darauf hin, dass sie zu einer Lösung kommen sollen.
Am Ende kurzes Gespräch im PL: Welche Ergebnisse haben die Rollenspiele?

> Nachdem die S die Rollen verteilt haben, bilden sich KGs mit denselben Rollen. Das hilft evtl.    **B**
> um mehr Argumente und Ideen zu bekommen. Im Anschluss gehen sie zu ihrem vorherigen Partner / ihrer vorherigen Partnerin zurück.

**A5a**     Lesen der Aufgabe im PL: Als Vorbereitung für den Forumsbeitrag sortieren S die Überschriften zu.
Kopieren Sie dazu die Seite aus dem Buch groß, sodass die S die Überschriften zu den passenden Redemitteln eintragen können.

S markieren die Redemittel, die sie in ihrem Brief verwenden wollen.

| C Einleitung ||
|---|---|
| D Meinung äußern und Argumente abwägen | A Beispiele und eigene Erfahrungen anführen |
| B Schluss ||

Hinweise, wie das Tafelbild im Unterricht eingesetzt werden kann, können über das Tafelbild im Lehrwerk digital direkt aufgerufen werden. Beschreibungen zu allen Tafelbildern finden Sie auch online als Gesamt-PDF unter www.klett-sprachen.de/aspekte-junior/lehrerhandreichungB2.

**A5b**     Vorbereitung auf das Goethe-Zertifikat B2 für Jugendliche, Schreiben 1. Weitere Informationen zum
**P**         Goethe-Zertifikat B2 finden Sie ab S. 166.
GI

> **STRATEGIE**
> Bevor die S den Forumsbeitrag schreiben, lesen sie im PL die Lernstrategie.
> Weisen Sie S noch einmal darauf hin, dass sie zu allen Punkten mindestens zwei Sätze schreiben sollten und dass sie ihre Sätze abwechslungsreich verknüpfen.
> Geben Sie den S 30 Minuten Zeit, um den Beitrag zu schreiben, und dann noch einmal ca.
> 10 Minuten, damit sie ihn überprüfen können, wie in der Lernstrategie vorgeschlagen (in der Prüfung sind 40 Minuten empfohlen). → **Portfolio**

> Zum vorbereitenden Üben kopieren Sie den Forumsbeitrag von **KV 10** auf S. 154 und verteilen
> Sie ihn an die S.
> In PA bringen S ihn in die richtige Reihenfolge und ergänzen die Redemittel. Dann bewerten
> S den Beitrag mit den Stichpunkten von 5b, d. h. sind alle Inhaltspunkte vorhanden? Variieren
> die Satzanfänge? Anschließend schreiben sie selbst einen Beitrag.

**Ü4a–b** Einen weiteren Schreibanlass zum Üben dieser Schreibform finden Sie im ÜB. Als HA geeignet.

## Aussprache  Fremdwörter ändern sich

**Ü1a** In EA bearbeiten und in PA Lösungen vergleichen.

**Ü1b** In EA bearbeiten und in PA Lösungen vergleichen. HV mehrfach hören.
Unterschiede beim Wortakzent der Wörter in Übung 1a und 1b besprechen: Was hat sich verändert?
Können die S schon eine mögliche Systematik finden (Endungen wie *-ie* und *-al*, *-ant* verschieben
den Akzent nach hinten, aus langen Vokalen werden mit Suffix kurze etc.)?

> **TIPP** Bei fremden Wörtern muss der Wortakzent nicht gleich bleiben. Um die verschiedenen
> Akzente richtig zu sprechen, empfehlen Sie den S, sich die Wörter einer Familie auf eine
> Wortkarte zu notieren, dort die unterschiedlichen Akzente zu markieren und beim Lernen die
> Wörter laut zu sprechen.

**Ü1c** Vor dem Hören Tipp besprechen. Dann hören und nachsprechen. Ggf. mehrfach.

Hinweis: Ideen, wie Sie mit den Wortschatzseiten arbeiten können, finden Sie in der Einleitung
dieses Lehrerhandbuchs auf Seite 14.

## Film  Alles mit links …

**A1a** In EA ergänzen S Beispiele, Vergleich in der Klasse und Sammlung weiterer Beispiele.

🔑 a) (je nach Sprache unterschiedlich) b) rechts – links, c) linken/rechten, d) in Deutschland bei Frauen
links, bei Männern rechts, e) links, f) rechts, g) links/rechts, h) links
Weitere Beispiele: Wir rechnen in Deutschland von links nach rechts. – Ich habe die Zahnbürste in
der linken/rechten Hand. – Beim Start von einem Sprint habe ich das linke/rechte Bein vorne.

**A1b** S notieren in PA „linke Gehirnhälfte – rechte Gehirnhälfte" als zwei Spalten ins Heft und notieren die
Fähigkeiten unter die passende Gehirnhälfte. Vergleich im PL. Halten Sie die Ergebnisse an der Tafel
fest, lösen Sie sie aber noch nicht auf – das folgt in A2b.

🔑 linke Gehirnhälfte:, sprachliche Fähigkeiten, technisches Wissen, logisches Denken, Zeitgefühl
rechte Gehirnhälfte: Gedächtnis für Melodien, Emotionen, kreative Fähigkeiten

**A2a** S lesen die Wörter im Kasten, evtl. Klärung, sehen dann die erste Filmsequenz und ordnen die
Buchstaben den Wörtern zu. Es geht in der Filmsequenz sehr schnell, sehen Sie sie zweimal.
Vorschlag: Kopieren Sie die Sätze größer und schreiben Sie die Wörter auf Kärtchen. Die S legen
die Kärtchen in der richtigen Reihenfolge zu den Sätzen.

🔑 a Minderheit – b leicht – c 15 Prozent – d klug – e Kreativität – f einfallsloser – g dümmer –
h richtig – i anders – j räumliche Vorstellungsvermögen – k Melodiegedächtnis – l Gefühl –
m sprachliches Zentrum – n Zeitvorstellung – o Zeitgefühl

# Wer Wissen schafft, macht Wissenschaft    5

**A2b**    Vergleich der Punkte 6 und 7 mit ihren eigenen Vermutungen. Wo lagt die S richtig? Was haben sie anders vermutet? Gespräch im PL.

**A2c**    S sehen die zweite Filmsequenz und machen sich Notizen zu den Fragen. Vergleich im PL.

🗝    1. tollpatschig – 2. die Welt ist für Rechtshänder gemacht – 3. Die Kamera ist so gebaut, dass man sie mit rechts bedienen muss; für ihn schwierig, weil seine Feinmotorik links besser ist. – 4. Küche, Büro, Basteln und Heimwerken

**A2d**    S lesen zuerst die Sätze, sehen dann die dritte Filmsequenz und notieren die richtige Reihenfolge.

🗝    A – I – C – G – J – D – F – B – K - H

**A2e**    S sehen die dritte Sequenz noch einmal und kontrollieren ihre Reihenfolge.
Gespräch im PL: Was habt ihr über Linkshänder gehört/gesehen? Habt ihr schon einmal etwas mit links versucht, etwas mit der anderen Hand zu schreiben/heben/knöpfen/ …?
Wie ist das in eurer Kultur? Wie viele Linkshänder gibt es in der Klasse?

**A3a**    S lesen die Redensarten und versuchen sie in PA anders zu formulieren, sodass die Redensart klar wird. Vergleich der Formulierungen mit einem anderen PA. Vorstellen im PL und evtl. Klären der Redensarten.

🗝    alles mit links machen: keine Schwierigkeiten mit etwas haben / etwas mühelos erledigen
zwei linke Hände haben: tollpatschig sein / sich ungeschickt anstellen

> Informationen zu den Redensarten:
> <u>etwas mit links machen</u>: umgangssprachlich; weil die meisten Rechtshänder sind, gilt die linke Hand als weniger geschickt. Wenn man also etwas „mit links" machen kann, muss es wirklich für die Person leicht zu bewerkstelligen sein.
> <u>zwei linke Hände haben</u>: umgangssprachlich; Die Redensart, die sich insbesondere auf manuelle und handwerkliche Tätigkeiten bezieht, ist seit Anfang des 19. Jahrhunderts gebräuchlich. Möglicherweise handelt es sich um eine Entlehnung aus dem Französischen.
> Wer zwei linke Hände hat, kann nicht so geschickt arbeiten. Daher bedeutet diese Redensart, dass jemand eher ungeschickt oder wenig talentiert ist.

**A3b**    Frage im PL beantworten.

🗝    A: 1. Filmsequenz Nr. 3 – Linkshänder sind angeblich klug und man sagt ihnen auch besondere Kreativität nach.
B: 2. Filmsequenz Nr. 1 – Linkshänder werden als tollpatschig angesehen.

**A3c**    Selbsttest in KG: S probieren die angebenden Dinge mit der linken, bzw. rechten Hand. Gespräch im PL über ihre Erfahrungen.

---

**Kapiteltests**
Kapiteltests zu jedem Kapitel finden Sie unter www.klett-sprachen.de/aspekte-junior im Bereich „Tests".
Der Zugangscode lautet: asP!jr2

# Fit für ... 6

**Themen**  Kapitel 6 beschäftigt sich mit Bereichen, in denen man fit sein sollte.

**Auftakt**  Den Auftakt bilden verschiedene Denksportaufgaben zu unterschiedlichen Themen, bei denen S ihre Kombinationsfähigkeit und ihre Konzentration testen können.
**Modul 1**  Dieses Modul beschäftigt sich mit dem Thema „Probleme im Netz und Internetsicherheit".
**Modul 2**  In diesem Modul geht es um das Telefonieren: Wie beginne ich ein Gespräch, wie lenke ich es gut und beende es so, dass am Ende beide Gesprächspartner zufrieden sind? Da Telefonieren in einer Fremdsprache sehr schwierig ist, üben und simulieren hier S verschiedene Telefongespräche.
**Modul 3**  Welche Benimmregeln gibt es? Was ist gutes Benehmen? Darum geht es in diesem Modul.
**Modul 4**  Modul 4 widmet sich ganz dem Thema „Prüfung" und dem Umgang mit Prüfungsangst. Wollen S die B2-Prüfung machen, bekommen sie hier gleich konkrete Tipps und Tricks.
**Film**  In der Reportage lernen die S die Insel Pellworm kennen.

**Lernziele**
> **Ihr lernt**
> Modul 1 | Eine Ratgebersendung zum Thema „Probleme im Netz" verstehen
> Modul 2 | Telefongespräche erfolgreich bewältigen
> Modul 3 | Einen Forumsbeitrag zum Thema „Gutes Benehmen" schreiben
> Modul 4 | Informationen aus einem Text weitergeben
>              Eine persönliche E-Mail schreiben
>
> **Grammatik**
> Modul 1 | Passiv mit *sein*
> Modul 3   Vergleichssätze mit *als, als ob* und *als wenn* im Konjunktiv II

## Auftakt — Fit für

**Ü1a–b**  Als Einstieg möglich. S arbeiten in PA, sehen die Fotos an und notieren die passenden Wörter zu den Fotos, dann ergänzen sie weitere Wörter, die zu den Fotos passen.
Sammlung im PL.

**A1a**  S lösen in EA die Aufgaben. Sie haben 15 Minuten Zeit.

**A1b**  Vergleich mit der im KB angegebenen Lösung. Im PL kurz die Lösungen besprechen: Wer hat die meisten Punkte?

> *Beispiele für Lösungsstrategien:*
> • *Schlussfolgerungen ziehen durch lösungsrelevante Informationen (z. B. bei A Kurioses Nr. 2 „Der Vater von Monika");*
> • *System/Regel erkennen und weiterführen (z. B. bei D Buchstabenreihen ergänzen, Nr. 1 immer ein Buchstabe von hinten und einer von vorne des Alphabets);*
> • *Spiegelungen erkennen und umsetzen (z. B. bei C Analogien bilden: Nr. 4 Wind : Sturm, Sturm ist stärker als Wind, also muss das Verb stärker als reden sein),*
> • *Basisfertigkeiten anwenden (alle kognitiven Fertigkeiten, Aufmerksamkeit, Konzentration, genaues Lesen, Sprachverarbeitung, Kombination, Weltwissen)*

**A2**  Vorgehen wie beschrieben. Zwei KG tauschen ihr Quiz miteinander und versuchen, die Aufgaben zu lösen.

# Fit für ...

> Jede/r S sucht eine Denksportaufgabe als HA und notiert diese plus Lösung. Sie sammeln sie ein und kopieren sie für alle. In PA haben S 15 Minuten Zeit, die Denksportaufgaben zu lösen. Vergleich und Klärung im PL.

 Hier bieten sich Anknüpfungspunkte zum fächerübergreifenden Unterricht an, z. B. Mathematik, Geschichte, Geografie, Sprachen, Chemie, Physik, Biologie.

**Ü2–3** Als HA bearbeiten.

**Ü4a** In PA bearbeiten und Lösung im PL klären. Auch als HA möglich.

**Ü4b** In EA schreiben, dann in PA Lösungen kontrollieren.

> In PA: Ein S nennt ein Verb oder eine Wortgruppe und der/die andere bildet einen Satz damit. **V**

**Ü5** Als HA bearbeiten.

## Modul 1 — Fit fürs Internet

**A1a** Klassenumfrage: In KG sprechen die S über die beiden angegebenen Fragen und halten ihre Gruppenergebnisse fest. Anschließend tragen die KG ihre Ergebnisse im PL zusammen und ein S hält die Klassenergebnisse an der Tafel fest.

**A1b** Anschließender Vergleich mit den Ergebnissen der Online-Studie im Buch. In KG sprechen S über die angegebenen Fragen im KB. Hier können sie auch auf die Redemittel für Grafiken aus dem Anhang im KB zurückgreifen.

**A1c** In PA erklären sich S erst fünf bekannte Wörter und dann suchen sie fünf neue Wörter + Artikel im Wörterbuch und erklären auch diese wieder auf Deutsch ihrem Partner / ihrer Partnerin.

**A1d** In KGs klären S die Bedeutung der restlichen Wörter.

> WS-Wiederholung: Notieren Sie alle Wörter einmal auf Kärtchen und verteilen Sie diese an die S. Die S notieren in PA Definitionen zu ihrem Wort auf die Rückseite des Kärtchens.
> Im Anschluss daran gehen alle S in der Klasse herum. S1 trifft S2. S1 hält S2 die Karte so hin, dass S2 das Wort lesen kann. S2 ergänzt den Artikel und erklärt das Wort und S1 kontrolliert mit seiner Definition auf der Rückseite. Dann andersherum: S2 hält S1 die Karte vor. Nach beiden Definitionen tauschen S1 und S2 die Karten und laufen weiter, treffen auf den/die nächste/n S. Die Definitionen der S müssen nicht wortwörtlich identisch mit der Definition auf der Rückseite sein, aber inhaltlich korrekt. **E**

**Ü1a–b** In PA bearbeiten.
Die Übung sollte vor dem HV aus A2 bearbeitet werden, um den Wortschatz aus dem HV vorzuentlasten.

**A2a** Einstieg ins Thema: Fragen Sie in der Klasse: Welche Probleme könnte es im Netz geben?
S hören den Text und notieren, was sie über Ben erfahren. Vergleich in KG, dann im PL. Kurzes Nachfragen: Kennt ihr so etwas auch in eurem Land? Habt ihr davon schon einmal gehört?

- Ben arbeitet als Scout für ein großes Jugendportal
- antwortet auf alle Fragen zum Thema „Probleme im Netz"
- ehrenamtlich
- Beratung bei Problemen (Mobbing, abzocken, Rechteverletzung)
- Voraussetzungen für Scout: zwischen 15–19 Jahren; Internetkenntnisse
- redaktionelle Arbeit, schreibt Artikel

**A2b** S hören den zweiten Teil und notieren sich die Probleme der Jugendlichen.

Mia: ein Mädchen aus ihrer Klasse schreibt unter ihrem Nickname Nachrichten, die Mia in Schwierigkeiten bringen / peinlich für sie sind
Marie: Marie hat einer Freundin ein Foto geschickt, auf dem sie nicht gut aussieht. Die Freundin hat das Foto verbreitet. Darf sie das?
Luca: Film aus Tauschbörse heruntergeladen und nun Anwaltsschreiben mit Abmahnung und Geldstrafe

> Bearbeiten Sie in stärkeren Gruppen A2b und A2c gemeinsam. D. h. die S wählen schon vor A2b eine Person (Person 1 oder 2 oder 3) und notieren dann direkt beim ersten Hören, was Ben sagt. Vergleich in der KG, zweites Hören, ergänzen und Vergleich in der Klasse.

**A2c** S arbeiten zu dritt und teilen die Personen aus A2b untereinander auf. Das HV wird noch einmal gehört und jede/r S achtet auf die Beratung zu „seiner/ihrer" Person.

Antwort auf Mias Problem: Identitätsdiebstahl (man gibt sich für jemand anderen aus, dem man schaden möchte); Nicknapping; Betreiber der Plattform informieren, Beweise sichern (z. B. Screenshot von geschriebenen Nachrichten), Freunde darüber informieren, zum Vertrauenslehrer oder Sozialpädagogen an der Schule gehen, im schlimmsten Fall: zur Polizei gehen und Anzeige erstatten
Antwort auf Maries Problem: die Freundin darf es nicht, Marie hat das Foto gemacht und ist Besitzerin des Fotos und darf bestimmen, was damit passiert; auch wenn es jemand anderes gemacht hätte, gilt das Recht am eigenen Bild; jeder darf selbst entscheiden, ob und welche Bilder von einem veröffentlicht werden; vorher muss man um Erlaubnis bitten, sonst strafbar; mit Freundin sprechen
Antwort auf Lucas Problem: problematisch ist, dass das Urheberrecht im Internet häufig nicht so ernst genommen wird. Urheberrecht liegt beim Ersteller – Tauschbörsen verletzen das Urheberrecht; man findet die Personen, die etwas heruntergeladen durch die IP-Adresse und Provider ist verpflichtet, die Adresse zu nennen; zuerst Abmahnung mit hohen Gebühren; juristisch prüfen lassen, ob Abmahnung korrekt ist, Anwaltskosten herunterhandeln, aber Geldstrafe zahlen; wenn es noch einmal passiert: gerichtliches Verfahren; Filmportale nutzen, bei denen man kostenpflichtig Filme herunterladen kann – nicht illegal

 Hier bieten sich Anknüpfungspunkte zum fächerübergreifenden Unterricht an, z. B. Ethik.

**Ü2**  Diese Übung entspricht dem Prüfungsformat Lesen 4 des Goethe-Zertifikats B2 für Jugendliche. Weitere Informationen zum Goethe-Zertifikat B2 finden Sie ab S. 166.

GI

Als HA geeignet. Empfehlen Sie den S, die Schlüsselwörter in den Texten zu markieren und dann die Überschriften zuzuordnen. In der Prüfung sind ca. 12 Minuten empfohlen. Raten Sie S, auf die Zeit zu achten, um zu sehen, ob sie damit zurechtkommen oder länger brauchen.

**A3a** In PA bearbeiten. Vergleich im PL.

links: Wichtig ist der Vorgang. / Die Daten werden heruntergeladen.
rechts: Wichtig ist der neue Zustand. / Die Daten sind heruntergeladen.

# Fit für …

**A3b** Im PL bearbeiten. Klärung von Fragen.

|  | Passiv mit *werden* | Passiv mit *sein* |
|---|---|---|
| Bildung | *werden* + Partizip II | *sein* + Partizip II |
| Bedeutung | Vorgang, Aktion | neuer Zustand, Resultat der Handlung |

Hinweise, wie das Tafelbild im Unterricht eingesetzt werden kann, können über das Tafelbild im Lehrwerk digital direkt aufgerufen werden. Beschreibungen zu allen Tafelbildern finden Sie auch online als Gesamt-PDF unter www.klett-sprachen.de/aspekte-junior/lehrerhandreichungB2.

**A3c** Erst in EA bearbeiten und S überlegen, ob ein Vorgang oder ein Zustand beschrieben wird, dann Vergleich in PA. S markieren die Stellen, an denen sie Schwierigkeiten hatten, und versuchen diese in KG zu klären. Kontrolle und Klärung der Restfragen in PL.
Lassen Sie die Texte auch inhaltlich kurz zusammenfassen.
Klassengespräch: Ist euch schon einmal so etwas passiert? Wie schützt ihr euch? Wie merkt ihr euch eure Passwörter?

2 wird – 3 sind – 4 werden – 5 wird – 6 sind/werden – 7 bist – 8 werden – 9 sind – 10 werden

> Schnellere S bearbeiten beide Texte, langsamere S bearbeiten nur einen Text. Vergleich im PL.
> Teilen Sie die Gruppe auf und jede Teilgruppe liest einen Text, dann finden S einen Partner / eine Partnerin der anderen Gruppe und lesen sich gegenseitig die ausgefüllten Texte vor.

**A3d** In PA bearbeiten. Vergleich mit einem anderen PA. Kontrolle im PL.

2. Die Firewall war deaktiviert.
3. Die Schadsoftware war nicht vollständig entfernt.
4. Der Browser war nicht aktualisiert.

> **A3:** In PA bearbeiten S eigenständig und nach ihrer Schnelligkeit die Aufgaben. Sie erkennen
> das Konzept und die Form und diskutieren zu zweit über die Lösungen. S notieren die Fragen, die sie nicht klären können, diese werden im Anschluss im PL bearbeitet.
> Sie als Lehrkraft stehen die ganze Zeit als Hilfe zur Verfügung.
> Lassen Sie allen PA Zeit, die vier Aufgaben zu lösen. Schnellere PA können, wenn sie fertig sind, die Ü3 im ÜB beginnen.

**Ü3–5** Als HA geeignet.

**A4** Sammeln Sie Ideen und Vorschläge im PL.

Beispiele:
Die Tür ist abgesperrt. Der Zug ist verspätet. Die Fenster sind geschlossen. Die Rechnung ist bezahlt. Die Internetverbindung ist unterbrochen. Mein T-Shirt ist frisch gewaschen. Die Bibliothek ist geschlossen.

## Modul 2 Fit am Telefon

**A1** Sprechmühle: Die S laufen in der Klasse zu Musik herum. Sie stoppen die Musik und sagen eine Zahl 2, 3 oder 4. So viele S finden sich zusammen, Sie nennen eine der angegebenen Fragen oder Sie zeigen sie an der Tafel und S sprechen kurz darüber. Dann wieder Musik etc. bis Sie alle im Buch angegebenen Fragen gestellt haben.

**Ü1a–b** Als HA bearbeiten.

**A2a** S hören den Text und machen sich Notizen.

Lösung und Tafelanschrieb:

> *Dialog 1 –*
> - *sagt seinen Namen nicht*
> - *nuschelt, redet undeutlich*
> - *Fenster offen und viel Lärm (Musik und Geklapper)*
> - *unterbricht Telefonat, spricht mit seiner Schwester, konzentriert sich nicht auf das Telefonat*
> - *muss den Zettel mit dem Buchtitel erst suchen*
> - *legt einfach auf, ohne die Verabschiedung vom anderen abzuwarten*
>
> *Dialog 2 +*
> - *klingt freundlich*
> - *spricht klar und deutlich*
> - *keine Hintergrundgeräusche*
> - *stellt sich vor und beschreibt die Situation, sagt klar, was sie will*
> - *hat den Buchtitel direkt parat*
> - *warten die Verabschiedung ab und legt dann auf*

**A2b** S hören das Interview und notieren sich die Ratschläge in Stichwörtern. Anschließend im PL sammeln und an der Tafel / auf einem Plakat festhalten.

Tipps/Ratschläge:

| | |
|---|---|
| *gute Rahmenbedingungen* | *ruhiger Ort, möglichst geringe Hintergrundgeräusche (Musik aus, Fenster zu) → besser für Konzentration* |
| *Vorbereitung* | *die wichtigsten Fragen/Punkte notieren, Stift und Papier bereithalten* |
| *Körperhaltung während des Telefongesprächs* | *entspannt sitzen oder stehen, Wirbelsäule aufrecht/gerade → wirkt sich auf Stimme aus, klingt voller*<br>*Hörer nicht zwischen Brust und Kinn klemmen, gibt Verspannungen, man ist schlechter zu verstehen* |
| *Höflichkeitsformeln* | *Freundlichkeit wichtig (lächeln)*<br>*Am Anfang: sich vorstellen und Begrüßung, am Ende Bedanken, nicht nuscheln, nicht mit einem anderen sprechen (oder wenn es dringend ist, sich direkt entschuldigen)* |
| *Missverständnisse vermeiden* | *Zwischendurch ein Fazit ziehen, resümieren mit Formulierungen wie „Sie meinen also …"* |
| *Ende des Telefongesprächs* | *auch am Ende Zusammenfassung, nicht ungeduldig auflegen, sondern abwarten, bis auch der Gesprächspartner / die Gesprächspartnerin sich verabschiedet hat* |

> Notieren Sie die linke Spalte auf Karten und verteilen sie diese an KG. Die S achten dann beim HV auf ihren/ihre Punkte. Anschließend Vergleich und ergänzen im PL. **B**

> Haben S noch weitere Tipps? Sammeln im PL.
> Beispiele: *sich evtl. typische Sätze notieren, die man anwenden könnte, alle benötigten Informationen vor sich haben, die Tür schließen, den Eltern Bescheid geben, damit sie einen nicht rufen* **E**

**A3** S lesen die Redemittel zum Telefonieren und sortieren sie in PA in das Diagramm. Ein Paar macht es zum Lösungsvergleich direkt an der Tafel.

1 G – 2a D – 2b J – 2c F – 3 C – 4a B – 4b I – 4c H – 5 E – 6 A

# Fit für …

 Hinweise, wie das Tafelbild im Unterricht eingesetzt werden kann, können über das Tafelbild im Lehrwerk digital direkt aufgerufen werden. Beschreibungen zu allen Tafelbildern finden Sie auch online als Gesamt-PDF unter www.klett-sprachen.de/aspekte-junior/lehrerhandreichungB2.

**Ü2** Zur Übung der Redemittel und Vorbereitung auf die Simulation des Telefongesprächs in A4 in PA bearbeiten.

**A4** Aufgabe im PL lesen. S notieren sich Redemittel aus A3, die sie benutzen wollen. Zeigen Sie noch einmal den Tafelanschrieb / das Plakat zu den Tipps.
In PA wählen S zwei Situationen, klären die Rollen und bereiten sich vor, indem sie sich Redemittel und Fragen / mögliche Antworten in Stichpunkten notieren. Dann üben sie die Gespräche.
Bei kleineren Gruppen können Sie es realistischer gestalten, wenn sich S mit den Rücken aneinander setzen und so nicht das Gesicht des Gesprächspartners sehen. Bei größeren Gruppen ist das nicht so vorteilhaft, weil es sein kann, dass es in der Klasse zu laut wird und man nichts mehr versteht.
Am Schluss werden ein paar Dialoge von S, die möchten, in der Klasse vorgespielt.

**STRATEGIE** Im PL lesen. S wenden die Strategie direkt in A4 bei den Rollenspielen an. Lassen Sie ihnen Zeit zur Vorbereitung.

> Bei schwächeren Gruppen: Bevor S das Rollenspiel mündlich durchführen, lassen Sie die S in PA einen Dialog schreiben und diesen lesen. Dann suchen sich S eine andere Situation und notieren sich Redemittel und machen sich Notizen, sprechen nun aber frei.

## Modul 3  Fit für gutes Benehmen

**A1** Einstieg anhand der Bilder. Gespräch in KG. Am Ende kurzes Feedback im PL.

> Kugellager: Die S stehen sich in einem Innen- und Außenkreis gegenüber. Sie zeigen das erste Bild an der Tafel und fragen: Ist das für euch gutes bzw. schlechtes Benehmen? S sprechen zwei Minuten.
> Dann rotieren die Personen im Außenkreis nach rechts. Sie zeigen das nächste Bild und stellen die gleiche Frage. Wieder zwei Minuten Gespräch.
> Weitere Fragen, die Sie den S stellen könnten, wären: Was ist für euch noch schlechtes Benehmen? Wo denkt ihr, sollte man gutes Benehmen lernen? Nennt konkrete Situationen.

**Ü1** Als HA geeignet.

**Ü2a–b** In PA ordnen S die Höflichkeitsregeln zu. Vergleich mit einem anderen PA.
S lesen den Text und überprüfen ihre Vermutungen. Was ist gleich/anders?

 S erstellen Plakate zu den wichtigsten Höflichkeitsregeln aus ihrem Land. Sie können für verschiedene KG unterschiedliche Bereiche anbieten, für die die S die Höflichkeitsregeln recherchieren.
Beispiele Höflichkeitsregeln für
– die Schule
– zu Hause, in der Familie
– auf der Straße / beim Nutzen von Verkehrsmitteln
– im Geschäft
Eine andere Möglichkeit ist, dass die S zu verschiedenen Ländern recherchieren und dort generell zu Höflichkeitsregeln ein Plakat / eine mediale Präsentation zu dem Land erstellen.

S präsentieren ihre Plakate / ihre medialen Präsentationen und vergleichen mit den Höflichkeitsregeln in Deutschland / ihrem Land.

**A2a** In EA lesen und die Probleme notieren. Vergleich im PL. Kennt ihr solche Probleme? (ausführlicher findet die inhaltliche Auseinandersetzung mit den Texten in A5 statt)

🔑 Maggie: Junge in der Klasse, der kontinuierlich stört und so alle vom Lernen abhält
TomTom: ist genervt vom ständigem Gerede über gutes Benehmen, soll vor seinen Eltern oft das Handy ausmachen/weglegen, will es aber nutzen; fühlt sich kontrolliert

**A2b** S notieren die Sätze in ihr Heft und ergänzen sie.

🔑 1. als ob – wäre, 2. als wenn – würde, 3. als wären

**A2c** Vorgehen wie beschrieben.

🔑 Verbstellung (des konjugierten Verbs): bei *als ob* und *als wenn* am Ende und bei *als* in Position 2

**A2d** Aufgabe im PL lesen. Rückgriff auf die Sätze aus A2b – in PA ergänzen S Sätze mit „aber … nicht".

🔑 2. Aber ich benehme mich nicht schlecht.
3. Aber sie sind nicht allein in der Klasse.

**A2e** S ergänzen die Regel in ihrem Heft in PA.

🔑 irrealen – Konjunktiv II – Position 2 – am Ende

**A3** In EA schreiben S Sätze. Vergleich in PA.

🔑 1. …, als wüsste sie alles.
2. …, als ob Laura keinen Spaß verstehen würde.
3. …, als ob er in der Schule zuhause wäre.

> **B** Schnellere S schreiben weitere Sätze. Abschließend werden diese vorgelesen und von allen korrigiert.

> **E** Zur weiteren Übung kopieren Sie **KV 11** auf S. 155 und schneiden die Bilder aus. Jede KG bekommt einen Satz Karten. Ein/e S zieht eine Karte und beendet den Vergleichssatz. Die anderen S kontrollieren, ob der Satz inhaltlich passt und grammatisch korrekt ist. Dann ist der/die nächste S an der Reihe. Anschließend Vergleich im PL.
> Im Anschluss können Sie leere Karten verteilen und die S malen eigene Bilder und notieren einen Satzanfang unter die Bilder. Die Bilder werden dann von Gruppe zu Gruppe gegeben und jeweils mündlich die Sätze beendet.
> Bei kleineren Gruppe ist auch folgende Vorgehensweise möglich: Jede/r S bekommt ein Bild. S laufen durch die Klasse und treffen eine/n andere/n S. Sie zeigen sich ihre Karten und beenden jeweils den Satz des/der anderen. Dann werden die Karten getauscht und neue Partner gesucht

**Ü3** In PA bearbeiten.

**Ü4** Als HA geeignet. S geben sie dann zur Korrektur ab.

# Fit für …

**Ü5** — In EA markieren S das Adjektiv, das sie für richtig halten. Vergleich und Gespräch in KG. Nur bei Fragen/Zweifeln PL.

**A4** — S lesen noch einmal die Sätze aus A2+3 und notieren die Verben, nach denen die irrealen Vergleichssätze stehen unter die Grammatiktabelle im Heft.
Vergleich im PL. Und gemeinsames Lesen der Grammatikrückschauseite Nr. 2 – S ergänzen weitere Verben in ihrem Heft und benennen diese: Verben des Wahrnehmens, Fühlens und Verhaltens.

🔑 sich verhalten, so tun, sich benehmen, einem so vorkommen, sich fühlen (im Text von Maggie)

**A5** — Rückführung zum inhaltlichen Thema: S wählen einen Text aus A2a und schreiben einen Forumsbeitrag unter Verwendung der angegebenen Punkte. Am Ende lesen sie den Text noch einmal durch und achten auf die Verbposition und Konjugation und auf die Verknüpfung der einzelnen Sätze, ggf. korrigieren sie. → **Portfolio**

Platzdeckchen schreiben: S entscheiden sich für einen der beiden Texte. Immer 3–4 Personen, die sich für denselben Text entschieden haben, setzen sich zusammen und notieren ihre Antwort auf Viertel des Platzdeckchens. (Wer schneller mit dem Schreiben fertig ist, korrigiert ggf. die Verbposition/Konjugation etc.)
Nach 10 Minuten Schreibzeit wird das Deckchen gedreht, sodass alle alle Antworten gelesen haben.
S markieren gelungene Sätze aus allen 3–4 Texten und schreiben mit diesen Sätzen einen gemeinsamen Text in die Mitte. Vorlesen der Texte aus der Mitte.

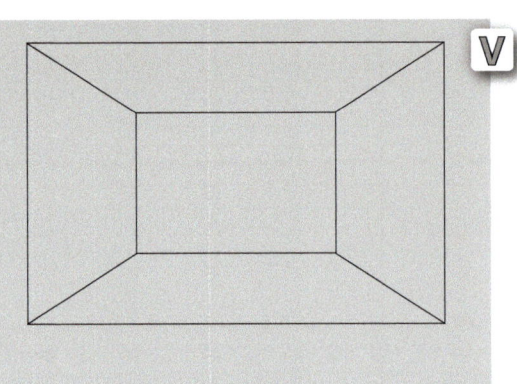

**Ü6** — Als HA geeignet.

| Modul 4 | Fit für die Prüfung |
| --- | --- |

**A1** — In PA ergänzen S die Mindmap. Zwei S machen es direkt an der Tafel.
Im PL Vergleich und ergänzen.

🔑 Beispiele:
Durchführung – Nervosität – lernen – aufgeregt sein – ein Blackout haben – Lernstrategien – Angst haben – zu wenig Zeit haben – gutes Zeitmanagement – auswendig lernen – etc.

**Ü1a** — In PA bearbeiten.

**Ü1b–c** — Als HA bearbeiten.

**A2a** — In PA bearbeiten, dann Vergleich in KG. Bei Fragen PL.

🔑 1. e; 2. f, a; 3. a; 4. g; 5. c, e, f; 6. d, 7. h, e; 8. b

**A2b** — Vorgehen wie beschrieben.

🔑 Joanna: 2., 6. Moritz: 3., 4. Clara: 1., 5.

**A2c** — In KG sprechen.

S sprechen über ihre Ideen in KG, notieren diese auf ein Plakat, das in zwei Teile eingeteilt ist: *Vorbereitung – Methoden gegen Prüfungsangst*.
Anschließend stellen sie es den anderen KG vor und hängen es auf. Im Laufe des Moduls können diese Plakate ergänzt werden.

Training flüssiges Sprechen: Bilden Sie einen Innenkreis und einen Außenkreis, jede/r S vom Innenkreis steht einem/einer S vom Außenkreis gegenüber. die S vom Außenkreis sprechen 90 Sekunden über die Fragen aus A2c, die S vom Innenkreis hören zu. Nach 90 Sekunden Wechsel: S vom Innenkreis sprechen 90 Sekunden über die Fragen. Dann Rotation. S vom Außenkreis sprechen nun über dieselben Fragen 60 Sekunden, dann wieder Wechsel.
Rotation: Nun sprechen S 30 Sekunden pro Person über dieselben Fragen.
Anschließend kurzes Feedback: Welche Sprechzeit war am besten? Wie was es? (Normalerweise stellen die S selbst fest, dass sie am Ende in kürzerer Zeit mehr sagen konnten und nicht mehr so sehr nach Worten suchen mussten.)

**A3a** S arbeiten in PA. Jede/r liest einen Text und notiert sich wichtige Informationen als Stichpunkte. Damit S nicht alles notieren, können Sie eine gewisse Anzahl an Stichpunkten vorgeben, z. B. nicht mehr als zehn. Achten Sie darauf, dass S wirklich nur Stichpunkte schreiben und keine ganzen Sätze.

Text A: Vorbereitung:
genau über Prüfung informieren; Überblick über Stoff verschaffen; ruhiger Raum zum Lernen, aufgeräumter Schreibtisch (ohne Ablenkung), Musik und Fernsehen tabu (beim Lernen), Personen, die helfen können, sind in der Nähe?; Beginn: 10 Tage vor der Klassenarbeit; Lernzeiten häufiger und kürzer: 15-30 Minuten täglich, Lernzeiten in den Kalender eintragen – immer um dieselbe Uhrzeit lernen, bei einem Thema bleiben, Konzentration auf die schwierigen Punkte, Lernplan, einen Tag vor der Klassenarbeit nichts Neues mehr lernen – nur noch mal Wichtiges wiederholen
Text B: Prüfungstag:
am Abend vorher: rechtzeitig ins Bett gehen; gut frühstücken; Traubenzucker mitnehmen; Überblick über die Aufgaben verschaffen; erst leichte, dann schwere machen; genaues Durchlesen der Aufgabenstellung; wenn ihr die Antwort nicht wisst, die Aufgabe erstmal weglassen; Aufgaben mit meisten Punkten sind besonders wichtig; bei großer Nervosität: aufrecht hinsetzen, Augen schließen, Satz denken: „Ich kann das und schaffe das."; tief einatmen, an etwas Schönes denken Entspannung auch durch Massage der Ohren von Daumen und Zeigefinger
ordentlich und sauber schreiben; am Ende Antworten kontrollieren, Fehler verbessern
mündliche Prüfung: kürzer als schriftliche, Missverständnisse lassen sich schnell klären, Nachfragen stellen, Lehrer sind auch nur Menschen, wollen einem nicht schaden

**| SPRACHE IM ALLTAG**
Im PL lesen. Regen Sie die S an, diese Wörter bei Gruppengesprächen und mündlicher Kommunikation in der Klasse zu benutzen und so zu üben.

**A3b** Anschließend tauschen sich S in PA über Texte aus, indem sie die Bücher schließen und die Texte wirklich nur anhand ihrer Notizen wiedergeben.
Weiterführende Fragen: Welche Tipps findet ihr sinnvoll? Was habt ihr schon ausprobiert? Was macht ihr normalerweise vor/während einer Prüfung?

Schnellere PA ergänzen die Plakate aus der Erweiterung zu A2c mit weiteren Tipps aus den Texten.

**Ü2** In PA versuchen S zuerst, die Sätze mithilfe ihrer Stichwörter zu ergänzen. Dann lesen sie als Kontrolle den Text noch einmal.

**TIPP** Tipp lesen und S anregen, die Tipps aus Ü2 vor und bei der nächsten Prüfung anzuwenden.

# Fit für …

**A4a** S lesen die Mail und markieren das Problem.

🔑 Prüfungsangst, vor allem vor der mündlichen Prüfung

**A4b** In PA ordnen S die Ausdrücke zu.

🔑 1e – 2d – 3b – 4c – 5a

**A4c** Zur Übung schreiben S die E-Mail in PA. Weisen Sie sie darauf hin, dass sie sich zuerst die Aufgabe genau und vollständig durchlesen und sie dann Schritt für Schritt abarbeiten. Geben Sie ihnen dafür genug Zeit.
Am Ende tauschen S die Mails mit einem anderen PA aus und die anderen begutachten sie nach den vorgegebenen Punkten und notieren Anmerkungen. Bei Zweifeln könnten diese im PL besprochen werden. → **Portfolio**

🔑 Mögliche Lösungsreihenfolge Schritt 1:
1. sich für die E-Mail bedanken, 2. Verständnis für Lukas' Situation äußern, 3. über eigene Erfahrung berichten, 4. Tipps gegen Prüfungsangst geben, 5. einen Vorschlag für den Besuch bei Lukas machen, 6. Lukas viel Glück wünschen

**Ü3**
P
GI

Diese Übung entspricht dem Prüfungsformat Schreiben 2 des Goethe-Zertifikats B2 für Jugendliche. Weitere Informationen zum Goethe-Zertifikat B2 finden Sie ab S. 166.
Lesen der Aufgabe in der Klasse, dann als HA bearbeiten lassen. Hinweis auf Redemittelanhang im KB. Sagen Sie S, dass Sie auf das Register (formal) achten sollen.
Korrigieren Sie den Text anhand der Kriterien der Prüfung. → **Portfolio**

**A5a**
P
GI

Diese Aufgabe entspricht dem Prüfungsformat Sprechen 2 des Goethe-Zertifikats B2 für Jugendliche. Weitere Informationen zum Goethe-Zertifikat B2 finden Sie ab S. 166.

In PA sammeln S Pro- und Contra-Argumente zum Thema „Sollen Noten abgeschafft werden?"
In der Prüfung haben S für die zwei Teile der mündlichen Prüfung insgesamt 15 Minuten Vorbereitungszeit. Geben Sie den S 10–15 Minuten Zeit, um Argumente zu sammeln und sich zu den Hilfe-Stichpunkten Notizen zu machen.

🔑 Mögliche Argumente:
pro: mehr Teamgeist und weniger Konkurrenzdruck; weniger Leistungsdruck; freiere Möglichkeit zur Entfaltung verschiedener Talente, Motivation nimmt zu; Platz für individuellere Bewertung (z. B. Hinweise auf den Lernfortschritt oder auf besondere Fähigkeiten)
contra: Leistung nicht mehr überprüfbar; man weiß nicht, wo man steht; Noten sagen auch aus, wo man selbst mehr tun muss; Noten sind für die Vergleichbarkeit wichtig

**A5b** In KG sammeln S Redemittel für die vier Punkte. Vergleich in PL.

> **V**
> Übung der Redemittel:
> Kopieren Sie **KV 12** auf S. 156 und schneiden Sie die Kärtchen aus. Jede KG bekommt einen Kartensatz. S legen die Karten offen und unterteilt in die vier Redemittel-Rubriken vor sich hin. Sie zeigen ein Thema an der Tafel oder lesen es vor (Themenvorschläge siehe KV). Reihum wählen S eine Karte vom Stapel und bilden damit einen Satz, der zum Thema passt und zudem auf den vorherigen Redner / die vorherige Rednerin eingeht.
> S haben pro Thema 5 Minuten Zeit, dann Wechsel des Themas.

| | |
|---|---|
| A5c | Durchführung des Gesprächs.<br>S markieren Redemittel, die sie im Gespräch benutzen wollen, dann simulieren sie in PA das Gespräch. Machen Sie darauf aufmerksam, dass alle drei Punkte berücksichtigt werden müssen: Standpunkt und Argumente austauschen und dabei auf den Partner eingehen; Zusammenfassung der Meinung am Ende.<br><br>Als Abschluss werden ein paar Gespräche im PL vorgespielt und von den anderen evaluiert. Dazu verteilen Sie Beobachtungsaufgaben an PA/KG, z. B.: War das Gespräch zu kurz/zu lang? (In der Prüfung sind fünf Minuten dafür eingeplant.) Haben die S passende Redemittel benutzt? Waren beide gleich aktiv? Zu diesen Punkten äußern sich die S beim konstruktiven Feedback. |

## Aussprache  Höflichkeit am Telefon

| | |
|---|---|
| Ü1 | Telefonat hören und in PA sammeln. Vergleich im PL: Haben alle die gleichen Ergebnisse oder gibt es Unterschiede? |
| Ü2a | S lesen die Texte der Telefonate und die Beschreibungen, dann HV und Notieren der passenden Beschreibungen zu der unhöflichen Person in den Telefonaten. Warum wirkt die Person unhöflich? Vergleich im PL. |
| Ü2b | Vorgehen wie beschrieben. Zunächst üben S in EA, dann sprechen sie in PA den Dialog.<br>Lassen Sie Freiwillige Dialoge vor der Klasse sprechen und die anderen S konstruktives Feedback geben: Was haben S verändert, so dass es nun höflicher klingt? Hätten Sie noch etwas verändern können?<br><br>Hinweis: Ideen, wie Sie mit den Wortschatzseiten arbeiten können, finden Sie in der Einleitung dieses Lehrerhandbuchs auf Seite 14. |

## Film  Fit für den Norden?

| | |
|---|---|
| A1 | Einstieg: Zeigen Sie das Bild mit dem Titel „Ticket nach Berlin": Sagen Sie den S, dass dies der Titel einer Serie ist und lassen Sie die S Vermutungen zu dem Serientitel nennen. Was könnte der Inhalt sein? Halten Sie die Ideen der S an der Tafel fest.<br>S lesen den Text und beantworten die Fragen. Vergleich im PL und Rückgriff auf die Vermutungen der S. |
| | A: Herausforderungen bestehen<br>B: im Norden auf der Insel Pellworm und im Süden am Rande der Alpen<br>C: Sportlichkeit, Kreativität, Teamgeist, Deutschkenntnisse |
| A2a | S recherchieren zur Region Nordfriesland als HA. In der nächsten Stunde berichten sie ihre Ergebnisse. |
| | Im Nordwesten von Deutschland – Inseln: Sylt, Amrum, Föhr, Pellworm, Halligen (z. B. Gröde, Hooge, Süderoog)<br>Orte: z. B. Westerhever, Nordstrand, St-Peter-Ording, Husum, Friedrichsstadt, Niebüll |
| | Verteilen Sie die Inseln und wichtige Orte an KG. S recherchieren detaillierter zu ihren Orten und präsentieren sie anhand von gestalteten Plakaten.<br>Informationen, die präsentiert werden können: Größe, Einwohnerzahl, das Besondere an Halligen, Geschichte der Städte, berühmte Einwohner |

# Fit für ... 6

> Bringen Sie Karten von Nordfriesland aus dem Internet mit und verteilen Sie sie an KG. Die S erstellen ein Plakat mit Informationen zu Nordfriesland.

**A2b** In PA ordnen S die richtigen Wörter in die Sätze und kennen so ihre Bedeutung.

🗝 1. Hallig – 2. Plattdeutsch – 3. „Moin Moin" – 4. Küste – 5. der Deich

**A3a** S sehen die erste Filmsequenz und wählen die richtige Information aus. Vergleich im PL. Lassen Sie die S noch einmal zusammenfassen, wer die Personen sind und was sie machen müssen und warum.

🗝 1. c – 2. a – 3. b – 4. b – 5. a – 6. a

**A3b** S sehen die zweite Filmsequenz und notieren die Zahlen der genannten Sätze im Heft. Vergleich im PL.

🗝 1. – 2. – 5. – 8.

**A3c** Lesen der Fragen und der Wörter im Schüttelkasten. Evtl. Klärung. Sehen der dritten Sequenz und Beantwortung der Fragen.
In KG fassen S diese Sequenz mit den Worten zu den Fragen noch einmal zusammen.

🗝 1. Knud Knudsen ist **Postbote** und arbeitet auch beim **Küstenschutz**. Er **repariert** und wartet **Deiche**, die das **Festland** bei Flut **schützen**.
2. Das Team muss zur **Hallig Süderoog**, die Post zustellen. Die **Strecke** bis zur Hallig ist ca. **sieben Kilometer** lang, was ca. 1,5 Stunden laufen durch das Watt bedeutet.
3. Es gibt eine **Unwetterwarnung. Der Wind** wird immer stärker und die drei **kommen** nur noch **langsam voran**. Und dann **setzt die Flut ein** und **das Wasser kommt zurück**. Es wird zu **gefährlich**, sie müssten noch über eine Stunde laufen, **schwimmen** kann man auch nicht – sie **müssen zurück**.
4. Das Team **will es nicht wahrhaben** und sie wollen nicht **aufgeben**. Aber sie müssen zurück und das **Ticket** ist **weg**.

**A4** In PA sammeln S Ideen zu den angegebenen Fragen, dann wird in der Klasse gesammelt und S erzählen das, was sie zu der Region wissen.

In PA oder KG überlegen sich S eine besondere Region in ihrer Heimat. Sie überlegen gemeinsam, wie sie sie vorstellen wollen (Plakat, digital, selbstgemachter Film etc.) Geben Sie den S Zeit für die Planungsphase und ein Datum, an dem alle ihre Präsentationen mit in den Unterricht bringen.
In der Präsentationsphase stellen alle Gruppen ihre Region vor und am Ende müssen die anderen pro Gruppe mind. eine Frage stellen (so stellen Sie das aktive Zuhören sicher).

---

**Kapiteltests**
Kapiteltests zu jedem Kapitel finden Sie unter www.klett-sprachen.de/aspekte-junior im Bereich „Tests".
Der Zugangscode lautet: asP!jr2

# Kulturwelten 7

**Themen** Kapitel 7 beschäftigt sich mit dem Thema „Kulturwelten".

**Auftakt** Den Auftakt macht die Malerei. Es werden Geschichten zu Bildern erzählt, Bilder werden beschrieben und die S setzen sich mit der Frage auseinander, was alles Kunst ist.
**Modul 1** Modul 1 beschäftigt sich mit der Stadt Wien und ihren Sehenswürdigkeiten.
**Modul 2** Hier behandelt ein Kurzkrimi das Thema „Kunstraub" und regt die S an, einen eigenen kleinen Krimi zu schreiben.
**Modul 3** In diesem Modul geht es um das Sprachensterben und seine Hintergründe.
**Modul 4** Den Abschluss bildet dieses Modul, in dessen Mittelpunkt der Roman „Nächsten Sommer" steht. Neben Auszügen aus dem Buch befasst sich dieses Modul auch mit Buchbesprechungen.
**Film** Eine Reportage behandelt Kunstwerke im Ruhrgebiet, die aus ehemaligem Abfall entstanden sind.

**Lernziele**

**Ihr lernt**
**Modul 1** | Eine Stadtführung durch Wien verstehen
**Modul 2** | Eine kurze Kriminalgeschichte schreiben
**Modul 3** | In einem Artikel Gründe für das Sterben von Sprachen verstehen
**Modul 4** | Die positiven und negativen Bewertungen in einer Buchrezension erkennen
Ein Buch oder ein kulturelles Ereignis vorstellen

**Grammatik**
**Modul 1** | Textzusammenhang
**Modul 3** | Modalsätze mit *dadurch, dass* und *indem*

## Auftakt Kulturwelten

**Ü1–2** Als HA geeignet.

**Ü2b** Als HA möglich oder als Einstieg in das Kapitel: In KG beschreiben S einen Beruf; im PL raten die anderen, welcher Beruf beschrieben wurde.

**Ü3a–b** Als Vorbereitung auf das Kapitel: In PA bearbeiten S die Übung und ergänzen den Wortschatz, den sie dann bei A1a nutzen können.

**A1a** S beschreiben Bilder in KG und sprechen über ihr Lieblingsbild.

Informationen zu den Bildern
A: Neo Rauch (geb. 1960): deutscher Maler der Neuen Leipziger Schule, einer Strömung der modernen gegenständlichen Malerei; Titel des Bildes: „Vater"
B: August Macke (1887-1914): deutscher Maler des Expressionismus; Titel des Bildes: „Spaziergänger am See", 1913.
C: Angelika Kaufmann (1741-1807): österreichisch-schweizerische Malerin des Klassizismus; Titel des Bildes: „Die gerettete Eleonora" (1782: Selim, Sultan von Jaffa, bringt Eduard I. (1273-1307 König von England) seine durch ein Gegengift gerettete Gemahlin Eleonora zurück).
D: Georg Baselitz (geb. 1938): deutscher Maler und Bildhauer der Gegenwart, Titel des Bildes: „Spaziergang ohne Stock", Arbeit an der Serie: 2004
E: Regina Nieke (geb. 1979): zeitgenössische Malerin, Titel des Bildes: „o. T. (Meer)"; o. T. = ohne Titel

# Kulturwelten

**A1b** In EA schreiben S eine Geschichte, die im PL vorgetragen wird. Oder S suchen sich eine/n andere/n S, der/die dasselbe Bild gewählt hat und schreiben die Geschichte in PA. Die anderen S raten: Zu welchem Bild passt sie?
Gespräch im PL: Was hat mich an der Geschichte überrascht? Was habe ich (nicht) erwartet? Was war interessant für mich?
Wenn verschiedene Personen eine Geschichte zu demselben Bild gewählt haben, können Sie hier auch auf die Gemeinsamkeiten und Unterschiede eingehen.

> S wählen ein Bild und setzen sich mit den S zusammen, die dasselbe Bild gewählt haben. Jede/r S der KG beginnt eine Geschichte zu schreiben, nach drei Minuten geben sie ihren Text nach rechts weiter und der/die nächste S schreibt weiter. Lassen Sie drei- bis viermal wechseln. Der/Die letzte S liest den Text vor. Wie haben sich die Geschichten entwickelt?

**Ü4** S beschreiben das Bild so detailliert wie möglich. Es kann auch ein Bild aus dem KB beschrieben werden. S benutzen die Wörter aus Ü3.

**A2** Im KG besprechen: Was ist alles Kunst für euch? Weisen Sie die S darauf hin, dass hier der Begriff „Kunst" ganz weit gefasst ist und wirklich alles genannt werden kann.
Lassen Sie die S zu einzelnen Aussagen Fragen stellen und die Aussagen begründen.

Beispiele: Film, Comic, Skulptur, Malerei, Graffiti, Performance, Videokunst, Installation, Fotografie, Literatur, Theater, Oper, Musical, Klassikkonzerte, Pop- und Rockmusik, experimentelle Musik, Volksmusik, Kirchenmusik, Mode/Schneiderkunst, Design, Architektur, Land Art. „Alles, was im Museum ist", Kinderbilder, Werke von psychisch Kranken (z. B. Prinzhorn-Sammlung), Musikvideos, Quilts, Klöppelei, Klein- und Straßenkunst, Kostümbildnerei, Schnitzerei usw. Vgl. auch Begriffe wie Braukunst, Orgelbaukunst, Kochkunst, Goldschmiedekunst usw.

> Anregungen für weitere Diskussionen: Suchen Sie im Internet nach verrückter, lustiger, seltsamer oder auch provokanter Kunst, Beispiele für exquisites Kunsthandwerk oder sonstige, für manche Betrachter eher fragliche Artefakte (siehe Liste bei A2). Lassen Sie S in KG darüber diskutieren und begründen, was für sie Kunst ist, was nicht und warum.
> Beispiele: Entwurf eines Architekten, Gericht eines Drei-Sterne-Kochs, der Lehmberg des Künstlers Joseph Beuys im Museum, die Bleistiftzeichnung eines Kindergartenkindes, ein Werbespot, eine Landschaftsfotografie vom letzten Urlaub, der selbstgestrickte Pullover der eigenen Mutter, der mit Diamanten besetzte Totenkopf von Damien Hirst, ein Bild von einem Flash Mob, …

Hinweise, wie das Tafelbild im Unterricht eingesetzt werden kann, können über das Tafelbild im Lehrwerk digital direkt aufgerufen werden. Beschreibungen zu allen Tafelbildern finden Sie auch online als Gesamt-PDF unter www.klett-sprachen.de/aspekte-junior/lehrerhandreichungB2.

Hier bieten sich Anknüpfungspunkte zum fächerübergreifenden Unterricht an, z. B. Kunst.

**A3** Vorgehen wie beschreiben.
Bringen Sie auch selber Postkarten und/oder Fotos mit. So können Sie sicher sein, dass für alle S genug Auswahl zum Beschreiben vorhanden ist.

## Modul 1  Eine Stadttour durch Wien

**A1** In KG sprechen S darüber, welche Städte sie gerne besichtigen würden und warum. Erstellen Sie anschließend im PL eine Hitliste mit den Städten, die die S am öftesten genannt haben.

# 7

> In KG sprechen S über Städte und müssen sich dann auf zwei einigen, die sie besichtigen wollen. Vorstellen mit Begründung im PL.

**A2a** S notieren die Punkte ins Heft, hören und machen sich Notizen. Sammlung im PL.

Thema der Stadtführung: Mit dem Rad durch die Stadt
Tourleiterin: Maria Huber, in Wien geboren, früher Lehrerin für Geschichte, jetzt das ganze Jahr als Tourleiterin unterwegs
Jugendliche: aus Feriensprachkurs, noch nicht lange in Wien
Stationen: Hundertwasserhaus, Prater, Naschmarkt, Schloss Schönbrunn
Zeit: 4 Stunden

**A2b** In KG ordnen S als Vorentlastung zum weiteren Hören die Ausdrücke zu und versuchen gleichzeitig die Bedeutungen zu klären.

| 1. Hundertwasserhaus | 2. Naschmarkt |
|---|---|
| die Architektur | ein innerstädtischer Markt |
| die Attraktion | die Attraktion |
| die Fassade | ein großes Angebot |
| eine grüne Oase in der Stadt | die Händler |
|  | die Delikatessen |
|  | die Stände |
| **3. Prater** | **4. Schloss Schönbrunn** |
| ein Freizeitpark | die Architektur |
| die Attraktion | die Attraktion |
| eine grüne Oase in der Stadt | der Schlossgarten |
| das Karussell | die Parkanlage |

> Arbeiten Sie mit dem Lehrwerk digital oder kopieren Sie die Fotos aus dem KB ein wenig größer und notieren Sie die Wörter auf Karten. S legen die passenden Karten zu den Fotos.

**A2c** Vorgehen wie beschriben.

1. Hundertwasserhaus: Name kommt vom Künstler Friedensreich Hundertwasser (Friedrich Stowasser); Architekt, Vision: freie Architektur, wollte Häuser ohne gerade Linien bauen (ohne Normen, Vorgaben und Gesetze); Fassade bunt und asymmetrisch, viele Pflanzen – grüne Oase mitten in der Stadt; Bewohner dürfen Fassade um die Fenster so gestalten, wie sie wollen; 52 Wohnungen und 4 Geschäftslokale, 16 private Dachterrassen und 3 Dachterrassen für alle; man kann die Wohnungen nicht ansehen, man kann in einem Info-Shop einen Film darüber sehen
2. Naschmarkt: seit 1774, über zwei Hektar groß und damit der größte innerstädtische Markt; Name kommt vom alten deutschen Wort: „Asch", das Milcheimer bedeutete, der Naschmarkt war erst ein Milchmarkt; später dann auch Handel mit Obst und Gemüse; heute: Obst, Gemüse, Backwaren, Fisch, Fleisch; bekannt für internationale Waren, viele Delikatessen; es gibt auch Restaurants, dürfen bis 23 Uhr öffnen, 120 feste Stände und 35 fliegende Händler (sind nicht immer da)
3. Prater: größter Freizeitpark Wiens, 250 Attraktionen; Wachsfigurenkabinett von Madame Tussaud (mehr als 80 Wachsfiguren); Riesenrad ist das Wahrzeichen Wiens, Durchmesser von fast 61 m, höchster Punkt fast 65 m über dem Boden, fantastischer Blick über die Stadt; 117 m hohes Kettenkarussell mit 60 km/h; seit Kaiser Joseph II. ist der Eintritt frei, man zahlt an der Kasse der jeweiligen Attraktion

# Kulturwelten

> 4. Schloss Schönbrunn: beliebtestes Touristenziel Wiens, südwestlich von Wien, meist besuchte und bedeutendste Sehenswürdigkeit in Österreich, größtes Schloss in Österreich: 1.441 Zimmer, 5 Mio. Besucher, 1.600.000 m² große Parkanlage, ist von geschichtlichem und kunsthistorischem Interesse, seit 1996 UNESCO-Weltkulturerbe; wichtige Bewohnerin:
> Maria Theresia: 1740 mit 23 Jahren bestieg sie den Thron und regierte 40 Jahre; große Reformen (Verwaltung, Militär), Verbesserung der Lage der Bauern, allgemeine Schulpflicht; Mutter von 16 Kindern, sprach mehrere Sprachen; liebte Musik; Sommerschloss; Tiergarten gehört zum Schloss: ältester Zoo Europas, Öffnung für das Volk 1779; Palmenhaus 1882 von Kaiser Franz Joseph in Auftrag gegeben – größtes Glashaus Europas mit 3 Klimazonen; 1854 heiratete Franz Joseph Kaiserin Elisabeth (Sissi): sehr beliebt, wurde ermordet, bekannt durch Filme

Kopieren Sie die **KV 13** auf S. 157 mit den Hilfen zu den einzelnen Stationen. S hören die Texte wie in A2c beschrieben und notieren ihre Stichpunkte auf die KV. Dann weiteres Vorgehen wie in A2d und A2e beschrieben.

**A2d** S tauschen sich mit ihrem Partner / ihrer Partnerin aus, ergänzen evtl. und hören dann den Text noch einmal zur Kontrolle.

**A2e** In Vierergruppen informieren sich S gegenseitig anhand ihre Notizen und den Fotos über die Informationen zu den Stationen. Jede/r S übernimmt den Bericht von einer Station.

**Ü1** Als HA geeignet.

**A3a** S lesen den Text und sprechen in KG darüber, was ihnen daran nicht gut gefällt. Austausch im PL und gemeinsame Sammlung der Negativpunkte an der Tafel.
Wenn Ihre S Schwierigkeiten haben, bietet es sich an, den Text von S laut vorlesen zu lassen, dann wird die Nicht-Kohärenz und Eintönigkeit des Textes deutlicher.

keine Satzverknüpfungen und keine Bezüge → monoton, langweilige/eintönige Struktur und viele Wortwiederholungen

**A3b–c** In PA lesen S Text und notieren ins Heft, was ihnen besser gefällt. Austausch in KG und Ergänzen von A3c im Heft. Weisen Sie die S auf die Grammatik-Rückschauseiten des Kapitels hin, in der sie weitere Beispiele finden.

A3b: Sätze wurden mithilfe von Pronomen, Konnektoren, Ortsangaben und Präpositionaladverbien verbunden und Bezüge hergestellt, sodass der Text sich nun flüssig und abwechslungsreich liest. Wortwiederholungen wurden, auch durch die Verwendung eines Synonyms, vermieden.

A3c:
1. Artikelwörter: *der, dieses, das, die; seiner*
2. Pronomen: Personalpronomen: *es, er, ihnen*; Relativpronomen *(in) dem, das, (auf) den, die*
3. Orts- und Zeitangaben: *dort*
4. Konnektoren: *denn, weil, nicht nur …, sondern auch, und*
5. Präpositionaladverbien: *dazu, dabei, darin*
6. Synonyme: *dieses imposante Bauwerk*

**Ü2a** Vor der eigenen Erstellung eines Textes machen S als weitere Hilfe und Vorentlastung Ü2 in PA, Vergleich mit anderer PA und Gespräch.

**Ü2b** In PA sprechen S über die angegebenen Fragen.

| | |
|---|---|
| Ü2c | Dieser Schreibanlass kann alternativ zur A4 benutzt werden. Sie können S auch wählen lassen, ob sie lieber über eine Stadt oder eine Sehenswürdigkeit schreiben wollen. → **Portfolio** |
| A4 | S recherchieren eine Sehenswürdigkeit und schreiben einen Text, in dem sie alles Gelernte produktiv anwenden. |
| | Klassenzeitung: S gestalten ihre Texte mit Fotos und Bildern (als Hilfsmittel können S das Internet, Zeitungen, Zeitschriften etc. benutzen). Dann überlegen Sie sich in der Klasse einen Namen für ihre Deutschzeitung und in KG gestalten sie das Titelblatt, das Inhaltsverzeichnis und anschließend werden alle Texte zusammengeführt und für alle kopiert. → **Portfolio** |
| | Hier bieten sich Anknüpfungspunkte zum fächerübergreifenden Unterricht an, z. B. Geografie, Geschichte. |

## Modul 2 Kunstraub

| | |
|---|---|
| A1a | S hören das HV und sagen dann im PL, was passiert ist. |
| 🔑 | Raub/Diebstahl im Kölner Dom. |

> Assoziogramm zum Thema „Raub" an der Tafel. S aktivieren so vorhandenen Wortschatz zum Thema. **E**

| | |
|---|---|
| A1b | HV noch einmal hören und Notizen zu den W-Fragen machen. Vergleich in KG, dann im PL. |
| 🔑 | Wann? – diese Nacht; Wo? – Kölner Dom; Wer? – drei maskierte Täter, kein Kunstverständnis (weil man Stücke nicht verkaufen kann); Was? – Schmuckstücke mit edlen Juwelen, wertvolle Kelche, Kreuze und berühmten Petrusstab aus dem 10. Jahrhundert – mehrere Millionen wert |

> Stärkere S können sich auch zu dem „Wie?" Notizen machen. **B**

| | |
|---|---|
| 🔑 | Kletterausrüstung, durch ein kleines Fenster, in den Keller des Schatzmuseums |
| Ü1 | In PA zur Vorbereitung zum Textverständnis zuordnen. |
| A2a | S lesen den Text, tauschen sich in KG über die Fragen aus. |
| 🔑 | Ich-Erzähler: Nacht-Sicherheitsmann vom Kölner Dom; Paco ist sein Hund; sind in einer windigen Nacht auf Kontrollgang um den Dom |
| A2b | S lesen den Text. Beantworten der Frage in PA. Kurze Zusammenfassung der Situation im PL. |
| 🔑 | die drei Täter, einer heißt Bo. |
| A2c | S sprechen über die richtigen Aussagen. Bei Zweifelsfällen belegen S die Aussagen anhand von Textstellen. |
| 🔑 | 1  falsch, Zeile 18–19<br>2. richtig, Zeile 23–25<br>3. falsch, Zeile 12, 15–17<br>4. falsch, Zeile 31 |
| A2d | S lesen den Rest des Textes und überlegen sich in KG den weiteren Fortgang des Krimis. |

# Kulturwelten

> Wenn ihre S Spaß an der Krimi-Geschichte haben, können Sie den Fortgang der Geschichte auch schreiben lassen. → **Portfolio**

**Ü2**    In PA sortieren S die Wörter in die Tabelle. Diese Wörter erweitern ihren Wortschatz zu diesem Thema und können für A3b genutzt werden.

> Um die Wörter zu trainieren, sehen Sie sich die Wortschatzideen in der Einleitung auf S. 14 noch einmal an oder kopieren Sie **KV 14** auf S. 158 auf zweierlei Papier: die Wortkarten auf eine, die Aktionskarten auf eine andere Farbe. Schneiden Sie die Karten aus. S arbeiten in KG und bekommen die Wort- und die Aktionskarten. Ein S zieht eine Aktionskarte und eine Wortkarte und muss das Wort der Aktion gemäß den anderen S erklären, aufmalen oder pantomimisch (d. h. ohne Worte) darstellen. Wer das Wort geraten hat, bekommt die Karte. Dann ist der/die nächste S an der Reihe.

**Ü3**    In PA bearbeiten.

**A3a**    S markieren entsprechende Stellen zu den genannten Punkten, Vergleich in PA/KG und Gespräch im PL.

1: Ich-Erzähler: 1. + 3. Teil: Sicherheitsmann, 2 Teil: einer der Diebe
2: Beispiele: Der Wind pfiff kalt um den Dom" (Zeile 2); Jede Nacht immer wieder … (Zeile 3), der Job wurde mir langweilig. (Zeile 5), In meiner Stube angekommen goss ich mir erst mal einen heißen Tee ein. (Zeile 9/10)
3: Paco blieb stehen und knurrte (Zeile 5/6) „Ach komm, da ist doch niemand!" (Zeile 6), Ein Stein krachte plötzlich vor mir auf den Boden (Zeile 7)
4: „Du Idiot, ich hab doch gesagt, dass da einer ist!" (Zeile 12), „Hört auf zu streiten! …, ich bin gleich am Fenster." (Zeile 15–18), „Ok, ich bin drin. Alles safe – kommt!" (Zeile 26), „Wow! Wir sind reich!" „Halt die Klappe … Bleibt cool, damit kenne ich mich aus." (Zeile 28-30), „Es ist angerichtet!" (Zeile 33), „Was soll das heißen: ‚Einbrecher im Domschatz'? … ich komme rüber" (Zeile 35–37)
5: Jetzt war es mir wirklich zu ungemütlich hier draußen (Gefühle Zeile 8/9); Also, ruhig bleiben! (Gefühl der Ungeduld, Z. 21), Zu gerne hätte ich gewusst, wie er das genau schaffte, aber wir mussten im Nebenraum warten. (Gefühl, Neugier Zeile 31), … und war sofort hellwach (Aufregung Zeile 35), Ich ahnte sofort, dass ich mir die Langeweile meines Jobs noch oft zurückwünschen würde. (Gedanke, Zeile 37)

 Hier bieten sich Anknüpfungspunkte zum fächerübergreifenden Unterricht an, z. B. Muttersprachenunterricht, Fremdsprachenunterricht.

**A3b**    In PA überlegen sich S eine Situation, zu der sie einen Kurzkrimi schreiben wollen.

> Im PL sammeln sie Situationen und notieren diese an der Tafel. Anschließend wählen die S eine Situation aus.

**A3c**    Als zweiten Schritt überlegen S sich die Perspektive, die sie benutzen wollen.
Regen Sie die S an, sich auch über verrücktere Perspektiven Gedanken zu machen, z. B. Perspektive einer Maus / vom Täter selber / einem Jogger, der vorbeikommt etc.

**A3d**    S überlegen sich zu den angegebenen Punkten Inhalte. Geben Sie ausreichend Zeit vor, sodass S genug Zeit haben, kreativ zu werden.

**A3e**    Vorgehen wie beschrieben. Lesen der Redemittel im PL und evtl. Klären. Geben Sie auch hier eine Zeit vor.

**Ü4**  Ü4 in KG bearbeiten, damit haben S weiteren Wortschatz für ihren Krimi.

**A3f**  S überlegen sich einen aussagekräftigen, spannenden ersten Satz und schreiben dann in PA ihren Kurzkrimi. Die Krimis werden aufgehängt und von allen gelesen.
Geben sie jedem S einen Klebepunkt: Welcher Krimi gefällt mir am besten? Dorthin kleben sie dann den Punkt. → **Portfolio**

> Schnellere PA können auch eigenständig die A3 bearbeiten und haben dann in der A3f mehr Zeit, um einen längeren Text zu schreiben.

> S hängen ihre Geschichten ohne Titel auf. Die Titel werden einzeln notiert und kopiert. Jedes Paar bekommt einen Titel, ordnet ihn einem Krimi zu und begründet, warum es ihn für passend hält.
> Auch diese Texte eignen sich gut, um sie korrigiert für alle zu kopieren und sie ggf. der Klassenzeitung hinzuzufügen. → **Portfolio**

### SPRACHE IM ALLTAG
Bevor S herumgehen und die Krimis lesen, weisen Sie auf den „Sprache im Alltag"-Kasten hin. Sprechen Sie die Sätze mit Elan vor und lassen Sie sie die S nachsprechen. So können S auf die Texte reagieren.

**Ü5a–b**  S ergänzen in KG den Text zum Comic und schreiben ihn als HA zu Ende. In der nächsten Stunde setzt sich dieselbe KG zusammen und liest die fertigen Comics. Welche Unterschiede/Gemeinsamkeiten gibt es? → **Portfolio**

> Schneiden Sie die Bilder aus und geben Sie sie den S als Comicpuzzle. S ordnen den Comic, dann machen sie weiter wie oben beschrieben.

> Einen eigenen Comic erstellen: Alternative zu A3f: Anstelle eines Textes, stellen sie den S zur Wahl zu dem gewählten Thema aus A3b einen Comic in KG zu erstellen. S zeichnen und ergänzen die Sprechblasen. Auch diese werden ausgehängt und von allen gelesen.

## Modul 3  Sprachensterben

**A1**  Im PL über die Fragen in der Aufgabe sprechen.

> Informationen zu seltenen und bedrohten Sprachen:
> Zurzeit gibt es noch knapp 7.000 Sprachen. Nach Schätzung der UNESCO wird bis Ende des 21. Jahrhunderts nur noch die Hälfte davon existieren. 200 Sprachen sind während der letzten drei Generationen ausgestorben, etwa 1.700 Sprachen sind ernsthaft gefährdet, über 600 Sprachen werden kaum noch gepflegt.
> Die Gesellschaft für bedrohte Sprachen warnt, dass damit auch sehr viel Wissen verloren gehen wird und sehr viele Möglichkeiten des menschliches Denkens.
> Während die Hälfte der Weltbevölkerung eine der 19 großen Sprachen spricht, wie etwa Chinesisch, Englisch oder Spanisch, spricht die andere Hälfte der Menschheit eine von knapp 7.000 kleinen Sprachen.
>
> Weitere Informationen finden Sie im Internet, wenn Sie den Suchbegriff „bedrohte Sprachen" eingeben. Auch auf der Seite der UNESCO finden Sie einen Artikel darüber: „Atlas of languages in danger".

# Kulturwelten

**Ü1a** Als Einstimmung auf das Thema sehen S die Grafik an. Lesen der Redemittel im PL. S markieren die Redemittel, die sie benutzen wollen, schreiben dann einen kurzen Text wie im Tipp beschrieben.

> **TIPP** Bevor die S Ü1a bearbeiten, im PL Tipp zum Aufbau einer Grafikbeschreibung lesen.

**Ü1b** Anschließend tauschen S ihre Texte mit dem Nachbarn aus und vergleichen Inhalt und Formulierungen und geben ein konstruktives Feedback: Was ist gelungen? Wo bedarf es der Verbesserung und warum?

> S verbessern ihren Text noch einmal mit den Anregungen des Partners. → **Portfolio**  **E**

**A2a** S lesen den Text in EA und sortieren die Überschriften.

1 E; 2 C; 3 A ; 4 D

**A2b** In EA suchen S Gründe für das Sprachensterben im Text, Vergleich im PL.

Gründe für das Sprachensterben
Der letzte Sprecher stirbt. (Zeile 1/2); Ein Volk entscheidet, die eigene Sprache nicht mehr an die nächste Generation weiterzugeben, sondern eine „nützlichere" mit mehr Sprechern (Zeile 14–19 und 48–50); Sprachen, die sich nicht anpassen, sterben (Zeile 28–32);
Sprachen verändern sich so sehr, dass die Ursprungssprache von den modernen Sprechern nicht mehr verstanden wird, z. B. Deutsch des Mittelalters (Z. 39–41); Sprachen werden überwiegend mündlich, ohne Schriftzeugnisse vermittelt (Zeile 52–56).

**A2c** In PA fassen S die Gründe noch einmal mündlich zusammen.

> Weitere Fragen als PL/GA-Gespräch: Was hat euch am Text überrascht? Was habt ihr neu gelernt? Kennt ihr weitere Beispiele fürs Sprachensterben? Wie ist eure Meinung zum Sprachensterben? Ist es ein Problem? **E**

Hinweise, wie das Tafelbild im Unterricht eingesetzt werden kann, können über das Tafelbild im Lehrwerk digital direkt aufgerufen werden. Beschreibungen zu allen Tafelbildern finden Sie auch online als Gesamt-PDF unter www.klett-sprachen.de/aspekte-junior/lehrerhandreichungB2.

**Ü2**
**P**
GI

Diese Übung entspricht dem Prüfungsformat Hören 2 des Goethe-Zertifikats B2 für Jugendliche. Weitere Informationen zum Goethe-Zertifikat B2 finden Sie ab S. 166.
Zum Training des Hörverstehens bearbeiten Sie diese Ü in der Klasse wie beschrieben.
Anschließend Gespräch darüber, welche Aufgabe schwierig zu lösen war und warum.

**A3a** S notieren die Sätze ins Heft und bearbeiten die Aufgabe in PA. Sie unterstreichen die Konnektoren und bestimmen pro Satz den Haupt- und den Nebensatz.
(Nebensätze sind kursiv gesetzt.)

1. Oft schafft man eine genaue Übersetzung auch nicht, _indem_ man ein Wörterbuch benutzt.
2. Man kann diese Wörter nur dadurch verstehen, _dass Muttersprachler sie einem erklären._
3. Dadurch, _dass Samuel Taylor starb_, starb auch seine Sprache.

**A3b** In PA ergänzen S Regel. Anschließend gemeinsame Kontrolle und Klärung möglicher Fragen im PL.

1. Nebensatz; 2. Hauptsatz, Nebensatz

| | Schnellere PA kontrollieren selbstständig mit der Grammatik-Rückschau-Seite. |  |

A4 Übungsphase: S ergänzen in PA mündlich die Sätze. Stehen Sie den S als Hilfe zur Seite.

| | Schwächere S schreiben die Sätze in ihr Heft. Stärkere S formulieren nach den vorgegebenen Sätzen eigene Sätze mit den Strukturen. |  |

Ü3 Als HA geeignet.

Ü4 Kopieren Sie die Punkte auf Kärtchen. Die S arbeiten in KG. Jede KG bekommt die mittlere Karte als Titel und die anderen Kärtchen. Dann formulieren sie mündlich Sätze.

| | S notieren auf Blanko-Kärtchen weitere Ideen. Austausch mit einer anderen KG und diese formuliert nun schriftlich die Sätze. Rückgabe an die Ausgangs-KG und Kontrolle der Sätze. | E |

Ü5 Als HA geeignet.

A5 Vorgehen wie beschrieben.

| | Bei Gruppen mit unterschiedlicher Muttersprache erzählen S in KG über die unterschiedlichen Sprachen und Dialekte ihres Landes. Bei Gruppen mit einer Muttersprache tauschen sich S in KG über Wörter im Dialekt oder Sprachgebiet aus, die für die anderen neu sind. | V |

Hier bieten sich Anknüpfungspunkte zum fächerübergreifenden Unterricht an, z. B. Geografie, Geschichte, Sprachen.

## Modul 4  Das Haus am Meer

A1 In Dreiergruppen überlegen sich S eine Reihenfolge und entwerfen das Skelett einer Geschichte. Dann mit Wirbelgruppen (vgl. S. xy zu Kapitel xy, Modul xy, Aufgabe xy) weiter verfahren: Jede/r erzählt in der neuen Gruppe den anderen S die Geschichte der Ausgangsgruppe.

A2a Vorgehen wie beschrieben, dann Austausch in PA. Klärung von Fragen im PL. Wird das Buch insgesamt positiv oder negativ bewertet?

 Bevor S den Text lesen und die positiven/negativen Textstellen notieren, lesen Sie die Strategie im PL und sammeln evtl. weitere Wörter/Ausdrücke zu positiven bzw. negativen Bewertungen.

 positive Bewertung: „gelingt es, … Spannung aufzubauen und bis zum Schluss zu halten" (Z. 7/8); „die Mischung aus Abenteuerlust und … Resignation bleibt immer gut ausgewogen" (Z. 8/9); „trotzdem schließt man die Personen schnell ins Herz und begleitet sie gern auf ihrer Reise" (Z. 11/12); „wer sich darauf einlässt …, dem ist der Spaß an der Lektüre sicher." (Z. 14/15); „Ich konnte das Buch nicht mehr weglegen und habe sehr genossen, wie …" (Z. 16/17); „… fand ich sehr gelungen dargestellt. Überzeugt hat mich auch die Art und Weise, in der …" (Z. 18/19); „Die Lektüre ist ein Gewinn für jeden" (Z. 23); „es war spannend zu erfahren, …" (Z. 23); „Ein wundervolles Buch, das mir … Freude bereitet hat" (Z. 25); „hatte ich am Schluss ein … Lächeln auf dem Gesicht" (Z. 26)
negative Bewertung/Skepsis: „Fraglich ist, ob die … Charaktere und deren Beschreibung … zu klischeehaft sind" (Z. 9–11); „Die Handlung an sich ist stark übertrieben und das mag ein problematischer Punkt an dem Buch sein" (Z. 13/14); „haben mich die vielen überraschenden und unglaubwürdigen Zufälle und Schicksalsschläge … gestört" (Z. 14/15)

# Kulturwelten

> Als Lesetraining eignet sich folgende Variante: Teilen Sie die S in zwei Gruppen, kopieren Sie den Text und zerschneiden Sie ihn vertikal (also von oben nach unten mittendurch). Jede Gruppe bekommt eine Hälfte, liest sie, markiert die Schlüsselwörter zu positiver/negativer Bewertung und notiert sich Fragen zum Text.
> Beispiel: Gruppe A (linke Hälfte des Textes): *Wo hat er das Haus geerbt? Was erreicht Edgar Rai, obwohl die Beschreibungen klischeehaft sind? Was hat die Rezensentin überzeugt?*
> Gruppe B (rechte Hälfte des Textes): *Woher kommt der Bauwagen? Was hat er am Meer geerbt? Was ist ein problematischer Punkt am Buch? Wohin geht die Reise? Was ist spannend?*
> Dann PA aus je einer Person aus Gruppe A und Gruppe B, die sich ihre Fragen stellen und so den Text gemeinsam erschließen.

**Ü1** Als HA geeignet.
Besprechung in der Klasse – Vergleich in KG mit Begründung.

**A2b** In EA lesen S Text noch einmal und markieren die Lösung (Text ggf. kopieren). Vergleich in PA; bei Zweifelsfällen mit Begründung: Wo steht es im Text?

🔑 1. a, 2. b, 3. b, 4. a, 5. a

**A3a** Ausschnitt lesen und S machen zu den genannten Punkten Notizen.
Mögliche Fragen im PL: Wie findet ihr den Stil? Ist der Inhalt einfach zu verstehen? Welcher Satz gefällt euch am besten und warum?

🔑 <u>Betreten des Hauses</u>: richtiges Haus, aber Schloss ausgetauscht/neu, Zugang über die Terrasse, äußere Holztüren unverschlossen, innere Glastüren nur angelehnt, Tür schwingt auf, Raum erwacht wie aus Mittagsschlaf, ihre Schatten „schleichen sich" vor ihren Körpern ins Haus
<u>Im Haus</u>: Haus wie beseelt/bewohnt, als wäre der Geist des Onkels noch da, als wäre der Onkel nur kurz weg, frische Schuhabdrücke auf dem Boden

**A3b** Vermutungen in KG: Austausch im PL mit Begründung.

🔑 Mögliche Lösung:
der Onkel; ein Nachbar aus dem Dorf; jemand, der Felix kennt; eine vertraute Person, die der Onkel kannte; ein Einbrecher; ein Untermieter, von dem sie nichts wussten; ein Hausbesetzer; Felix' Vater

**A3c** In PA bearbeiten.

🔑 Mögliche Lösung:
1. Er fühlt sich plötzlich, als ob er wieder ein Kind wäre; viele Erinnerungen und Gefühle aus seiner Kindheit sind plötzlich sehr präsent.
2. Er bemerkt in dem Moment, dass die Situation gefährlich sein könnte und ist alarmiert.

**A4a** Vorentlastung: Wortschatzarbeit: Teilen Sie die Adjektive in der Klasse auf und jede/r S ist für 1–2 Wörter zuständig. S sucht sie im Wörterbuch, dann gehen S in der Klasse herum und erklären sich gegenseitig die Wörter.
In EA lesen S weiter und notieren sich die Adjektive mit Zeilenangabe ins Heft. Vergleich und Begründungen der Auswahl in KG. Gab es Unterschiede?

🔑 siegessicher – selbstbewusst – gepflegt – alternd

**Ü2a–b** Als HA geeignet. Die Sätze werden dann zur Korrektur abgegeben.

| | |
|---|---|
| A4b | Gespräch in der Klasse mit Begründung. |
| A5a | S schreiben in KG ein Ende. Texte werden aufgehängt, von allen gelesen. |

> Jede/r S vergibt einen Punkt für die Geschichte, die ihm/ihr am besten gefällt. Welche Geschichte hat gewonnen?

> S schreiben die Geschichte aus verschiedenen Perspektiven zu Ende, z. B. aus der von Felix, vom Vater, von Zoe oder als neutraler Erzähler, wie bei einem Zeitungsbericht.
> Im PL vortragen.

| | |
|---|---|
| Ü3a–b | Als Vorentlastung für das HV aus A5b geeignet. S sortieren in PA, Vergleich im PL. Anschließendes Gespräch im PL über Schach: Wer kennt das Spiel? Wer kann es spielen? Welche Figuren gibt es und wofür sind sie zuständig? |
| A5b | S hören das Ende aus dem Buch. |
|  | Felix |
| A5c | S hören noch einmal und diskutieren die angegebenen Fragen. |

Mögliche Lösung:
1. um ihn nicht mehr sehen zu müssen, er ist auf der Reise „erwachsener" geworden, will doch auch mal an etwas festhalten, will sich gegen seinen dominanten Vater durchsetzen
2. angriffslustig, bestimmt, aggressiv, verbissen, fordernd, konzentriert, am Ende ungläubig
3. Der Vater kann nicht verlieren (will keine Niederlage eingestehen) und hört deshalb vorher auf.

> Im Internet finden Sie auch eine Buchbesprechung, mögliche Fragen dazu: Was erfahrt ihr Neues?
> Ebenso finden Sie im Internet eine Lesung von Edgar Rai aus diesem Buch. Auch dazu können Sie die oben genannten Fragen stellen.

| | |
|---|---|
| A6 | Im Anschluss sprechen S in KG über die angegebenen Fragen. Sammeln Sie vorher Redemittel an der Tafel oder verweisen Sie die S auf die Redemittel im KB. |
| A7 | Teilen Sie die S in Gruppen auf. S recherchieren Informationen zu Edgar Rai. Im Unterricht setzen sich die Gruppen zusammen und erstellen aus ihren Informationen eine kleine Präsentation, die visuell unterstützt werden kann. Im Anschluss daran stellen S ihre Präsentationen in der Klasse vor. Vergleich: Welche Präsentation bietet die meisten Informationen? Welche hat euch am besten gefallen und warum? |

Informationen zu Edgar Rai
1967 in Hessen geboren; Eltern ließen sich scheiden, daher viel umgezogen; Schwierigkeiten in der Schule, u. a. von einer Schule geflogen; ein Auslandsjahr in Amerika während der Schulzeit; Studium verschiedener Fächer in Marburg und Berlin, hat einen Abschluss in Musikwissenschaften und Anglistik; hat als Chorleiter, Basketballtrainer, Redakteur und Handwerker gearbeitet; seit 2001 Schriftsteller (Buchveröffentlichungen u. a.: „Die Gottespartitur", „Wenn nicht, dann jetzt"); von 2003 bis 2008 Dozent für kreatives Schreiben an der Freien Universität Berlin; arbeitet auch als Übersetzer; ist Mitinhaber der Buchhandlung Uslar & Rai in Berlin

# Kulturwelten

**A8a**    S machen sich in EA Notizen zu einem Thema, über das sie sprechen möchten.

**A8b**    Zur Vorbereitung auf A8c ordnen S die Redemittel zu. Sagen Sie S, dass manche Redemittel zu zwei oder auch allen drei Kategorien passen können.

| Musikveranstaltung | Buch | Film |
|---|---|---|
| Die Veranstaltung war letzten Sommer / letztes Wochenende / … im …/ In der …; Das Konzert war von …; … war auch mit dabei.; … hat/haben gespielt; Die Location / Die Konzerthalle war …; Die Band spielt Rock/ Hip Hop/Pop/Jazz …; Die Akustik war super / leider nicht so gut/ nicht schlecht.; Besonders gut war der Sänger/ Schlagzeuger/ Gitarrist/ Bassist/ …; Besonders gut hat mir … gefallen, weil …; Nicht so gut/überzeugend fand ich … | In dem Buch … geht es um …; Die Hauptperson ist …; Das Buch ist von …; Im Mittelpunkt der Geschichte steht …; Der/die Autor/in/ ist …; … ist ein Buch, in dem es um … geht.; Besonders gut fand ich, wie der/die Autor/in … beschrieben hat.; Besonders gut hat mir … gefallen, weil …; Nicht so gut/überzeugend fand ich … | In dem Film … geht es um …; Die Hauptperson ist …; Die Schauspieler waren … / … haben mitgespielt.; Der Film ist von …; … war auch mit dabei.; Im Mittelpunkt der Geschichte steht …; Der/Die Regisseur/in ist …; … ist ein Film, in dem es um … geht.; Meine Lieblingsszene war …; Besonders gut hat mir … gefallen, weil …; Nicht so gut/überzeugend fand ich … |

**A8c**    Im Heft notieren S die Redemittel, die sie benutzen wollen.
In PA präsentiert ein/e S ihr Thema. Danach stellt der/die andere S ein paar Fragen. Anschließend wird gewechselt.

> Ausstellung: Jede/r S bereitet in 8a ein Thema vor und erstellt ein Plakat mit den angegebenen Informationen, aber auch mit Fotos und weiteren Informationen z. B. zur Band, dem Regisseur oder einem Schauspieler, dem Autor oder der Hauptperson des Buches. Alle S lesen die Plakate und notieren sich Fragen.
> Dann werden diese je nach Gruppengröße im PL oder in KG präsentiert und die anderen S stellen Fragen.

## Aussprache   Sprechen und Emotionen

**Ü1a**    S hören und lesen das Gedicht und markieren. Bei Unterschieden in der Klasse besprechen, warum die S das jeweilige angekreuzt haben.

**Ü1b**    Noch einmal hören und neben das Gedicht oder auf ein Blatt Papier die Emotionen notieren.

**Ü2a**    S sammeln in KG zu den Emotionen aus 1a Eigenschaften der Stimme und des Sprechens.

> Teilen Sie die Emotionen auf die KG auf. Vergleich im PL.

**Ü2b**    In PA sprechen S das Gedicht mit den gehörten Emotionen und den Charakteristika, die sie zu den Emotionen notiert haben.

**Ü2c**    In PA variieren S die Emotionen im Gedicht. Sprechen Sie in KG vor und die anderen sagen, welche Emotionen es gab.

In starken/kreativen Gruppen: S wählen in PA einen Anfang von einem der beiden Gedichte und dichten weitere Zeilen hinzu. S tragen ihr Gedicht dann in der Klasse vor.
<u>Hinweis:</u> Erinnern Sie die S auch hier an die verschiedenen Emotionen.

| A | B |
|---|---|
| Heut lieg' ich lang in meinem Bett, es ist so warm und richtig nett, da klingelt es an meiner Tür, ich denk': „Wer will jetzt was von mir?" … | Mein Job ist schlecht und ziemlich öde, ich glaube, dass ich bald verblöde. Computer – das ist meine Welt, weil mir das Internet gefällt. … |

<u>Hinweis:</u> Ideen, wie Sie mit den Wortschatzseiten arbeiten können, finden Sie in der Einleitung dieses Lehrerhandbuchs auf Seite 14.

| Film | Kunstwerke auf ehemaligen Abraumhalden |
|---|---|

**A1a** In KG Fragen lesen und besprechen. Präsentation im PL.

Mögliche Lösung: Kohle, Metalle
<u>Plus:</u> Arbeitsplätze, Fortschritt, Wohlstand;
<u>Minus:</u> Arbeit ist oft körperlich harte Arbeit, viel Schmutz, Natur wird zerstört, geologische und ökologische Langzeitprobleme

**A1b** In PA sprechen S über Fotos und halten die Wirkung fest.

**A1c** Text lesen und zusammenfassen. Gespräch und Klärung im PL.

Klären Sie das Wort *Halde* noch einmal explizit, da es im Film sehr oft genannt wird.
Weitere Fragen anhand einer Deutschlandkarte: Wo ist das Ruhrgebiet in Deutschland? Welche Städte findet ihr in dem Gebiet auf der Karte? Habt ihr schon einmal von einer dortigen Stadt gehört oder wart dort?

Mögliche Lösung:
Das Ruhrgebiet, in dem sehr viele Menschen wohnen, war früher ein bedeutendes Steinkohleabbaugebiet und eine Industrieregion, in der Stahl produziert wurde. Mit der Krise in den 60er Jahren mussten viele Zechen schließen, wodurch sich ein Strukturwandel ergab, sodass viele Industrieanlagen heute Kultureinrichtungen sind und viele Freizeitmöglichkeiten bieten.

Informationen Ruhrgebiet
Das Ruhrgebiet (auch Ruhrpott, Pott genannt) liegt im Westen Deutschlands in Nordrhein-Westfalen, am südlichen Rand des Flusses Ruhr. Einige wichtige Städte sind: Bochum, Duisburg, Essen, Bottrop, Oberhausen. Die Städte liegen sehr nah beieinander, sodass man auch von zusammenwachsenden Großstädten spricht.
Es ist der größte Ballungsraum Deutschlands und der fünftgrößte Europas und dort wohnen ca. 5,1 Millionen Menschen.

**A2** S sehen den ganzen Film, notieren die Nummern und vergleichen in PA.

1. – 2. – 4. – 5. – 7. – 8. – 10. – 13. – 15. – 18.

# Kulturwelten 7

**A3a**    S sehen die erste Filmsequenz und notieren Inhalte.

A: gefällt: viel Grün
B: gefällt: dass so Schönes aus „Abfall" hergestellt wurde
C: Halden als Mountainbikerrevier, es gibt natürliche Berge, aber auch die Halden, Biken dort macht Spaß

**A3b**    S sehen die zweite Filmsequenz und korrigieren.

1. ca. 100 Halden; 2. Die Natur war im Ruhgebiet nicht so wichtig wie die Industrie; 3. wollen nicht mehr auf die Halden verzichten. 4. Ende 2018 wird in Deutschland auch die Zeche Prosper-Haniel geschlossen.

> Vorentlastung: S sammeln Wörter zu den einzelnen Fotos (Wortschatz Material/Landschaft). **B**

**A4a**    In KG sprechen S über die Fotos.
Weitere Fragen: Wie sehen die Skulpturen aus? Erinnert ihr euch, aus welchem Material sie sind und welche Namen sie tragen?

**A4b–c**    S arbeiten zu dritt. Sie sehen den Film noch einmal ganz und jede/r S achtet auf ein Kunstwerk und notiert Informationen. Weisen Sie die S darauf hin, dass nicht zu allen Punkten im Film etwas gesagt wird.
S informieren sich innerhalb der Gruppe über „ihr" Kunstwerk.

> S werden in drei Gruppen geteilt und jede Gruppe achtet auf ein Kunstwerk und tauscht sich anschließend untereinander aus, dann wird der Film noch einmal gesehen. Danach suchen sich S zwei Partner aus den anderen Gruppen und ergänzen die Tabelle. **B**

|   | Name | Künstler | Ort | Bedeutung | Material |
|---|---|---|---|---|---|
| A | Himmelstreppe | - | Halde Rhein-Elbe | - | (zu sehen:) Steine |
| B | Tiger and Turtle | - | Duisburg | Gegensatz Schnelligkeit und Langsamkeit | - |
| C | - | der Baske Agustín Ibarrola | Halde Haniel | wie Totems | alte, bunt bemalte Bahnschwellen |

Anschließend Gespräch im PL über den Film: Wie findet ihr diese Entwicklung?

**A5**    In KG vorgehen wie beschrieben. Hier können S auf den gesammelten Wortschatz zu Landschaften und Material bei A4a zurückgreifen.

> Evtl. fällt Ihren S nicht direkt ein Kunstwerk ein. Bringen Sie Karten von verschiedenen Kunstwerken mit, die die S kennen und diese können Sie dann bei Bedarf verteilen, sodass alle S etwas beschreiben können. **V**

---

**Kapiteltests**
Kapiteltests zu jedem Kapitel finden Sie unter www.klett-sprachen.de/aspekte-junior im Bereich „Tests".
Der Zugangscode lautet: asP!jr2

# Das macht(e) Geschichte 8

**Themen**  Kapitel 8 beschäftigt sich mit dem Thema „Geschichte der deutschsprachigen Länder".

**Auftakt** Szenen aus der Geschichte der deutschsprachigen Länder, über die S sprechen und sich informieren.
**Modul 1** Hier steht das Mittelalter im Vordergrund und warum Mittelalterfestivals so beliebt sind.
**Modul 2** Modul 2 beschäftigt sich mit der Entstehungsgeschichte des Geldes und regt die S an, über weitere Entstehungsgeschichten oder Erfindungen zu recherchieren.
**Modul 3** In Modul 3 geht es um Irrtümer der Geschichte, von deren Richtigkeit wir oft überzeugt sind, die in Wirklichkeit aber falsch sind.
**Modul 4** Den Abschluss bildet das Thema „Grenzen überwinden", in dem es um die DDR und die BRD, den Mauerfall und die Grenzöffnung geht.
**Film** Auch im Film wird die Teilung Deutschlands und der Mauerfall noch einmal aufgegriffen.

**Lernziele**

> **Ihr lernt**
> **Modul 1** | Einen Text zum Thema „Gelebte Geschichte" verstehen
> **Modul 2** | Informationen zu einer historischen Entwicklung in einer Kurzpräsentation zusammenfassen
> **Modul 3** | Irrtümer der Geschichte kennenlernen und darüber berichten
> **Modul 4** | Informationen über die Teilung Deutschlands kommentiert zusammenfassen
> Ein Interview über die Wiedervereinigung verstehen und Fotos chronologisch zuordnen
>
> **Grammatik**
> **Modul 1** | Nomen, Verben und Adjektive mit Präpositionen
> **Modul 3** | Indirekte Rede mit Konjunktiv I

## Auftakt  Das macht(e) Geschichte

**Ü1a**  Übung und Tipp sind zur Vorbereitung geeignet, insbesondere auf ein mögliches Vorgehen bei A2b. S notieren Wortschatz zu den beiden Fotos, auch unter Zuhilfenahme eines Wörterbuchs.

 **TIPP** Lesen Sie den Tipp im PL.
Bild/Foto und Wortschatz werden verknüpft und S beschäftigen sich mit dem Wortschatz. Es zeigt sich immer wieder, dass S sich Wörter und Begriffe leichter merken können, wenn sie sie einem Thema / einem Bild etc. zuordnen. Es geht darum, Wortschatz zu aktivieren, der sonst nicht aktiviert würde, und diesen dann produktiv anzuwenden.
Besprechen Sie im PL, wie sich durch mehr Wortschatz der Zugang zu den Bildern verändert, denn je mehr Wortschatz die S sammeln, desto leichter fällt es S, die Fotos zu beschreiben oder sogar eine Geschichte dazu zu erzählen (z. B. bei dem Foto oben über einen Sommertag zur Zeit der Mauer).

> Information zu den Fotos:
> A: Das Foto wurde 1966 aufgenommen: Familien mit Campingstühlen und Kinderwagen bei sonnigem Wetter an der Berliner Mauer, Fotograf: Chris Hoffmann. Die Mauer war gerade erst gebaut worden.
> B: 1977 wurde beschlossen, in der Gemeinde Gorleben, Niedersachsen, ein Zwischenlager für Atommüll zu errichten. Von da an bis in die 90er Jahre hinein, kam es immer wieder zu Protesten dagegen. Das Zwischenlager war 1983 fertig, wurde aber aufgrund der vielen Demonstrationen erst 1995 in Betrieb genommen. Ab 1980 wurde auch geprüft, ob man in Gorleben ein Endlager für Atommüll errichten kann. Auch dagegen gab und gibt es viele Proteste. Zurzeit gibt es ein Gesetz, dass der Bund ergebnisoffen nach einem Endlager suchen muss und sich nicht nur auf Gorleben beschränken kann.

# Das macht(e) Geschichte

**Ü1b**     In PA sprechen S detailliert über die Fotos.

**A1**     S wählen in PA zwei Bilder aus, beschreiben diese und überlegen, um welches Thema es geht. Austausch mit einem anderen PA. Lassen Sie hier alle Vermutungen zu, die die S haben.

Mögliche Lösung:
A: Sport: Gewinn der Fußballweltmeisterschaft durch die deutsche Fußballelf im Jahr 2014
B: Medizin/Physik: Entdeckung der Röntgenstrahlen
C: Natur/Katastrophen: Jahrhunderthochwasser der Elbe im Jahr 2002, hier in Dresden
D: Wissenschaft/Psychologie (hier könnten S auch Politik oder Journalismus nennen, wenn sie Freud nicht (er)kennen): Sigmund Freud begründete die Psychoanalyse
E: Politik/Menschenrechte: September 2015, 40.000 Flüchtlinge kamen in München an
F: Politik/Geschichte: Ende des zweiten Weltkrieges 1945
G: Politik/Geschichte: DDR-Bürger versuchen 1989 die Grenze zu überwinden und über die Botschaft in Prag zu fliehen.
H: Transport/Verkehrswesen: Eröffnung des Schweizer Gotthard-Basistunnels am 1.6.2016

**A2a**     Hören des HV und Zuordnung der Texte zu den jeweiligen Bildern.
Gespräch im PL: Waren euch Ereignisse/Personen auf den Bildern und in den Hörtexten bekannt? Wenn ja, welche? Was hat euch bei der Zuordnung geholfen? Welches Thema interessiert euch besonders? Warum?

1 B – 2 A – 3 C – 4 F – 5 H – 6 D – 7 E – 8 G

Hier bieten sich Anknüpfungspunkte zum fächerübergreifenden Unterricht an, z. B. Geschichte, Sport, Wirtschaft und Politik.

Bei Interesse recherchieren S in Teams zusätzliche Informationen zu einem gewählten Foto und präsentieren es mit weiteren Hintergrundinformationen in der Klasse.

**Ü2–3**     Als HA geeignet.

**A2b**     In KG wählen S ein Foto, ergänzen das Assoziogramm und präsentieren es anschließend.

> Verteilen Sie die Fotos auf die KG. S ergänzen Assoziationen, z. B. Foto A: Die S notieren „Sport" in die Mitte und ergänzen das Assoziogramm. Präsentationsform „Marktstand": Jeweils 1–2 S aus den KG bleiben bei ihrem Assoziogramm stehen, die anderen rotieren und sehen sich die Ergebnisse der anderen KG an. Die beiden „Experten" erläutern den „Besuchern" ihre Assoziogramme, die „Besucher" ergänzen Ideen und stellen Fragen. Wenn die „Besucher" bei allen Assoziogrammen waren, wird gewechselt: 1–2 andere S aus der KG bleiben am eigenen „Stand" stehen und die bisherigen Experten können als „Besucher" herumgehen.

**Ü4a**     S einigen sich in KG auf drei Oberbegriffe aus dem Kasten, ergänzen dann die Nomen zu den Themen. Vergleich mit einer anderen KG: Haben alle dieselben Oberbegriffe und Nomen gewählt? Gibt es Unterschiede?

**Ü4b**     In EA erweitern S die Themen um drei Begriffe. Austausch und Ergänzen in KG.

**Ü4c**     In KG wählen S ein neues Thema und ergänzen Wörter. Austausch mit einer anderen KG: Welchen Oberbegriff haben diese gewählt? Welche Wörter notiert?

Bei geschichtlich interessierten Gruppen, regen Sie die S an, in PA über ein wichtiges Ereignis aus dem eigenen Land oder der Welt zu recherchieren. Sammeln Sie gemeinsam im PL, welche Informationen wichtig sind – gehen Sie auf die W-Fragen ein, die den S Hilfe bieten können (Wer? Was? Wann? Wo? Wie? Warum? …)
Die S erstellen aus den recherchierten Informationen eine Sequenz, wie sie in den Nachrichten vorkommen könnte.
Sehen Sie dazu einen Teil einer Nachrichtensendung und sprechen Sie über die Form und das Register mit Ihren S. Um den S Themen zu bieten, können diese beispielsweise auf den Seiten der „Deutschen Welle" im Internet recherchieren.
Die Nachrichten werden alle an einem Tag präsentiert und auf Video als Nachrichtensendung aufgenommen.

| Modul 1 | Geschichte erleben |
|---|---|

**Ü1** Als Vorentlastung für A1a in PA bearbeiten lassen. Vergleich im PL.

**A1a** Vorgehen wie beschrieben. Geben Sie ein Beispiel. Anschließend Präsentation von einem interessanten Aspekt aus jeder KG im PL.

**A1b** S lesen Wörter in KG und klären die Bedeutung. Dann ordnen sie sie thematisch zu.

 Mögliche Lösung:
Orte: die Burg, die Stadt, das Dorf
Personen: der Bauer, der Krieger, der Ritter, der Handwerker, der Musikant, der Knecht, die Magd, die Burgdame
Typisch für die Zeit: die Armut, der Kampf, die Waffe, die Kälte, die Krankheit
Besonderes Ereignis der Zeit: das Turnier, der Kampf,

> Teilen Sie die Klasse in zwei Gruppen. Jede KG ist für die Hälfte der Wörter zuständig. Sie klären die Bedeutung der Wörter in der Gruppe (mit dem Wörterbuch / Vorkenntnissen) und notieren die Bedeutungen oder Definitionen auf Deutsch. Dann suchen sie einen Partner aus der anderen Gruppe und erklären sich die Wörter gegenseitig. Anschließend sortieren sie die Wörter thematisch.

**A1c** Text lesen und Aussagen ergänzen.

 Mögliche Lösung:
1. … Schulklassen, Familien und andere Personen, aber auch für historische Romane und Filme sowie für Forscher. 2. … die Menschen hatten damals Angst vor Krankheit und Tod, lebten in Unfreiheit, in Dunkelheit, Kälte und mit wenig Bildung. 3. … die Rollenspieler in unsere sichere Welt zurückkehren können und der Rollentausch nur für kurze Zeit und ohne ernste Konsequenzen ist.

**A2a** Planen Sie für die komplette A2 genügend Zeit ein (ca. 20–30 Minuten), damit die S wirklich eigene und korrekte Lernkarten in A2b+c erstellen.
Vorgehen wie beschrieben. Kontrolle im PL.

| Nomen | Präposition | Nomen | Präposition |
|---|---|---|---|
| das Interesse | für + Akk. | der Beitrag | zu + Dativ |
| die Faszination | für + Akk. | der Gegensatz | zu + Dativ |
| die Angst | vor + Dativ | die Vorstellung | von + Dativ |
| die Erinnerung | an + Akk. | die Antwort | auf + Akk. |

# Das macht(e) Geschichte

S sammeln weitere Beispiele, die sie kennen. An der Tafel festhalten.

> *Weitere Beispiele:*
> *die Wahrnehmung + von + Dativ, die Reaktion + auf + Akk., der Glaube + an + Akk., ...*

**A2b** Verteilen Sie leere Karten an die S. In PA versuchen S, Verben zu den Nomen zu bilden und notieren diese zuerst im Heft. Nach Kontrolle im PL, mit Tafelanschrieb von Ihnen, notieren S sie wie im Buch gezeigt auf die Kärtchen. Pro Nomen ein Kärtchen.
Sagen Sie den S, dass sie auf den Kärtchen Platz lassen sollen, denn in A2c sollen sie Adjektive dazu bilden, wenn es möglich ist, und diese ebenso auf die Kärtchen schreiben.
Weisen Sie die S darauf hin, dass die Präpositionen für das Nomen und das Verb nicht immer identisch sind, z. B. *Interesse + an/für*, aber *sich interessieren + für*.

| Nomen | Präposition | Verb | Präposition |
|---|---|---|---|
| die Teilnahme | an + D. | teilnehmen | an + D. |
| das Interesse | für + A. | sich interessieren | für + A. |
| die Faszination | für + A. | faszinieren | - |
| die Angst | vor + D. | sich ängstigen | vor + D. |
| die Erinnerung | an + A. | sich erinnern | an + A. |
| der Beitrag | zu + D. | beitragen | zu + D. |
| der Gegensatz | zu + D. | - | - |
| die Vorstellung | von + D. | sich vorstellen | - |
| die Antwort | auf + A. | antworten | auf + A. |

**Ü2a** In EA ergänzen S die Präpositionen. Vergleich im PL.

**Ü2b** In PA bearbeiten. Korrektur im PL. Auch diese Verben mit Präpositionen und Nomen können auf weitere Lernkarten notiert werden.

**Ü2c–d** S markieren die richtigen Präpositionen und anschließend ergänzen S in PA die Präpositionen zu den restlichen Nomen. Vergleich im PL.

**A2c** In PA notieren S zu den angegebenen Wörtern die Adjektive und ihre Präpositionen sowie ggf. Nomen oder Verb + Präposition. Erst Kontrolle im PL, bevor die S die drei Lernkarten erstellen.
Weisen Sie auch hier die S noch einmal darauf hin, dass sich die Präposition verändern kann, je nachdem, ob sie das Nomen, das Verb oder das Adjektiv verwenden.

die Begeisterung für + A. – sich begeistern für + A. – begeistert sein von + D.
die Abhängigkeit von + D. – abhängen von + D. - abhängig sein von +D.
das Interesse an + D. / für + A. – sich interessieren für + A. – interessiert sein an + D.
die Neugier auf +A. – neugierig sein auf +A.
die Hilfe bei + D. – helfen bei + D. – hilfreich sein bei + D.

> S sehen sich ihre Karten aus A2b an und überlegen in PA, ob sie zu einem der Nomen Adjektive kennen. Diese notieren S erst ins Heft. Kontrolle im PL und dann notieren S die weiteren Adjektiven zu den Nomen auf die Lernkarten.

| Nomen | Präposition | Verb | Präposition | Adjektiv | Präposition |
|---|---|---|---|---|---|
| das Interesse | an + D. / für + A. | sich interessieren | für + A. | interessiert | an + D. |
| die Erinnerung | an + A. | sich erinnern | an + A. | - | |
| der Gegensatz | zu + D. | - | - | - | |
| die Angst | vor + D. | sich ängstigen | vor + D. | | |
| die Vorstellung | von + D. | sich vorstellen | - | - | |
| die Antwort | auf + A. | antworten | auf + A. | - | |
| der Beitrag | zu + D. | beitragen | zu + D. | - | |
| die Faszination | für + A. | faszinieren | - | fasziniert | von + D. |
| die Abhängigkeit | von + D. | abhängen | von + D. | abhängig | von + D. |
| die Neugier / die Neugierde | auf + A. | - | - | neugierig | auf + A. |
| die Hilfe | bei + D. | helfen | bei + D. | behilflich/ hilfreich | bei + D. |
| die Suche | nach + D. | suchen | nach + D. | - | |
| die Entscheidung | für + A. | sich entscheiden | für + A. | | |

**A2d** Vorgehen wie beschrieben. Ein S zieht eine Karte, sagt das Verb und der andere sagt die Präposition, das Nomen und Adjektiv und ihre Präpositionen, wenn es sie gibt. Dies können Sie in den folgenden Unterrichtseinheiten immer wieder üben.
In A2d ist es sinnvoll, dass S mit allen Verben und Nomen aus A2a–2c und/oder auch aus Ü2a–d arbeiten. Lernziel: Wortreihen korrekt notieren und lernen, üben und erinnern.
Zur Sicherheit und Kontrolle weisen Sie auf die Liste im Anhang des ÜB hin.

Als abschließende Wiederholung kopieren Sie die Bingokarten und Bingoblätter von **KV 15** auf S. 159/160 und schneiden sie aus. S arbeiten in KG zu viert und jede/r S bekommt ein Bingoblatt. Die Bingokarten liegen verdeckt auf dem Tisch. Ein/e S beginnt, indem er/sie eine Karte zieht. Alle sehen sich ihre Bingoblätter an und überleben, ob die Präposition der Bingokarte zu einem ihrer Wörter auf ihrem Bingoblatt passt. Falls ja, ruft der/die S „Ich!" und bekommt die Präpositions-karte. Er/Sie legt sie auf das Wort und bildet einen Satz damit. Wenn S unsicher sind, können sie im KB auf der Grammatik-Rückschauseite oder auf den im Unterricht erarbeiteten Lernkarten kontrollieren. Dann zieht der/die nächste S eine Präpositionskarte. Gewonnen hat, wer als Erstes auf allen seinen Ausdrücken eine Präpositionskarte liegen hat.

**Ü3a–b** Als HA geeignet.

Wiederholung der grammatischen Struktur mit *wo(r)-* und *da(r)-*: Notieren Sie ein Beispiel mit *da(r)-/wo(r)-* an der Tafel, dann fragen Sie im PL, woran sich die S erinnern und wie das grammatische Konzept funktioniert.

**Ü4a** In PA bearbeiten. S erklären in KG das Konzept. Vergleich im PL.

**Ü4b** In PA schreiben S Sätze. Vergleich und Korrektur in KG. Hier bietet sich an, direkt die Aussprache anzuschließen.

Hinweise, wie das Tafelbild im Unterricht eingesetzt werden kann, können über das Tafelbild im Lehrwerk digital direkt aufgerufen werden. Beschreibungen zu allen Tafelbildern finden Sie auch online als Gesamt-PDF unter www.klett-sprachen.de/aspekte-junior/lehrerhandreichungB2.

# Das macht(e) Geschichte

**A3a** In Dreier-KG wählt jede/r S einen Text und berichtet dann den anderen über den Inhalt. Achten Sie darauf, dass S den Text relativ frei zusammenfassen.

**A3b** Diskussion im PL. Verweisen Sie die S auf die ihnen bereits bekannten Redemittel im Anhang des KB oder projizieren Sie diese an die Tafel.

**A3c** In PA bereiten sich die S mit Redemitteln und Argumenten auf die Aufgabe vor. Anschließend halten die PA ihre Überzeugungsrede und zum Schluss entscheiden S mit Argumenten, welche Rede die überzeugendste war.

> Verteilen Sie Kärtchen zu unterschiedlichen Zeiten: Mittelalter, heute, Steinzeit, 20er Jahre, Zeit der Dinosaurier, Zeit der eigenen Großeltern, etc.
> Jedes Paar zieht eine Karte und muss die anderen überzeugen, in diese Zeit zu reisen. Dann Vorgehen wie oben beschrieben.

## Modul 2 Die Geschichte des Geldes …

**A1a** S arbeiten zu dritt, jede/r ist für sechs Wörter verantwortlich, sucht sie im Wörterbuch und überlegt sich Definitionen auf Deutsch. Anschließend gegenseitiges Erklären.

**Ü1a–b** Als HA bearbeiten.

**A1b** S lesen die Abschnitte und bringen sie in die richtige Reihenfolge.

🔑 1 C – 2 E – 3 D – 4 A – 5 F – 6 B

Im Anschluss sprechen sie in PA über die Reihenfolge der Zahlungsmittel.

🔑 Tausch mit Naturalien (Kräuter, Beeren, Früchte, Waffen, …) – Kaurimuschel, Kakaobohne, Naturgeld (Kupfer, Silber, Gold) – Münzen – Papiergeld – Kreditkarte, Kontoabbuchungen

**A1c** Vergleich der Lösungen in PA.

> Kopieren Sie den Text im KB und zerschneiden Sie ihn in die Abschnitte. In PA legen S den Text in die richtige Reihenfolge.

**Ü2–3** Als HA bearbeiten.
Die Verben in Ü2 sind für die Präsentationen in A3 hilfreich.

**A1d** In PA bearbeiten. S lesen die Fragen und beantworten sie mündlich. Wenn sie sich nicht mehr erinnern, suchen sie die Informationen im Text.

🔑
1. Kupfer, Silber, Gold, Kaurimuschel, Kakaobohne
2. Dem Kaufmann Johann Palmstruch waren Münzen zu unpraktisch
3. Papiergeld hatte keinen klaren Materialwert
4. Volk in Kleinasien, trugen das Zeichen des König Krösus
5. entweder mit Karte zahlen oder Geld wird direkt vom Konto abgebucht

| | |
|---|---|
| A2a | HV hören und S notieren die Aspekte. |

Lebensmittel (asiatische Teeziegel) – Waffen – Schmuck – Kleidung – Getreide – Vieh – Schnecken (Kaurimuscheln)
Kaurischnecken: Gehäuse: handlich, stabil und fälschungssicher, von den Malediven, Philippinen, Küste Ostafrikas, noch 1960 akzeptierten Einheimische in Neuguinea nur Kaurimuscheln als Zahlungsmittel; nach Europa/Kleinasien sind sie nie gekommen.

**A2b** Erst Vergleich in PA und dann in KG.

**A2c** S lesen die Satzanfänge, hören den Text noch einmal und notieren die Satzenden. Vergleich in der Klasse.

a … als Geld genutzt wird.
b … Kaurischnecken
c … ihr Gehäuse handlich, stabil und fälschungssicher ist.
d … Kaurischnecken auftreiben, weil die Einheimischen kein anderes Zahlungsmittel annehmen wollten.
e … Naturalien wie Vieh, Getreide, Metall oder mit seiner Arbeit

**Ü4a** Diese Übung entspricht dem Prüfungsformat Hören, Teil 3 der Prüfung DSD II. Weitere Informationen zur Prüfung DSD II finden Sie ab S. xx.
Vorgehen wie beschrieben.

**Ü4b** In PA bearbeiten und Vor- und Nachteile notieren.

**Ü4c** Klassenabstimmung: S stellen ihre Vor- und Nachteile vor und stimmen dann über die gestellte Frage ab.

**A3a** S bereiten eine Präsentation vor, die maximal drei Minuten dauern soll. Im ersten Schritt sammeln im PL, welche Entstehungsgeschichte aus dem Buch sie interessant finden oder welche weiteren Entstehungsgeschichten ihnen einfallen.

**A3b** Im PL werden die Redemittel aus dem Kasten besprochen und evtl. Unklarheiten beseitigt.
S wählen eine geschichtliche Entwicklung, die sie interessiert und bereiten eine Präsentation vor, indem sie zu dem Thema im Internet recherchieren und sich überlegen, welche visuellen Hilfsmittel sie für ihre Präsentation brauchen.
Als Hilfe für die Präsentation bieten sich auch die Verben aus Ü2 an.

**A3c** Bevor die S ihre Präsentationen halten, fragen Sie sie: Worauf muss man bei einer Präsentation achten? Sammlung im PL, halten Sie die Punkte an der Tafel fest:

> Beispiele:
> *Verständlichkeit (Wird klar und deutlich gesprochen?), Tempo (Gibt es Pausen?), Lautstärke (Ist es laut genug?), Blickkontakt (Sieht der Referent das Publikum an?), …*

Sammeln Sie auch Vokabular für konstruktives Feedback und halten es an der Tafel fest:

> Beispiele:
> *Die Präsentation war sehr interessant. – Das Thema hat mir gefallen. – Dein Sprechtempo war sehr gut. – Du hast viel Blickkontakt gehalten. – Beim nächsten Mal könntest du / … – Es wäre gut, wenn … – Vielleicht könntest du auf … achten*

S präsentieren ihre Entstehungsgeschichten vor der Klasse.

# Das macht(e) Geschichte

> Teilen Sie die Gruppe in 2 KG: Eine Gruppe erstellt ein Lernplakat zu wichtigen Punkten, auf die der Referent / die Referentin bei seiner Präsentation achten soll, die andere Gruppe erstellt ein Plakat zu Formulierungen für das konstruktive Feedback.

> Verteilen Sie die auf **KV 16** (S. 161) abgebildeten Beobachtungsaufgaben an die S. Je ein Paar beobachtet während der Präsentation ein oder zwei Punkte aus dieser Liste. Nach der Präsentation und den inhaltlichen Fragen bekommt der Referent / die Referentin Feedback aus dem PL wie schon in PA in A3c geübt.
> Bei großen Gruppen halten S die Präsentationen in KG.

**A3d** — Klassengespräch wie im Buch beschrieben.

## Modul 3  Irrtümer der Geschichte

**A1a** — In KG vermuten S welche Aussagen richtig sind.

**A1b** — Text in EA lesen und die Vermutungen in A1a kontrollieren und evtl. korrigieren.
In KG sprechen S darüber, was sie überrascht hat.

🔑  1c – 2b – 3c – 4a

> **SPRACHE IM ALLTAG**
> Lesen Sie die Ausdrücke mit Nachdruck und Überraschung vor und die Klasse spricht Ihnen genauso nach.
> In PA/KG üben die S zu reagieren. Ein/e S sagt einen absurden Satz (*Im Norden geht die Sonne auf. / Die Schule beginnt um 12 Uhr.* etc.) und die anderen S reagieren, wobei sie besonders auf die Intonation achten.

**A2a** — S lesen den Text in EA noch einmal und notieren alle Verben und Ausdrücke für die Einleitung der Aussagen aus A1b. Dann ergänzen sie in PA weiteren Wortschatz, den sie kennen.

🔑 eine weitere weit verbreitete Annahme: / glaubten / behaupteten fast alle / da steht zum Beispiel / nicht nur … davon überzeugt, dass …
weitere Ausdrücke: meinen, erzählen, berichten, behaupten, fragen, sagen etc.

> Autonomes Lernen für starke Gruppen: in PA bearbeiten S die Aufgaben A2–3 wie im Buch vorgegeben. Geben Sie Ihnen dazu 30 Minuten Zeit. Dann Vergleich im PL.

**Ü1** — In PA lösen S die Übung und ergänzen weiteren neuen Wortschatz zur Redewiedergabe. Zusammenfassung aller Ausdrücke im PL.

**A2b–c** — In EA ergänzen S A2b, vergleichen mit dem Nachbarn / der Nachbarin und ergänzen in PA die Regel in A2c. Regel im PL lesen lassen.

🔑 A2b:
2. …, die Erde sei eine Scheibe – 3. man könne am Rand der Scheibe herunterfallen – 4. …, Gutenberg habe den Buchdruck erfunden.

|  |  |
|---|---|
| **Konjunktiv I Gegenwart** | **3. Person Sing.**<br>Infinitiv-Stamm + Endung -e<br>3. Person Sg. von *sein*: *sei*<br>3. Person Sg. von *haben*: *habe* |
| **Vergangenheit** | Konjunktiv I von *haben* oder *sein* + Partizip II |

A2c:

**A3** In PA lesen S die Beispielsätze und überlegen sich, wann der Konjunktiv II verwendet wird und nicht der Konjunktiv I. Vergleich im PL.

Wenn die Formen von Konjunktiv I identisch mit den Formen des Indikativs sind, wird Konjunktiv II oder die Ersatzform *würde* + Infinitiv verwendet.

Da der Konjunktiv I hauptsächlich schriftlich verwendet wird, bietet sich zur weiteren Übung Folgendes an: In Dreiergruppen schreibt jede/r S einen Aussage-Satz auf ein Blatt. Das Blatt wird nach rechts weitergegeben und der/die Nächste schreibt den Satz in der indirekten Rede und einen neuen Satz. Nach vier- bis fünfmaligem Wechseln Sätze in KG kontrollieren. **E**

**Ü2** Zur Anwendung bearbeiten die S direkt im Anschluss Ü2 in PA.

**Ü3–4** Als HA geeignet.

Regen Sie die S an, eigene Meldungen auf Deutsch mitzubringen, die dann in der Klasse verteilt werden. Die Wiedergabe erfolgt in indirekter Rede. **E**

**A4** S geben die Irrtümer in PA in der indirekten Rede wieder, indem sie auch hier die Redemittel von A2a benutzen. Dann raten sie und stellen Vermutungen an, wie es wirklich gewesen sein könnte. Vergleich mit der im KB angegebenen Lösung.

Die meisten Menschen behaupten,
… Wilhelm Tell sei der wichtigste Freiheitskämpfer der Schweiz.
… Charles Lindbergh sei als erster Mensch über den Atlantik geflogen.
… die Wikinger würden Helme mit Hörnern tragen.

Sie können A4 auch um weitere Irrtümer erweitern: Sie schreiben die Irrtümer auf Zettel und die Lösung auf die Rückseite. S suchen im Internet weitere Irrtümer der Geschichte, notieren sie auf Zettel und schreiben die Lösung ebenfalls auf die Rückseite. Alle Zettel werden eingesammelt und neu verteilt. In PA geben S diese in der indirekten Rede wieder und stellen Vermutungen an, was falsch ist.
Selbstkontrolle mit der Rückseite des Zettels.
Weitere Irrtümer der Geschichte finden Sie, wenn Sie in einer Suchmaschine „Irrtümer der Geschichte" eingeben. **V**

Hier bieten sich Anknüpfungspunkte zum fächerübergreifenden Unterricht an, z. B. Geschichte. Sie können S auch andere Irrtümer suchen lassen: Geografie, Chemie, Mathematik, Physik.

**Ü5** In PA bearbeiten.

**Ü6** Als HA bearbeiten.

# Das macht(e) Geschichte

## Modul 4 Grenzen überwinden

**A1a** S sehen sich die beiden Fotos im Buch an und sprechen im PL über die Unterschiede.

Mögliche Lösung:
Verändert: keine Mauer mehr, kein Warnschild vor dem Tor, man konnte nicht zum Tor kommen, heute kann man durchgehen, heute sind neue Häuser hinzugekommen

**A1b** Im PL sammeln und an der Tafel festhalten. Sollten hier noch nicht viele Informationen kommen, gehen Sie direkt zu A2 weiter.

Wenn Sie die Texte in A2a vorentlasten wollen und ihre S keine Informationen zur Teilung Deutschlands hatten, dann bietet sich dieses Vorgehen für stärkere und interessierte Gruppen an: Bilden Sie zwei Gruppen. Als HA recherchieren S im Internet. Eine Gruppe zu dem Schlagwort DDR und die andere zum Schlagwort BRD. Sie notieren Stichpunkte, die sie interessant finden. Hilfreich ist der Link des Virtuellen Museums LeMO: http://www.hdg.de/lemo/home.html, dort unter „Zeitstrahl" „1949 Geteiltes Deutschland" anklicken. Damit die S nicht mit Information überflutet werden, können Sie ihnen sagen, dass die Eingangsseite dieser Webseite zu dem Thema ausreichend ist.
In der nächsten Unterrichtsstunde setzen sich S in KG zusammen und berichten darüber, was sie gefunden haben.

**A2a** S lesen die sieben Stichpunkte. Unbekannte Wörter ggf. im PL klären. S lesen den Artikel und notieren die passenden Zeilen. Vergleich in PA. Klärung von Textschwierigkeiten. Sagen Sie den S, dass die Punkte 1–7 nicht in chronologischer Reihenfolge stehen. Inhaltliche Fragen zu klären bietet sich nach A2c an.

2. Z. 47–56, 3. Z. 12–18, 4. Z. 24–33 / 57–70, 5. Z. 18–22, 6. Z. 14–18, 7. Z. 34–43

Für viele ist es schwer vorstellbar, wie die Grenze wirklich aussah, und viele S glauben, dass es überall eine Mauer gab. Wenn Ihre Klasse Interesse an diesem Thema hat, sehen Sie das Video „Eingemauert" (10:40 Minuten) der Deutschen Welle, es zeigt die Mauer in Berlin und die Grenzanlagen im restlichen Deutschland.

**A2b** S lesen den Text noch einmal und ergänzen weitere Informationen zu den einzelnen Stichpunkten.

Mögliche Lösung:
1. August 1961 – Mauerbau – für Menschen überraschend – strenge Bewachung – Grenzsoldaten
2. West-Berlin komplett von Mauer eingeschlossen, teils Gehwege in Westberlin, aber Häuser in Ostberlin, Fenster zugemauert, Bewohner durch Hinterhöfe in die Häuser
3. 1949 Gründung der BRD aus den Wirtschaftssektoren der West-Alliierten (britisch, französisch, amerikanisch) und Gründung der DDR im Osten aus dem Wirtschaftssektor der Sowjetunion
4. In den ersten zehn Jahren konnten die Menschen von Westdeutschland nach Ostdeutschland fahren und umgekehrt – was man im östlichen Teil Berlins nicht kaufen konnte, gab es im Westteil – im Osten: keine Meinungsfreiheit – Mauer und Grenzzäune wurden immer weiter ausgebaut, strenge Überwachung – Genehmigung/Visum für Reisen nötig
5. Berlin geteilt in einen westlichen Teil und einen östlichen Teil – lag inmitten der DDR, blieb Hauptstadt der DDR
6. Zonen: französische, britische, amerikanische und sowjetische
7. u. a. wegen fehlender Meinungsfreiheit und starker Überwachungsstrukturen gingen viele aus der DDR weg, v. a. junge Leute (2,7 Millionen) – allein 1960 wanderten ca. 200.000 Menschen in den Westen aus – DDR kurz vor dem Zusammenbruch

Unterteilen Sie die Klasse in Gruppen und jede Gruppe ist für ein bis zwei Stichpunkte zuständig. Wirbeln und die S ergänzen weitere Informationen.

**A2c** In PA formuliert jede/r S vier Fragen – je eine zu einem anderen Stichpunkt. Die ergänzten Informationen aus A2b helfen. Gegenseitiges Fragen und Antworten.
Anschließend ungeklärte Fragen im PL klären.

Beispiele für mögliche Fragen:
Wann wurde die BRD, wann die DDR gegründet? Wie hieß die Hauptstadt der DDR / der BRD? Wann wurde die Mauer gebaut? Wie viele Menschen verließen die DDR 1960? Wie lang war die Mauer in Berlin? Wie lang war die Grenze zwischen Ost- und Westdeutschland? Was brauchten BRD-Bürger, um in die DDR reisen zu können?

**A3a** Einstieg zum Thema Mauerfall: Fragen im PL: Wann und wo kann das sein? Was machen die Personen? Dann beschreiben S in KG die Fotos detaillierter und vermuten eine Reihenfolge der Fotos.
S hören das Gespräch und notieren die richtige Reihenfolge dann Vergleich und evtl. Korrektur ihrer eigenen Reihenfolge.
Nähere und ausführliche Informationen zur Berliner Mauer und zum Mauerfall finden Sie unter http://www.berlinermaueronline.de/

  C – D – E – A – B - F

**A3b** S lesen die Sätze und ordnen sie den Fotos zu. Interview evtl. nochmals zur Kontrolle hören.

1. A – 2. C – 3. D – 4. B – 5. F – 6. E

**STRATEGIE** Lesen Sie die Strategie im PL und leiten Sie so zu A4a über.

**A4a** S wenden nun die Strategie an und tragen in PA alle Informationen zu den angegebenen Punkten zusammen und erstellen so eine Zeitleiste im Heft.
Für den Teil des Mauerfalls und der Grenzöffnung bietet es sich an, das HV evtl. noch einmal zu hören.

| Teilung Deutschlands | |
|---|---|
| 1945 | Deutschland von 4 Ländern verwaltet: USA, Großbritannien, Frankreich und Sowjetunion |
| 1949 | Gründung der BRD aus Sektoren der USA, Großbritanniens und Frankreichs; Gründung der DDR aus Sektor der Sowjetunion; Teilung Berlins |
| bis 1960 | Menschen können leicht zwischen Osten und Westen hin- und herfahren; Auswanderung von 2,7 Millionen Menschen aus der DDR |
| 13.8.1961 | Beginn des Mauerbaus; Schließung der Grenze |
| **Mauerfall und Grenzöffnung** | |
| Mai 1989 | ungarische Grenzsoldaten bauen Zaun ab; nach Ungarn durften DDR-Bürger reisen – Versuch über Ungarn – Österreich in die BRD zu kommen |
| September 1989 | Ausreise von 8.000 DDR-Bürgern aus Prag in die BRD
Beginn der Montagsdemonstrationen |
| 9.11.1989 | Öffnung der Grenzen zwischen DDR und BRD; Menschen aus Ost und West feiern den Mauerfall |
| Juli 1990 | in Kraft treten von Währungs- Wirtschafts- und Sozialunion: D-Mark war das alleinige Zahlungsmittel in beiden Teilen |
| Oktober 1990 | DDR tritt am 3.10. der BRD bei – Festakt vor dem Reichstag |

# Das macht(e) Geschichte

 Hinweise, wie das Tafelbild im Unterricht eingesetzt werden kann, können über das Tafelbild im Lehrwerk digital direkt aufgerufen werden. Beschreibungen zu allen Tafelbildern finden Sie auch online als Gesamt-PDF unter www.klett-sprachen.de/aspekte-junior/lehrerhandreichungB2.

**A4b** S arbeiten in KG und erstellen eine Wandzeitung mit den Informationen aus A4a.
Als Vorbereitung lesen sie im PL erst die Aufgabe, dann die Redemittel, die Sie ggf. klären. S sehen sich auch das Beispiel auf der Seite an.
Dann wählen S die für sie wichtigsten Punkte aus der Zeitleiste, suchen weitere Informationen und Fotos/Bilder oder auch Zeitzeugen-Berichte. Sie gestalten eine Wandzeitung, die in der Klasse aufgehängt wird.
S lesen im Anschluss die Wandzeitungen aller und können den anderen Gruppen Fragen stellen. Die Ergebnisse können fotografiert werden. → **Portfolio**

> Teilen Sie die Klasse in unterschiedliche Gruppen auf, sodass alle Gruppen zu einem anderen historischen Zeitpunkt recherchieren und die Wandzeitung wie oben beschrieben gemeinsam erstellen.

**Ü1a** Thema Leipzig: Als Hinführung zum Artikel klären Sie mit den S, wo Leipzig liegt.
Als HA bearbeiten.

**Ü1b** In PA einigen sich S auf eine der Personen und notieren alle Informationen, die sie zu ihr im Text finden.

**Ü1c** S schreiben in PA einen kurzen Infotext mit ihren Informationen aus Ü1b und recherchieren über eines der beiden angegebenen Themen weitere Informationen. → **Portfolio**

**Ü1d** Texte werden aufgehängt und von allen gelesen. Anschließend sprechen S im PL über die interessantesten Informationen aus den Texten.

> Das 30-minütige Video „ZDF Doku: Das neue Leipzig – Hip und cool in alten Bauten" zeigt am Beispiel von Leipzig sehr gut die Veränderungen vor und nach der Wende.

**Ü2** Als HA bearbeiten.

**A5a**  Diese Aufgabe entspricht dem Prüfungsformat Hören 3 des Goethe-Zertifikats B2 für Jugendliche. Weitere Informationen zum Goethe-Zertifikat B2 finden Sie ab S. 166.
S hören den Text einmal und notieren, wer was sagt. Die Aufgaben 1–6 sind in chronologischer Reihenfolge angelegt.

 1c – 2a – 3b – 4b – 5a – 6c

**A5b** Lesen der Redemittel. S notieren sich pro Kategorie zwei Redemittel, die sie während der Diskussion benutzen möchten. S diskutieren über die angegebene Frage in der Klasse / in KG.

> Kopieren Sie den Redemittelkasten auf DIN A5 Zettel, sodass jede/r S einen bekommt und ihn während der Diskussion vor sich hat.
> Als Diskussionsform bietet sich hier das „Aquarium" an: Drei bis vier S kommen nach vorne und beginnen mit der Diskussion, die anderen sind Zuhörer/innen und dürfen nichts sagen; wenn jemand etwas sagen möchte, steht er/sie auf und geht „ins Aquarium": Er/Sie legt einem/einer der vier S, die vorne sitzen, die Hand auf die Schulter und löst ihn/sie ab, diese/r wird zum Zuschauer / zur Zuschauerin und setzt sich. Der/Die andere nimmt den Platz im Aquarium ein. Jede/r S sollte mindestens einmal im Aquarium gewesen sein.

# 8

Aussprache *daran – daran*

| | |
|---|---|
| Ü1a | Hören und in EA markieren, in PA Lösungen vergleichen. |
| Ü1b | Hören und die Wortakzente markieren. |
| Ü2 | In PA die Regel ergänzen. Lösungen mit anderem Paar vergleichen. Fragen im PL klären. |
| Ü3 | Anschließend Ü1a + Ü1b zu zweit laut lesen (die Fragen (Ü1a) und Antworten (Ü1b) ergeben immer einen Dialog) und auf die Betonung achten. S korrigieren sich gegenseitig. Gehen Sie herum und stehen Sie als Hilfe zur Verfügung. |
| Ü4 | In PA schreiben S mindestens zwei weitere Mini-Dialoge und lesen diese laut vor. Tausch mit den Minidialogen von einem anderen Paar und auch noch einmal laut lesen. **E** |

Hinweis: Ideen, wie Sie mit den Wortschatzseiten arbeiten können, finden Sie in der Einleitung dieses Lehrerhandbuchs auf Seite 14.

## Film — Ein Traum wird wahr

**A1** S sortieren in PA die Jahreszahlen zu den Ereignissen.

🔑
A: Mai 1949 — Gründung der Bundesrepublik Deutschland
B: Oktober 1990 — Vereinigung von DDR und BRD
C: August 1961 — Bau der Berliner Mauer
D: Oktober 1949 — Gründung der Deutschen Demokratischen Republik
E: November 1989 — Öffnung der Berliner Mauer für alle DDR-Bürger

**A2a–b** S sehen den Film über den Bau der Mauer und machen sich Notizen zu den Fragen. Im Anschluss Gespräch im PL. Dort auch über Vermutungen sprechen, wie sich die Menschen gefühlt haben und wie die Atmosphäre war.

🔑
A2a:
Was machen Militär und Polizei?: riegeln die drei Westsektoren der Stadt hermetisch ab; sperren die Straße am Brandenburger Tor; der öffentliche Verkehr (Straßen- und U-Bahnen) ist eingestellt; Polizei hindert Menschen an der Flucht in letzter Minute; Polizei versucht die Demonstration mit Wasserwerfern aufzulösen
Warum fliehen einige Menschen?: Unmut/Unzufriedenheit; wollen in letzter Sekunde die unübersichtliche Lage für die Flucht ausnutzen
Die Menschen rufen „Volksabstimmung". Was wollen sie damit erreichen?: protestieren gegen den Mauerbau; wollen Freizügigkeit / nicht eingesperrt sein

A2b:
Mögliche Lösung:
Atmosphäre/Gefühle/Gedanken: gefährliche/brisante Lage, entscheidende Momente, Miterleben eines historischen Ereignisses, großes Durcheinander, Unsicherheit, höchst angespannte, aufgeladene Stimmung

**A3** S lesen die Aussagen der Personen, sehen dann den Film und ordnen die Aussagen zu.
In KG sprechen S über die genauere Bedeutung der Aussagen (z. B. „Wer jetzt schläft, der ist tot."). 
Hinweis: „will sehen, wie sie [die Mauer] wieder abkommt" ist Umgangssprache.

🔑 1 D – 2 F – 3 C – 4 E – 5 A – 6 B

# Das macht(e) Geschichte — 8

**A4a–b** Im PL oder in GA sprechen S über die angegebenen Fragen.

🔑 Mögliche Aussagen:
A4a:
Die Menschen sind von der Öffnung der Grenze völlig überrascht worden, niemand hat gedacht, dass die Entwicklung in diese Richtung gehen wird. Stimmung ist sehr emotional, fröhlich, die Menschen sind bewegt. Alle können offen ihre Meinung sagen. Ein etwas älterer Mann erinnert sich an den Bau der Mauer und bricht in Tränen aus. Von West- und Ostberlin kommen die Menschen zum Brandenburger Tor, klettern auf die Mauer und feiern. Viele Ostberliner gehen in den Westen, um „mal zu schauen", wollen die Mauer von der anderen Seite sehen, fahren mit der U-Bahn zum Kurfürstendamm.

A4b:
Ost-Berliner Polizisten verrichten ihren Dienst, damit alles ordentlich abläuft, gehen selbst nicht in den Westen. Viele Ost-Berliner äußern sich positiv zur Zukunft ihres Landes. Sie glauben, dass man durch grundlegende Reformen die Lebensverhältnisse in der DDR verbessern kann. Ein Befragter glaubt sogar, dass in einigen Jahren die Westdeutschen in den dann attraktiveren Osten kommen werden. Eine sofortige Wiedervereinigung will kaum jemand an diesem Abend. Niemand äußert vor der Kamera, dass er die Chance nutzen will, die DDR für immer zu verlassen.

**A5** S sehen noch einmal Clip 1 und machen sich kurze Notizen. Anschließend Sammlung in der Klasse.

🔑 Eine Wiedervereinigung wird wegen der vielen damit verbundenen Probleme eher skeptisch gesehen. Obwohl gesagt wird, dass alle die bisherige Situation in der DDR satt hätten, wollen sie das Land nicht verlassen: „Im Prinzip wollen wir ja nichts anderes", sondern „unsere Arbeit machen, bisschen verreisen, bisschen was sehen, leben wie jeder andere". Eine Frau sagt, sie gehe auf jeden Fall zurück in die DDR, weil sie an dieses Land glaube. Ein Interviewter sagt: „In zwei Jahren haben wir die Wiedervereinigung". Ein anderer glaubt daran, dass in der DDR nun durch Reformen eine neue, ökologische Gesellschaft geschaffen werden könne, die besser ist als im Westen, sodass die Leute aus dem Westen bald in den Osten ziehen wollen.

**A6** S sprechen über das eigene Erleben und tauschen sich aus, welche Ereignisse, für die Entwicklung ihres Landes / ihrer Region / der Welt wichtig waren und sie bewegt haben. Verweisen Sie hier auch noch einmal auf die Redemittel aus Modul 4 A4b.
Wenn S dies schon ausführlich in den Modulen zuvor besprochen haben, dann lassen Sie die Aufgabe weg. Oder geben Sie sie alternativ als Schreibhausaufgabe. → **Portfolio**

---

**Kapiteltests**
Kapiteltests zu jedem Kapitel finden Sie unter www.klett-sprachen.de/aspekte-junior im Bereich „Tests".
Der Zugangscode lautet: asP!jr2

# Mit viel Gefühl ... 9

**Themen** Kapitel 9 beschäftigt sich mit dem Thema „Gefühl".

**Auftakt** Den Auftakt bilden Fotos und Hörtexte zu verschiedenen Gefühlen.
**Modul 1** Hier steht das Thema „Musik" im Mittelpunkt und welche Auswirkung die Musik im Alltag auf uns hat.
**Modul 2** Dieses Modul beschäftigt sich mit der Bedeutung und Wirkung von Farben auf uns.
**Modul 3** Hier geht es darum, wie wir sprachlich unsere Emotionen und Einstellungen ausdrücken können.
**Modul 4** Im letzten Modul geht es um Gefühle in Freundschaften und um die Schwierigkeit, Entscheidungen zu treffen.
**Film** In der Reportage geht es um Musik.

**Lernziele**

**Ihr lernt**
Modul 1 | Notizen zu einem Artikel über Musik machen
Modul 2 | Zu Texten über die Wirkung von Farben Stellung nehmen
Modul 3 | Dialoge verstehen und Aussagen emotional verstärken
Modul 4 | Einen Kurzvortrag zum Thema „Familie" oder „Freundschaft" halten
Einen Forumsbeitrag mit Tipps zur Entscheidungsfindung schreiben

**Grammatik**
Modul 1 | Nominalisierung von Verben
Modul 3 | Modalpartikeln

| Auftakt | Mit viel Gefühl ... |
|---|---|

**Ü1a–c** Als HA bearbeiten. Texte werden abgegeben.

**A1a** S einigen sich in PA auf die Gefühle, die die Personen auf den Fotos ausdrücken.

Mögliche Lösung:
A: Ärger, Spannung, Stress, B: Freude, überglücklich, C: Überraschung, Freude D: Spannung, Angst, E: (das Mädchen im grünen Shirt) traurig, bedrückt, geknickt, (das Mädchen im weißen Shirt), fröhlich, mitfühlend, F: Angst, Panik, Schmerz G: Langeweile

**A1b** Im PL weitere Gefühle sammeln.

Beispiele: Glück, Zorn, Wut, Gleichgültigkeit, Zufriedenheit, ...

Hinweise, wie das Tafelbild im Unterricht eingesetzt werden kann, können über das Tafelbild im Lehrwerk digital direkt aufgerufen werden. Beschreibungen zu allen Tafelbildern finden Sie auch online als Gesamt-PDF unter www.klett-sprachen.de/aspekte-junior/lehrerhandreichungB2.

**Ü2** Als HA bearbeiten.

**Ü3a** S ordnen die Nomen zu. Vergleich in PA: Wo gibt es Unterschiede? Kurzes Gespräch in PA.

**Ü3b** Als HA bearbeiten.

# Mit viel Gefühl …

**A2a**    S hören die drei Szenen, sortieren die Fotos zu und ergänzen das Problem. Vergleich in KG, dann im PL.

🔑    1 E: Problem: in der Matheklausur eine sechs; Sorge, es dem Vater zu sagen – 2 A: versucht Computerspiel zu schaffen, ist gestresst; Vater stört ihn, deshalb schafft er den Level nicht; Diskussion mit dem Vater – 3 F: Schmerzen und Angst vorm Zahnarzt

**A2b–c**    In PA wählen S zwei Fotos und schreiben kurze Dialoge. Sie haben kurz Zeit, die Szenen zu proben und spielen sie dann in KG vor. Die anderen nennen das passende Foto.

> Dialoge mit Souffleur: In 4er KGs suchen sich S wie oben beschrieben zwei Fotos aus und schreiben Dialoge. Damit die beiden Personen beim Vorspielen der Dialoge auf Intonation und Mimik achten können, bietet sich die Vorgehensweise mit Souffleur an.
> Zwei Personen stehen sich gegenüber, hinter ihnen steht je eine Person, die ihnen immer einen Satz ins Ohr flüstert, den der/die S dann mit Intonation und Mimik laut vorspielt. Bei dem zweiten Foto wechseln Souffleur und Spieler.
> Dialoge bei kleineren Gruppen alle im PL vorspielen lassen, bei großen Gruppen in KG: **V**

> Zum Abschluss des Auftakts: Wörterjagd: Kopieren Sie die **KV 17** auf S. 162. Es sind die Wörter aus Ü1a und Ü3a.
> Die S arbeiten in PA. Jede/r S bekommt eine Kopie. Klären sie ggf. noch einmal die Bedeutung der Wörter. S nennen abwechselnd Wörter. Sagen Sie ihnen, dass S diese nicht in der Reihenfolge nennen sollen. S1 beginnt, sagt eins der Wörter auf der Kopie und deckt es mit einem Papierschnipsel ab. S2 sagt ein Wort, dieses muss sich S1 merken, darf es nicht abdecken. (Bei S2 identisch: S darf seine eigenen genannten Wörter abdecken, aber nicht die des Partners / der Partnerin).
> Wer zuerst ein Wort sagt, das schon der Partner / die Partnerin gesagt hat, hat verloren.
> Zur Konzentration bietet es sich an, die Wörterjagd zweimal zu machen, da das zweite Mal ein höheres Maß an Konzentration erfordert. **E**

## Modul 1    Mit Musik geht alles besser

**Ü1a–b**    S ordnen die Wörter in die Tabelle ein und im PL wird die Tabelle ergänzt.

> S bearbeiten Ü als HA, dann Vergleich und Ergänzung in der Klasse. **V**

**Ü2**    Vorentlastung für A1. Lesen und Klären des Wortschatzes. S wenden ihn in A1 an.

**A1**    S sprechen in KG und benutzen auch den Wortschatz aus dem ÜB.

> Lassen Sie S ein Klasseninterview machen: Sammeln Sie zu den beiden angegebenen Fragen weitere Fragen zum Thema „Musik" an der Tafel, z. B. *Was geht mit Musik besser? Wann stört euch Musik?* S sprechen mit drei anderen S und notieren in Stichpunkten ihre Antworten. Am Ende wird ein interessanter Punkt aus den Interviews im PL präsentiert. **E**

**A2a**    S lesen den Artikel und sammeln in PA die Auswirkungen von Musik. Vergleich in KG.

🔑    Zeitvertreib; Stressabbau; Beeinflussung des Empfindens durch Steuerung des Blutdrucks und damit auch der Gehirnaktivität; Sauerstoffverbrauch, Atmung und Stoffwechsel reagieren auf Musik; Senkung des Schmerzempfindens durch Ablenkung und Durchbrechen des Schmerz-Stress-Kreislaufs; Therapie von Bewegungs- und Sprachstörungen und bei Alzheimer und Demenz, denn Erinnerungen werden reaktiviert; Einfluss auf Konzentration und Lernerfolg, Inhalte werden mit Musik besser behalten, z. B. beim Lernen oder bei Werbung; wohltuend, beruhigend und gesundheitsfördernd

| | | |
|---|---|---|
| A2b | In EA lesen S den Text noch einmal und lösen die Aufgabe. Anschließend evtl. Fragen im PL klären. | |

Aussage 1 – Abschnitt 2; Aussage 2 – Abschnitt 4; Aussage 3 – Abschnitt 1; Aussage 4 – Abschnitt 3; Aussage 5 – Abschnitt 1; Aussage 6 – Abschnitt 3

„Wirbelgruppen": Kopieren Sie den Text aus Modul 1 und zerschneiden Sie ihn in die vier Abschnitte. Teilen Sie die Klasse in vier Gruppen auf. Jede Gruppe liest einen Abschnitt, dann sucht sich jede/r aus der Gruppe drei S zu den anderen Abschnitten. In der neuen Gruppe informiert jede/r die anderen über seinen/ihren Text.
Als Abschluss gehen alle wieder in die Ausgangsgruppen und lösen A2b.

Gespräch in der Klasse: Was war neu für euch? Was hat euch überrascht?

Hier bieten sich Anknüpfungspunkte zum fächerübergreifenden Unterricht an, z. B. Musik.

| | | |
|---|---|---|
| A3a | In PA bearbeiten S die Aufgabe wie beschrieben und notieren die Nomen. Vergleich im PL und Festhalten an der Tafel. | |

1. erkennen – das Erkennen; 2. entwickeln – die Entwicklung; 3. erkennen – die Erkenntnis; 4. verarbeiten – die Verarbeitung; 5. wahrnehmen – die Wahrnehmung

Anhand des Beispiels können stärkere S probieren, zuerst die Verben zu den Nomen zu notieren und dann mit dem Text zu kontrollieren.

| | | |
|---|---|---|
| A3b | In PA bearbeiten. Vergleich im PL. Weisen Sie die S darauf hin, dass es mehrere Möglichkeiten gibt, aus einem Verb ein Nomen zu machen, z. B. *erkennen – die Erkenntnis, das Erkennen*. Hierbei haben die Nomen nicht die gleiche Bedeutung: das Erkennen: etw. verstehen / Klarheit über etwas gewinnen (Prozess) – die Erkenntnis: durch Erfahrung gewonnenes Wissen (Resultat). Erinnern Sie die S daran, dass sie schon viele Nominalisierungen kennen und auch anwenden, ohne evtl. gewusst zu haben, dass es Nominalisierungen sind. Dies ist auch schon eine Vorentlastung für das C1-Niveau. | |

| Endung/Veränderung | Verb | Nomen |
|---|---|---|
| **Verb ohne Endung** (mit/ohne Vokaländerung) | abbauen | der Abbau |
| | wählen | die Wahl |
| *das* + Infinitiv | erkennen | das Erkennen |
| *die* + -ung | entstehen | die Entstehung |
| | wahrnehmen | die Wahrnehmung |
| *der* + -er | forschen | der Forscher |
| *die* + e (mit/ohne Vokaländerung) | folgen | die Folge |
| | helfen | die Hilfe |
| *die* + -schaft | wissen | die Wissenschaft |
| *die/das* + (t)nis | erkennen | die Erkenntnis |
| | erleben | das Erlebnis |
| *die* + -(t)ion | reagieren | die Reaktion |

| | | |
|---|---|---|
| Ü3 | In PA bearbeiten, Vergleich mit Lösungsschlüssel. | |
| Ü4 | Als HA bearbeiten. | |

# Mit viel Gefühl …

**A3c**  Im PL die Regel lesen, dann in EA bearbeiten, anschließend Vergleich in PA und Fragen im PL klären.

1. die Beeinflussung des Befindens durch Musik
2. die Steuerung des Blutdrucks durch Musik
3. die Reaktivierung von Erinnerungen durch Musik
4. die Senkung des Schmerzempfindens durch Musik
5. die Unterstützung von Therapien durch Musik

**TIPP**  Lesen des Tipps im PL.
Zeigen Sie Zeitungsüberschriften, damit S sehen, wo und wie häufig Nominalisierungen im Alltag benutzt werden.

**Ü5a–b**  In PA bearbeiten. Vergleich im PL.

> Notieren Sie die sechs Sätze aus dem Übungsbuch auf Streifen und auf die Rückseite notieren Sie die Lösung. Legen Sie die Satzstreifen auf verschiedene Tische im Raum, S gehen in PA von Streifen zu Streifen und nominalisieren den Satz. Dann vergleichen sie selbstständig mit der Rückseite. Fragen werden anschließend im PL geklärt.

**Ü6a**  S hören die Radiosendung und machen sich Notizen. Vergleich und Ergänzung in KG.

**Ü6b**  Vorgehen wie beschrieben. Vergleich mit Notizen im PL.

**Ü6c**  Als HA bearbeiten.

## Modul 2  Farbenfroh

**A1a**  In KG sprechen S über die Fragen in A1a.

> Weiterführende Fragen: War das schon immer die Lieblingsfarbe oder hat sie sich von der Kindheit bist jetzt geändert? Spiegeln sich die Lieblingsfarben auch in der Kleidung / im Zimmer?
> Hier können Sie auch wieder das System der Sprechmühle anwenden. S laufen zu Musik im Raum herum. Sie stoppen die Musik und sagen eine Zahl zwischen zwei und vier. So viele S stellen sich zusammen. Sie nennen eine Frage und S tauschen sich kurz darüber aus, dann machen Sie die Musik wieder an und die S laufen weiter etc.

**A1b–c**  Klären des Wortschatzes im PL. Dann sortieren S in EA die Begriffe zu den Farben. Vergleich in KG: Gibt es interessante Unterschiede oder Gemeinsamkeiten? Warum?

**Ü1**  In PA bearbeiten. Vergleich im PL und Festhalten an der Tafel.
Hinweis zur Wortbildung: Teilweise wird beim Nomen Plural gebraucht, um damit eine Farbe zu bilden: *zitronengelb, rabenschwarz*

**A2a**  HV hören und notieren. In PA Vergleich und Austausch, was ihnen geholfen hat.
In A2b wird der Text noch einmal gehört, dort finden Sie die Lösung, die den S auch in A2a geholfen haben kann.

Farbe 1: rot, Farbe 2: gelb, Farbe 3: blau

**A2b** S hören den Text noch einmal und notieren hier die Bedeutung und die Wirkung der Farbe. Vergleich und Ergänzen in KG.

Bedeutung Farbe 1: Schutz von Gegenständen/Bäumen/Tieren, Anzeigen von Gefahr und Verbot, Ausdruck von Wut und Ärger
Wirkung Farbe 1: magisch Kräfte gegen böse Einflüsse, von Weitem gut sichtbar, Signalwirkung (Flaggen, Straßenverkehr), heilend (wohltuend, wärmend, anregend, appetitfördernd), gut für Konzentration
Bedeutung Farbe 2: Ausdruck von Lebensfreude und Optimismus, Symbol für Sonne des Südens / Heiterkeit / Freundschaft und Liebe bei van Gogh, Pestflagge, Ausdruck von Neid und Eifersucht, umschaltende Ampel, Post, Verwarnung im Fußball
Wirkung Farbe 2: macht fröhlich, Warnung, gut sichtbar
Bedeutung Farbe 3: positive Stimmung, kühl/rein/tief
Wirkung Farbe 3: beruhigend/entspannend, verbreitet positive Stimmung, verringert Sorgen, lässt schlechte Nachrichten eher akzeptieren, Verwendung in Firmenlogos und Werbung wegen ihrer positiven Wirkung, senkt Fieber und Blutdruck

**A2c** In PA bearbeiten. S erstellen ein Rätsel und die anderen S raten.

> Notieren Sie die Farben auf Zettel und S ziehen eine Farbe, nach der sie recherchieren sollen. Dann Vorgehen wie oben beschrieben.

### SPRACHE IM ALLTAG
Weisen Sie S auf den Sprachkasten hin. In KG versuchen S die Bedeutung zu klären, Vergleich im PL.

Information zu den Ausdrücken:
- *gelb vor Neid werden*: sehr neidisch werden
- *im grünen Bereich sein*: alles okay sein
- *alles Grau in Grau sehen*: man kann nichts Schönes sehen, ist deprimiert
- *jemandem das Blaue vom Himmel versprechen*: jemandem Unmögliches versprechen
- *rot sehen*: wütend sein, die Beherrschung verlieren
- *sich schwarz ärgern*: sich sehr stark ärgern
- *eine weiße Weste haben*: unschuldig sein

S teilen sich die Redewendungen auf und recherchieren selbst nach ihrer Bedeutung und woher sie kommen. Sie gestalten ein kleines visuell ansprechendes Plakat und ergänzen Situationen, in denen man diese Redewendungen benutzen könnte.

> In PA schreiben S eine Situation, bei der am Ende eine dieser Redewendungen als Abschluss steht. In KG lesen sie ihre Situationen vor, stoppen aber vor der abschließenden Redewendung und die anderen sagen die passende Redewendung.

> Gespräch im PL über Redewendungen in den Sprachen der S. Welche sind ähnlich wie auf Deutsch? Welche Farben sind anders besetzt?

**A3a** In PA ordnen S die Redemittel zu.

| A Aussagen wiedergeben | B Beispiele nennen | C Äußerungen bewerten |
|---|---|---|
| Das Thema des Textes ist … Im Text wird behauptet, dass … Die Haupaussage des Textes ist: … | Dazu fällt mir folgendes Beispiel ein: … Mir fällt als Beispiel sofort … ein. Ich möchte folgendes Beispiel anführen: … | Ich bin anderer Meinung, denn … Meiner Meinung nach … Ich halte diese Meinung für richtig/falsch, weil … Ich kann dem Text (nicht) zustimmen, weil … |

125

# Mit viel Gefühl …

**A3b** In PA wählt jede/r S einen Text, liest die Fragen und macht sich Notizen in Stichpunktform. Weisen Sie die S darauf hin, dass sie keine kompletten Sätze schreiben, da sie frei sprechen sollen.

**A3c** Nun präsentieren S Thema und Inhalt des Artikels und nehmen persönlich Stellung. Dazu haben sie je drei Minuten Zeit. Geben Sie nach drei Minuten das Zeichen zum Wechseln.

> Zur Verständniskontrolle stellt der Zuhörer / die Zuhörerin am Ende ein bis zwei Fragen zum Inhalt des Textes.

**Ü2** Als HA bearbeiten.

## Modul 3  Sprache und Gefühl

In diesem Modul sind die Modalpartikeln das grammatische Thema. Die Bedeutung der verschiedenen Modalpartikeln ist meist nur in den unterschiedlichen Kontexten zu erfassen und je nach Kontext und Betonung variiert die Bedeutung. Dadurch sind sie kompliziert für Fremdsprachenlerner, zumal Deutsch eine an Modalpartikeln reiche Sprache ist. Aber obwohl sie oft als Füllwörter betrachtet werden, sind sie für die gesprochene deutsche Sprache unerlässlich, da sie dem Satz einen ganz bestimmten Sinn geben. Lässt man sie weg, verändert sich oft die Bedeutung.
Raten Sie S, Modalpartikeln in bestimmten Sätzen auswendig zu lernen, damit sie leichter erinnern, in welchen Kontexten man sie benutzen kann.

**A1a** S hören und lesen das Gespräch und vervollständigen die Aussage. Vergleich in KG.

🔑 c. lebendiger

**A1b** S hören die Sätze noch einmal und sprechen exakt nach, indem sie die Betonung imitieren. Hier finden sich z. B. erste Kontextsätze, die man zum Erinnern lernen kann. Dann lesen sie die Variante 2 noch einmal in PA und üben so die Intonation.

**A1c** Vorgehen wie beschrieben, Zuordnung in PA.

🔑 A: Vorschlag/Ermunterung, B: Überraschung, C: Freundlichkeit/Interesse, D: Aufforderung/Befehl, E: Empörung, F: Überraschung, G: Überraschung

👆 Hinweise, wie das Tafelbild im Unterricht eingesetzt werden kann, können über das Tafelbild im Lehrwerk digital direkt aufgerufen werden. Beschreibungen zu allen Tafelbildern finden Sie auch online als Gesamt-PDF unter www.klett-sprachen.de/aspekte-junior/lehrerhandreichungB2.

**A1d** In PA lesen S Dialoge aus A1c mit der Betonung, die sie in A1c zugeordnet haben.

> Kurzes Gespräch im PL: Welche Partikeln kennen S schon? In welchen Kontexten? Wie ist die Bedeutung dort?
> Beispiel: *Wie heißt du denn?*, *Wo geht es denn zum Bahnhof?* (macht den Satz freundlicher) *Das ist ja unglaublich!* (Überraschung)
> Gibt es Partikeln oder ähnliche Phänomene auch in eurer Muttersprache oder in anderen Sprachen, die ihr könnt?

**Ü1a–b** S ergänzen die Lücken und sprechen die Sätze dann abwechselnd in PA laut. Der Partner / Die Partnerin achtet auf die Betonung.

**A2a** S notieren die Tabelle ins Heft und ergänzen die Bedeutung und Beispielsätze aus A1c.

| Satzart | Partikel | Bedeutung | Beispiel |
|---|---|---|---|
| Aussagen und Ausrufe | aber | Freundlichkeit<br>Überraschung | Das ist aber schön, dich zu sehen.<br>Der sieht aber sympathisch aus! |
| | doch | Freundlichkeit<br>Empörung<br>Vorschlag/Ermunterung | Das mache ich doch gerne.<br>Das ist doch unmöglich!<br>Komm doch mit ins Kino! |
| | ja | Freundlichkeit<br>Überraschung<br>Empörung | Das ist ja nett.<br>Du bist ja auch hier!<br>Das ist ja gemein! |
| Aufforderungen, Aussagen, Fragen | mal | Aufforderung/Befehl | Hilf mir mal die Tüten tragen! |
| Fragen | denn | Freundlichkeit/Interesse<br>Überraschung | Wie geht's dir denn?<br>Sprecht ihr denn wieder miteinander? |

Eigenkontrolle mit Grammatikrückschauseite im KB.

**A2b** S lesen die Sätze aus der Tabelle noch einmal und ergänzen die Regel. Vergleich im PL.

… **hinter** dem Verb.

**Ü2a–b** In PA sortieren S die Sätze zu den Bildern und schreiben dann einen Dialog. Ein paar Dialoge in der Klasse vorspielen lassen.

**Ü3** In PA bearbeiten. Anschließend lesen S die Dialoge laut und achten auf die Betonung bei den Modalpartikeln.
Auch als HA möglich.

**A3a** In PA lösen S die Aufgabe. Vergleich im PL.

1. ja, aber, 2. doch, 3. denn, 4. ja, aber, 5. doch, 6. ja, aber, 7. denn, 8. mal, 9. denn

> Schnellere S sprechen die Sätze in PA mit den Modalpartikeln und der gewählten Bedeutung. **B**

**A3b–c** S schreiben kleine Mini-Dialoge. Je kreativer, desto schöner.
Mini-Dialoge vor der Klasse vorlesen und spielen. Dazu sollen die S auch Mimik und Gestik benutzen.
Was hat euch am Dialog gefallen?

## Modul 4  Gemischte Gefühle

**A1a** In KG/PL sprechen S darüber, welche Gefühle Lieder auslösen können. S nennen Beispiele von konkreten Liedern.

> **STRATEGIE** Im PL lesen und kurz über die Erfahrungen der S damit sprechen.

**Ü1** Als HA geeignet. Hierzu passt auch die Ü3.

# Mit viel Gefühl …

**A1b** S hören das Lied und beantworten die Fragen. Weitere Fragen: Wie gefällt euch das Lied? Was gefällt euch (nicht) an dem Lied?

Mögliche Lösung:
1. Freundschaft, Gemeinschaftsgefühl, Loyalität, Unterstützung, Zuverlässigkeit, Lebensfreude, Zusammenhalt, Fröhlichkeit, Feierlaune, Euphorie, Glück, Lust auf die Zukunft / keine Angst vor der Zukunft, Beflügeltsein
2. positiv, optimistisch, fröhlich, euphorisch; „Ein Hoch auf …" bedeutet, dass man etwas oder jemanden feiert und gratuliert
3. „uns": alle Menschen, er und seine Freunde, diejenigen, die jetzt dabei sind

> Informationen zu Andreas Bourani und das Lied „Auf uns":
> Andreas Bourani wurde am 2. November 1983 in Augsburg (Bayern/Deutschland) geboren. Er ist Musiker und Liedermacher. Bourani wurde adoptiert und ist wahrscheinlich nordafrikanischer Herkunft. Er lebte lange in München, aber seit 2008 lebt er in Berlin.
> 2003 nahm er an der ZDF-Castingshow „Die deutsche Stimme 2003" teil. Seit 2010 hat er einen Plattenvertrag bei Universal Music und trat in Vorprogrammen bekannter Künstler auf. 2011 erschien sein Debütalbum „Staub & Fantasie". In den Jahren 2011 und 2012 ging er auf Deutschlandtournee. 2014 erschien sein zweites Album „Hey" und seine fünfte Single „Auf uns", die auf Platz eins der deutschen Single-Charts stieg.
> Die ARD machte das Lied im Juni 2014 zum WM-Song für ihre Berichterstattung von der Fußballweltmeisterschaft in Brasilien. Das Lied wurde nach dem Sieg gespielt und Bourani trat auch live auf der Fanmeile damit auf. Auf die Idee für das Lied war Bourani ursprünglich nach einem wunderbaren Abend mit Freunden gekommen, der voller Euphorie war und bei dem sie auf sich angestoßen hatten. Weitere Informationen zu Bourani: http://www.bourani.de/

**A1c** In EA ergänzen S die Satzanfänge, Vergleich in KG.

**A1d** S schreiben in KG einen eigenen Refrain und stellen ihn dann in der Klasse vor.

> Bei Gruppen, die gerne singen, können Sie die Refrains kopieren und alle singen sie, am besten mit einer Karaokeversion, die sie bei youtube finden können.

 Zu den Filmseiten, wo es um Musik geht, finden Sie eine Kopiervorlage, mit der die S ihre Lieblingslieder präsentieren können. Falls Sie die Filmseiten nicht bearbeiten, können Sie **KV 18** auch an dieser Stelle einsetzen (auf den Filmseiten wird noch mehr Bezug auf verschiedene Musikstile/Musikrichtungen genommen, das ist in KV 18 auch ein Punkt).

**Ü2a** In PA lesen S die Gedichte erst leise für sich, um sie dann dem Partner / der Partnerin mit dem darin beschriebenen Gefühl vorzulesen.

**Ü2b** S schreiben selbst ein Elfchen zu einem Gefühl. Um den S die Hemmungen zu nehmen, geben Sie ein Beispiel an der Tafel.
Notieren Sie 11 Striche an der Tafel – lassen Sie die S ein Gefühl nennen und entwickeln Sie gemeinsam mit der Klasse ein Elfchen. Dann arbeiten die S in PA.
Anschließend werden die Gedichte vorgetragen und aufgehängt. → **Portfolio**

**Ü3a** Als HA geeignet.

**Ü3b** Als HA vorbereiten, dann Gespräch in der Klasse.

**Ü4** Als HA bearbeiten. S wählen ein Foto und beschreiben in einem kurzen Text die Gefühle, das Verhalten und die Gedanken der Person(en) auf dem Bild. → **Portfolio**

> „Armspiel" für Gruppen, in denen ein wenig Körperkontakt kein Problem ist: Teilen Sie die Gruppen so auf, dass es Dreier- oder Vierergruppen sind, die nur aus Jungen oder Mädchen bestehen. S schreiben einen Monolog zu einem der Fotos mit den Gedanken und Gefühlen der Person. Anschließend stellen sich zwei Personen aus der Gruppe hintereinander. Die vordere Person A hat die Hände auf dem Rücken und die hintere Person B steckt die Hände nach vorne. Person C (oder Person C+D) liest den Dialog und Person A macht die treffende Mimik dazu und Person B die Gestik.
> Bevor S den Monolog der Klasse präsentieren, können sie es in den Gruppen für sich allein einmal proben.

**A2** (P DSD) Diese Aufgabe entspricht dem Prüfungsformat Sprechen, Teil 1 der Prüfung DSD II. Weitere Informationen zur Prüfung DSD II finden Sie ab S. 173.
Lesen Sie die Anleitung zum Kurzvortrag im PL und weisen Sie S darauf hin, dass sie genauso vorgehen sollen. Zur Verdeutlichung sammeln Sie ein paar Beispiele im PL z. B. zum Thema 1: Mögliche Beispiele: *Freundschaft: Konflikte: mein Freund ist besser im Sport/Unterricht als ich – mein Freund hat noch viele andere Freunde und manchmal fühle ich mich zurückgesetzt – Zusammenhalt: Bei Problemen, ist er immer da für mich – ich kann ihn immer anrufen – wir machen viele Hobbys zusammen – Emotionen: Freundschaft ist wichtig, weil ich ihm vertrauen kann – ich bin glücklich, wenn er glücklich ist etc.*
Raten Sie den S, konkrete Beispiele aus ihrem Leben zu geben.
S bearbeiten die Schritte in EA. Geben Sie ihnen dafür 15–20 Minuten Zeit. In der Prüfung haben die S 20 Minuten Vorbereitungszeit.
Dann setzen S sich in PA zusammen und halten sich gegenseitig ihre Kurzvorträge und stellen sich Fragen. Planen Sie auch hierfür noch einmal 20 Minuten ein.
Hier können sich auch wieder den Beobachtungsbogen **KV 16** aus Kapitel 8 nutzen.

**A3a** Im PL tauschen sich S aus. Was für ein Typ sind sie? Welche Entscheidungen fallen ihnen leicht, welche schwer? Warum?

**A3b** Im Anschluss daran lesen S den Text und notieren Gründe für das Verschieben von Entscheidungen und Hilfe dagegen. Vergleich in PA.

Gründe für das Verschieben: eine Möglichkeit fällt bei Entscheidungen weg – man will „alles haben" – bei einer Entscheidung muss man Stellung für/gegen etwas beziehen – Verantwortung übernehmen – viele haben Angst davor – Angst vor falschen Entscheidungen
Hilfe dagegen: Pro- und Contra-Listen helfen beim Reflektieren – sachliche Menschen sollen auch auf das Bauchgefühl achten (bei Berufsentscheidungen bedenken, dass Arbeit z. B. auch Spaß machen soll) – falsche Entscheidungen: sich bewusst machen, dass man im Leben immer wieder Fehler machen wird und dass falsche Entscheidungen einen Sinn haben – Lerneffekt für das nächste Mal

> Anhand des Textes die schriftliche Textzusammenfassung üben: S erstellen in PA aus ihren Notizen eine kurze Zusammenfassung zum Text. Müssen über ihre Notizen hinaus, weitere Punkte genannt werden?

**A3c** Im KG weitere Tipps sammeln und diese dann im PL sammeln.

Mögliche Vorschläge: darüber schlafen; Freunde nach Argumenten fragen

**Ü5a–b** Als HA bearbeiten.

**A4** In PA schreiben S Tabea eine Antwort und geben mithilfe von A3b+A3c Tipps, was sie ihrer Freundin raten kann. → **Portfolio**
Die Texte werden in GA gelesen: Wer hat was geraten? Was wäre für S persönlich hilfreich?

# Mit viel Gefühl …

> Bei Zeit und für Gruppen, die sich mit dem Schreiben schwertun, zum weiteren Üben: Nach diesem Forumsbeitrag verfassen S eine E-Mail, in der sie (fiktiv) um einen Ratschlag bitten. Die E-Mails werden ausgetauscht und ein/e andere/r S antwortet. Danach lesen S ihre Antwort-Mail und sprechen mit dem Verfasser / der Verfasserin. Was hat ihnen geholfen? **E**

**Ü6**
GI

Diese Übung entspricht dem Prüfungsformat Lesen 3 des Goethe-Zertifikats B2 für Jugendliche. Weitere Informationen zum Goethe-Zertifikat B2 finden Sie ab S. 166.
Die Klasse möchte das Goethe-Zertifikat machen: In EA bearbeiten. Vergleich und Kontrolle in PL: Was war schwierig? Wie kann man die Schwierigkeiten lösen?
Die Klasse möchte die Prüfung nicht machen: Als HA bearbeiten und Selbstkontrolle, dann im PL besprechen, welche Fehler häufiger gemacht wurden und wie man diese vermeiden kann.
Beispiele: *Ich markiere Schlüsselwörter. Ich notiere, in welchen Zeilen die Fragen beantwortet werden, um am Ende noch einmal vergleichen zu können. Ich achte auf Synonyme bei den Antwortmöglichkeiten und im Text.*

**A5a** Eingangstext im PL vorlesen lassen und ggf. klären. In EA durchlaufen S den Entscheidungsbaum. Austausch in KG: Wofür haben sich S entschieden?

**A5b** In KG vorgehen wie beschrieben. Hier können S ihrer Kreativität freien Lauf lassen.

**A5c** Aufhängen der Entscheidungsbäume. S lesen diese und durchlaufen ein paar Entscheidungsbäume ihrer Wahl. Danach Austausch im PL, welcher Baum wem am besten gefällt und warum.

S erstellen zu ihrem in KG gewähltem Thema ein visuell ansprechendes Plakat. Die Plakate werden aufgehängt und von jeder Gruppe vorgestellt. Dann können sich S für ein bis zwei Plakate entscheiden und die Bäume durchlaufen. Zu welcher Entscheidung sind sie gekommen?
S bitten weitere Personen (Freunde aus der Schule, aus Vereinen, aus der Nachbarschaft etc.), den Entscheidungsbaum zu bearbeiten und stellen die Ergebnisse zusammengefasst in der Klasse vor. Wie war der Entscheidungsweg der anderen Personen? Fanden sie den Entscheidungsbaum hilfreich? Fehlte ihnen etwas in dem Baum? Hatten sie noch weitere Ideen?

## Aussprache   Mit und ohne Ironie sprechen

**Ü1a** Hören der Dialoge und in PA auswählen, welche ironisch sind.
Vergleich im PL und bei Abweichungen noch einmal hören.

**Ü1b** In PA bearbeiten, dann Vergleich in KG.

**Ü1c** In PA lesen, mit und ohne Ironie. PA wechseln.

> In PA kann man zusätzlich die Dialoge aus Ü1a einmal ironisch und einmal nicht ironisch sprechen lassen. S achten dabei auf die Merkmale für Ironie. **E**

Hinweis: Ideen, wie Sie mit den Wortschatzseiten arbeiten können, finden Sie in der Einleitung dieses Lehrerhandbuchs auf Seite 14.

## Film   Musik

**A1a** S sehen sich das Bild an und wiederholen den Wortschatz zu Instrumenten, mit dem sie sich auch schon in Modul 1 beschäftigt haben, bzw. erweitern diesen. Erst in KG, dann im PL.

**A1b**    Wenn Sie über das Thema schon in Modul 1 und 4 gesprochen haben, fokussieren Sie hier v. a. auf das Musik machen.

**A1c**    S erstellen eine Klassenstatistik: Sie fragen sich gegenseitig, welche Instrumente sie spielen. Halten Sie die Ergebnisse an der Tafel fest.

> Wenn es in ihrer Klasse wenig S gibt, die ein Instrument spielen, dann können S auch diese Fragen stellen: Welches Instrument würdest du gerne lernen? Was ist dein Lieblingsinstrument? Und damit wird die Klassenstatistik geführt. **V**

> Vorgehen nach der „Kugellager"-Methode. Stellen Sie die erste Frage und die sich gegenübersitzenden S sprechen darüber. Nach ca. 3 Minuten rücken die im Außenkreis Sitzenden einen Stuhl nach rechts, nun stellen Sie die nächste Frage und wieder sprechen S. etc. Weitere Fragen: *Machst du Musik? Wo? Wann? Mit wem? – Welches Instrument spielst du bzw. würdest du gerne lernen? – Was ist dein Lieblingsinstrument? Warum? Welches Instrument magst du gar nicht? Warum? – Findest du es wichtig, ein Instrument zu spielen? Warum?* **E**

**A2a–b**    S sehen den ersten Teil des Films und notieren die fehlenden Informationen zu A2a und A2b.

A2a:
1. 14 Mio. – 2. 75.000 – 3. Bonn – 4. Blockflöte
A2b:
Gitarre – Klavier – Stimme
Kurzer Vergleich im PL mit ihrer eigenen Umfrage in der Klasse aus A1c. Sind die beliebten Instrumente gleich oder gibt es ganz andere in der Klasse?

**A3a**    S sehen den zweiten Teil des Films und machen sich Notizen. Vergleich im PL.

1. Stimme ist ein natürliches Instrument; man muss nichts kaufen, jeder kann es – 2. Musik spielt große Rolle, aber viele Kinder haben nicht mehr so viel Zeit dafür wie früher – 3. befreit, macht Spaß; Freiheit, vom Alltag ablassen, einfach ausschalten; einfach spielen und alles andere vergessen

**A3b**    In KG sprechen S über passende Adjektive zur Musik der Band und wie sie ihnen gefällt. Jede KG stellt kurz ihr Gruppenergebnis im PL vor.

**A3c**    In KG teilen S die Adjektive auf und suchen Musikrichtungen für sie. Vergleich und Diskussion im PL.

**A4a**    S sehen den dritten Teil und notieren die Fragen. Vergleich im PL.

1. Welche Art von Musik macht ihr?
2. Schreibt ihr eure Texte selber?
3. Könnt ihr von der Musik leben?

**A4b**    S sehen den dritten Teil noch einmal und ergänzen die Antworten.

1. Ska, Reaggae, Rocksteady
2. ja, Hauptbestandteil der Musik, Covern finden sie nicht interessant
3. nein, können und wollen sie nicht, haben andere Berufe, Musik ist ihr Hobby

# Mit viel Gefühl … 9

 S bereiten als HA ihr Lieblingslied vor. Dazu können Sie **KV 18** auf S. 163 kopieren und an alle S verteilen. S füllen den „Steckbrief" in Stichpunkten aus und stellen dann ihr Lied – je nach Gruppengröße – in KG oder im PL vor. Sagen Sie ihnen, dass sie dieses Lied mitbringen sollen, sodass die Klasse ein Stück davon hören kann.
Am Ende werden alle Steckbriefe in der Klasse aufgehängt.

**A5a** S lesen den Text und fassen die wichtigsten Informationen zusammen.

 18 Jahre: volljährig, ausgehen, solange wie man will
unter 16 Jahren: Kino bis um 22 Uhr; Konzertbesuch: Erlaubnis der Eltern; Disco/Club nur mit Vater oder Mutter
ab 16 Jahren: ohne Eltern in Club/Disco bis 24 Uhr, mit „Muttizettel" auch länger (Muttizettel: ist die Erlaubnis mit einer bestimmten volljährigen Person länger in der Disko bleiben zu können, braucht Unterschrift von den Eltern und den Namen der volljährigen Person)

**A5b** S berichten und vergleichen mit ihrem Heimatland. Gespräch im PL.

---

**Kapiteltests**
Kapiteltests zu jedem Kapitel finden Sie unter www.klett-sprachen.de/aspekte-junior im Bereich „Tests".
Der Zugangscode lautet: asP!jr2

# Ein Blick in die Zukunft — 10

**Themen**  Kapitel 10 beschäftigt sich mit dem Thema „Zukunft".

**Auftakt**  Den Einstieg bildet ein Sience-Fiction-Hörspiel, das davon erzählt, wie das Leben in der Zukunft aussehen könnte.
**Modul 1**  Modul 1 beschäftigt sich mit Robotern und ihrem zukünftigen Platz in der Gesellschaft.
**Modul 2**  Hier geht es um das Lernen in der digitalen Welt und mögliche Veränderungen.
**Modul 3**  In diesem Modul dreht sich alles um den Mars und die Weltraumforschung.
**Modul 4**  Den Abschluss bildet das Thema „Zukunftsvisionen" in seinen unterschiedlichen Aspekten.
**Film**  Eine kurze Reportage behandelt das Thema „Zugvögel" und was die Veränderung ihres Verhaltens aussagt.

**Lernziele**

**Ihr lernt**
**Modul 1**  Über die Rolle und den Nutzen von Robotern in der Zukunft sprechen
**Modul 2**  Einen Text zum Thema „E-Learning" verfassen
**Modul 3**  Ein Interview über „Die Reise zum Mars" verstehen
**Modul 4**  Einen Forumsbeitrag zu Entwicklungen in der Zukunft schreiben
Eine Präsentation zum Thema „Mobilität" halten

**Grammatik**
**Modul 1**  Partizipien als Adjektive
**Modul 3**  Präpositionen mit Genitiv

## Auftakt — Ein Blick in die Zukunft

**Ü1a, Ü2, Ü3**  Als Einstieg in das Kapitel eignet sich die Wortschatzseite im ÜB. S bearbeiten als HA vor dem Kapitel die genannten Übungen.

**Ü1b**  In KG sprechen S über die Wörter, die sie in Ü1a ausgewählt haben, und begründen ihre Wahl.

**A1a**  S hören das Science-Fiction-Hörspiel und bringen die Bilder in die richtige Reihenfolge.

C – A – E – G – B – F – D

Vor dem HV sortieren S in PA die Bilder in eine eigene Reihenfolge und schreiben eine kleine Geschichte, indem sie zu jedem Bild ein bis zwei Sätze schreiben.
HV hören und mit der eigenen Geschichte vergleichen. Welche ihrer Erwartungen haben sich erfüllt, was war anders?

S hören das HV und ordnen zu. Stoppen Sie das Hörspiel kurz vor dem Ende (nach dem Satz des Arztes: „Natürlich bin ich echt! Du siehst mein Hologramm – Du kennst dich doch aus mit der Technik, das hat dich doch schon immer interessiert!") und lassen Sie S Vermutungen anstellen, wie es weitergehen könnte. Notieren Sie die Ideen an der Tafel und lassen Sie dann das HV zu Ende hören.

**A1b**  In PA fassen S das Hörspiel zusammen, indem sie abwechselnd über die Bilder berichten.

# Ein Blick in die Zukunft

> „Kordel-Geschichte": S setzen sich zu viert zusammen und erzählen die Geschichte. Als Sprechhilfe können Sie S eine zwei Meter lange Kordel in die Hand geben, die ca. alle 50 cm einen Knoten hat. Ein S bekommt die Kordel und beginnt, die Geschichte zu erzählen. Während des Sprechens wickelt er die Kordel zu einem Knäuel auf, der Knoten beendet die Sprechzeit und das Knäuel wird wie bei einer Kettenübung weitergegeben.

**A2** In KG schreiben S eine kurze Geschichte über einen Montagmorgen in der Zukunft. Im PL werden die Geschichten vorgelesen und kommentiert. → **Portfolio**

**Ü4** Als HA bearbeiten.

**Ü5** Als HA bearbeiten. Diese Übung passt inhaltlich gut in das Modul 4 und kann auch dort bei A4a bearbeitet werden. → **Portfolio**

## Modul 1 Roboterwelt

**A1** S beschreiben in PA die Fotos und nennen die Aufgaben der Roboter.

Mögliche Lösung:
A: Auto fahren, B: Arbeiten im Haushalt übernehmen, C: im Unterricht helfen, D: Informationen recherchieren

Hier bieten sich Anknüpfungspunkte zum fächerübergreifenden Unterricht an, z. B. Technik oder Informatik.

**A2a** S arbeiten in PA und teilen die Texte auf. Jede/r S liest zwei Texte und notiert die Schlüsselwörter. Anschließend informieren sich die S gegenseitig.

**Ü1** Als HA bearbeiten.

**A2b** Vorgehen wie beschrieben.

Mögliche Lösung:

|   | Vorteile | Nachteile |
|---|---|---|
| 1 | Qualität wird besser, bestimmte Dinge gehen schneller, eintönige Jobs verschwinden | Robotern fehlt Empathie, Einfühlungsvermögen, Verhandlungsgeschick, mehr Arbeitslose, überflüssige Menschen, alles automatisiert, es darf nichts Unvorhergesehenes passieren |
| 2 | Roboter zuverlässiger als Menschen, weniger Unfälle, weniger Stress auf der Straße, man kann die Zeit für etwas anderes nutzen | kein Spaß mehr, keine eigene Entscheidung mehr, auch Roboter fallen bei technischen Problemen aus |
| 3 | Hilfe für kranke Kinder, verlieren durch die Krankheit keine Zeit, fühlen sich nicht abgeschnitten von der Klasse, Roboter steckt niemanden an | keine persönliche/körperliche/echte Interaktion möglich, nur virtuell, kann nicht an Lernspielen teilnehmen |
| 4 | Zeitersparnis, unangenehme Arbeiten übernimmt der Roboter, Hilfe für nicht mehr mobile Menschen | mehr Stromverbrauch (Roboter verbraucht Strom), kranke und alte Menschen mit so einem Roboter werden noch stärker isoliert, Roboter kann keine Emotionen wie Empathie zeigen |

# 10

| | |
|---|---|
| A2c | Klären der Redemittel im Kasten. S notieren Redemittel, die sie verwenden wollen.<br>Neue PA: S sprechen über ihre Argumente und entscheiden sich für einen Roboter. |

> S notieren die Redemittel, die sie verwenden wollen auf Kärtchen, die sie dann während des Gesprächs ablegen können. **V**

| | |
|---|---|
| Ü2 | S schreiben unter Verwendung der Redemittel aus A2c einen Text als HA. → **Portfolio** |
| A3a | S lesen die Sätze und notieren, in welchen Sätzen sie Partizip I finden und in welchen Partizip II. |

Partizip I: 1., 3.; Partizip II: 2, 4.

Lesen Sie gemeinsam den Grammatikkasten.

> Wiederholen Sie – wenn nötig – die Formen und Bedeutung der beiden Partizipien. Wie wird Partizip I als Adjektiv gebildet? Wie Partizip II? Was bedeutet Partizip I, was Partizip II? Kontrolle über die Grammatik-Rückschau. **B**

| | |
|---|---|
| A3b | Im PL lesen der Beispiele. In PA formulieren S die Beispiele in Relativsätze um. |

2. …, der selbstständig denkt und arbeitet, …; 4. …, die von Robotern unterstützt werden, …;
6. …, die gestern eröffnet worden ist, …

| | |
|---|---|
| Ü3a–e | Als Vorentlastung für A3c bearbeiten S Ü3 in PA. Vergleich im PL.<br>Lassen Sie Ü3a und Ü3e im Unterricht bearbeiten, die anderen bieten sich auch als HA an. |

> Schnellere S setzen sich vorher mit anderen S zusammen und vergleichen ihre Lösungen. **B**

| | |
|---|---|
| A3c | In PA bearbeiten. |

> Bei schwächeren Gruppen: Sagen Sie den S als Tipp, dass sie erst bestimmen sollen, ob sich im Relativsatz eine Passivstruktur befindet oder nicht. Dann wissen sie, welches Partizip sie verwenden müssen. **B**

1. Emotionen zeigende Roboter faszinieren viele Menschen.
2. Ein lange geplantes Roboter-Auto soll bald auf den Markt kommen.
3. Von Robotern gebaute Geräte haben oft weniger Defekte.
4. Forscher wollen eigenständig denkende Roboter entwickeln.

> Zum weiteren Üben der Partizipien als Adjektive kopieren Sie die **KV 19** auf S. 164 und zerschneiden Sie sie in Karten. Am besten kopieren Sie die Nomen in einer Farbe und die Verben in einer anderen Farbe. S üben in KG. S legen die Karten alle verdeckt und verteilt auf den Tisch. Ein S zieht je ein Verb und ein Nomen und versucht, eine sinnvolle Verbindung mit Partizip I/II zu bilden (Beispiel: Haare + waschen: die gewaschenen Haare oder Wasser + kochen: kochendes Wasser). Nennt S eine richtige Kombination, darf er/sie die Karten behalten, sonst legt er/sie sie wieder dorthin, wo er/sie sie aufgenommen hat. So können sich S merken, wo bestimmte Wörter liegen. Geben Sie eine Zeit vor, das Spiel muss nicht aufgehen.
> Im Anschluss daran bilden die S in KG die Relativkonstruktion zu den Karten-Paaren. **E**

# Ein Blick in die Zukunft

**A3d** In PA bearbeiten.

Beispiele:
2. ein von Robotern gebautes Auto – ein neues von Robotern gebautes Auto
3. das auf der Messe präsentierte Modell – das heute auf der Messe präsentierte Modell
4. ein Fußball spielender Roboter – ein mit Kindern Fußball spielender Roboter

> Bei stärkeren Gruppen in Dreier/Vierer-KG als Kettenübung bearbeiten lassen und jede/r S muss eine neue Erweiterung ergänzen.

Hinweise, wie das Tafelbild im Unterricht eingesetzt werden kann, können über das Tafelbild im Lehrwerk digital direkt aufgerufen werden. Beschreibungen zu allen Tafelbildern finden Sie auch online als Gesamt-PDF unter www.klett-sprachen.de/aspekte-junior/lehrerhandreichungB2.

**A4** S schreiben in PA einen kurzen Text zu ihrem Fantasie-Roboter. → **Portfolio**
Die Texte werden aufgehängt, von allen gelesen und jede/r S vergibt einen Punkt für den interessantesten Roboter.

> Zur Wiederholung von Partizip I und II. In PA zeichnen S zwei bis drei Bilder: z. B. einen Mann mit Hut, der lacht / einen Vogel in der Luft etc. Dann gehen alle von Bild zu Bild und geben den Bildern Titel mit Partizip I oder II, je nachdem, was dort zu sehen ist (lachender Mann mit Hut/ fliegender Vogel. Am Ende werden die Bilder mit ihren verschiedenen Titeln aufgehängt und ggf. korrigiert.

| Modul 2 | Lernen in der digitalen Welt |
|---|---|

**A1a** Sammeln Sie im PL Nutzungsmöglichkeiten des Internets an der Tafel. Anschließend erstellen S eine Klassenstatistik – in PA fragen sich S gegenseitig, wie oft und wann sie die gesammelten Internetmöglichkeiten nutzen. Am Ende wird alles zusammengetragen und an der Tafel festgehalten.

**A1b** S lesen den Text und entscheiden sich für eine Überschrift.

C: So lernen Schüler in der Zukunft

**A1c** In PA notieren S die Hauptaussagen pro Absatz.

Mögliche Lösung:
Absatz 1: Auch 2030 gibt es die Schule als Ort zum Lernen noch.
Absatz 2: Für abgelegene Orte oder im Krankheitsfall wird per Videokonferenz unterrichtet.
Absatz 3: Die Schüler können durch die digitalen Medien in ihrem eigenen Tempo und auf ihr Niveau abgestimmt lernen.
Absatz 4: Die Schulzeiten werden durch gemeinsame Kernzeiten und Einzelarbeitsphasen flexibler werden.

**A1d** Als Vorbereitung: In PA notieren sich S ein paar Beispiele / eigene Erfahrungen zu dem Thema.

Mögliche Beispiele: Nutzung von Tablets an ihrer Schule / Projektarbeit über Lernplattformen / Gibt es das Fach Informatik an der Schule? / Welche digitale Ausrüstung haben sie? / Was bräuchten sie?

In KG sprechen S mit den angegebenen Redemitteln über den Text mithilfe der Hauptaussagen aus A1c.

# 10

| | |
|---|---|
| Ü1a–b | Als HA bearbeiten. |
| Ü2a | S hören den ersten Teil und machen sich Notizen. Vergleich im PL. |
| Ü2b | HV des zweiten Teils. Erst Vergleich und Ergänzen in KG, dann evtl. noch einmal hören und die Ergebnisse im PL besprechen. |
| A2a | S sehen sich in PA die Grafik an und notieren den Zusammenhang zum Text und neue Aspekte der Grafik. |

🔑 Mögliche Lösung:
Zusammenhang: Grafik spricht auch über digitale Medien und Lernen
neue Aspekte: Grafik ist aus der Lehrersicht, es geht um Nachteile digitaler Medien

| | |
|---|---|
| A2b | S notieren anhand des Redemittelanhangs Redemittel, die sie bei der Beschreibung der Grafik verwenden wollen. Dann Gespräch über die Grafik in PA. |
| A3 | Frage an der Tafel notieren und im PL zu jedem Punkt Ideen sammeln. In einem zweiten Schritt sammeln Sie zu den einzelnen Punkten passende Redemittel. |

> Teilen Sie die Klasse in KG. Jede KG bekommt eine Frage und überlegt sich Ideen und passende Redemittel und notiert sie auf ein DIN A4-Plakat. Kopieren Sie anschließend die Plakate und verteilen Sie sie an alle. Die KG stellen ihre Plakate vor.

**STRATEGIE** Vor der Bearbeitung von A4 lesen S die Strategie im PL.

| | |
|---|---|
| A4<br>P<br>DSD | Diese Aufgabe entspricht dem Prüfungsformat Schreiben der Prüfung DSD II. Weitere Informationen zur Prüfung DSD II finden Sie ab S. xx.<br>Vorgehen in PA wie beschrieben. Als Hilfe dienen vor allem die Ideen und Redemittel aus A3. Weitere Redemittel finden S im Redemittelanhang. → **Portfolio**<br>Bei Zeitdruck: Auch als HA geeignet. |

## Modul 3  Der Mars ruft

| | |
|---|---|
| A1a | S ordnen die Umschreibungen den Bildern zu. |

🔑 1. b – 2. a. – 3. f – 4. e – 5. d – 6. c

| | |
|---|---|
| A1b | Gespräch im PL. |
| Ü1 | Als Alternative kann vor A1b auch erst das Quiz im ÜB gemacht werden. S lösen das Quiz in PA – Vergleich im PL. Dann Gespräch über weiteres Wissen zu Weltall und Sonnensystem im PL. |
| A1c | S lesen den Text und notieren die angekündigten Themen. Vergleich in der Klasse. Bei unterschiedlichen Themen, begründen S mit dem Text. |

🔑 Reise zum Mars: Ist das möglich? Welche Probleme gibt es? Was wurde bisher schon erreicht? Wie sinnvoll sind die Investitionen in solche Forschungsprojekte?

# Ein Blick in die Zukunft

**A2a** Vorgehen wie beschrieben. In PA austauschen und ergänzen, evtl. noch einmal hören.

1. von Raumsonden. die den Mars umkreisen und Fotos zur Erde schicken + unbemannte Marsmissionen
2. alle Informationen über den Mars: Temperaturen, Klima, Boden, Luft, etc.
3. 1964
4. Juni 1976
5. 1996
6. er kann herumfahren, Fotos machen, Bodenproben analysieren und Daten zur Erde schicken

**A2b** S hören den zweiten Teil und machen sich Notizen zu den angegebenen Punkten.

Antriebssystem: neu, höhere Geschwindigkeit, kann sich auf der Reise mit neuer Energie versorgen (mit Sonnenenergie)
Raumschiff: groß genug für so eine Reise, verschiedene Module, die an- und abgebaut werden können (Name: Orion); einzelnen Teile werden ins All geschickt und dort von speziell ausgebildeten Astronauten („Handwerker") zusammengebaut (an einem Stück ist es zu schwer)
Kosten: eine halbe Billion Euro

**A2c** In KG besprechen, vergleichen und ergänzen.

**A2d** S lesen die Sätze und klären Wortschatz. Dann hören sie noch einmal das komplette HV und notieren wie angegeben. Kontrolle im PL. Bei Schwierigkeiten hören S die Stelle noch einmal.

1. r – 2. f – 3. r – 4. f – 5. 0 – 6. r – 7. r – 8. 0 – 9. r

**A3a** In PA bearbeiten und Vergleich in KG. Eine KG präsentiert die Lösung an der Tafel.

| Zeit | Ort | Grund/Folge | Gegengrund |
|---|---|---|---|
| innerhalb | außerhalb | dank, aufgrund, | trotz |
| während | innerhalb | wegen; infolge | |

Hinweis:
„innerhalb" und „außerhalb" können sowohl lokal als auch temporal verwendet werden. Geben Sie den S ein Beispiel für „außerhalb" in temporaler Bedeutung: *außerhalb der Öffnungszeiten* oder *außerhalb der Saison*
Weisen Sie die S auch darauf hin, dass die Präpositionen *dank, trotz, während* und *wegen* in der gesprochenen Sprache auch oft mit Dativ verwendet werden, siehe Grammatikrückschauseite.

> Zur Übung der Präpositionen, kopieren Sie den Spielplan von **KV 8/1** auf S. 151 und schneiden Sie die ebenfalls kopierten Präpositionen-Kärtchen von **KV 20** auf S. 165 aus. S würfeln und ziehen eine Karte. Mit dieser Präposition müssen sie einen korrekten Satz formulieren und dürfen danach die gewürfelte Zahl ziehen. Kommen S auf das Ende einer Leiter, so dürfen sie die Leiter hochsteigen. Kommen Sie auf den Ausgangspunkt eines Blitzes, so müssen sie diesem folgen und werden auf ein weiter zurückliegendes Feld zurückgeworfen. Ist der Satz nicht korrekt müssen Sie zwei Felder zurück. Die Mitspieler kontrollieren. **E**

**Ü2** Als HA bearbeiten.

| A3b | In EA bilden S die Aussagen. Vergleich in PA, Fragen werden ins PL gebracht. |
|---|---|

1. Trotz der vielen Probleme geben die Weltraumforscher nicht auf.
2. Wegen der hohen Kosten kritisieren viele Leute die Raumfahrt.
3. Dank der guten Fotos haben die Forscher genauere Informationen über den Mars.
4. Innerhalb der nächsten Jahre entwickeln die Forscher ein neues Antriebssystem.

| Ü3 | In PA bearbeiten. |
|---|---|

> Satzstreifen (auch als Wiederholung geeignet): Notieren Sie die Satzteile aus A3b und Ü3 auf Kärtchen und notieren Sie die Lösungen auf der Rückseite der Satzstreifen.
> Dann verteilen Sie die Satzstreifen auf den Tischen im Klassenraum, die S gehen herum, lösen die Sätze und kontrollieren sie direkt mit der Rückseite der Karten. **V**

| A4 | Im PL Gespräch über das Thema mit Begründung. |
|---|---|

> In PA (Person A und B) sagen die S, ob sie gerne zum Mars fahren würden (oder nicht) und begründen dies. Dann wird gewechselt und nun erzählt Person A einer anderen Person (Person C), was sie von Person B erfahren hat. Person C berichtet dies dann im PL. Person B kann verifizieren und bei Nachfragen antworten.
> Wenn Sie möchten, dass Ihre S mehr schreiben, ist es möglich, dass Person C die Meinung aufschreibt. Die Texte werden im Raum aufgehängt und von allen gelesen. Wer identifiziert sich mit welchem Text? Was ist richtig bei Person C angekommen, was verändert? Im PL kann korrigiert werden. → **Portfolio** **V**

## Modul 4 Meine Zukunft – deine Zukunft

| A1a | In EA sortieren S die Sätze. Vergleich im PL. |
|---|---|

1 e – 2 c – 3 b – 4 d – 5 a

| A1b | In PA wählen S drei fett gedruckte Formulierungen und schreiben Sätze. Vorlesen in KG. Sind die Sätze eher positiv oder negativ? Kurzes Gespräch über die eigenen Sätze im PL. |
|---|---|
| A2a | S lesen die Aussagen, Klären von Vokabular. Hören des Textes und Zuordnen. Vergleich im PL. |

1 D – 2 B – 3 C – 4 A

| A2b | Gespräch in KG. |
|---|---|

> Anschließend können S eine Klassenstatistik erstellen: Wie viele S planen eher? / Wie viele S lassen die Dinge eher auf sich zukommen?
> Festhalten an der Tafel und ein paar Argumente nennen lassen. **E**

| Ü1–2 | Als HA bearbeiten. Sammeln Sie die Sätze aus Ü2b ein und korrigieren Sie sie. |
|---|---|

> Sammeln Sie die Sätze aus Ü2b ein und lesen Sie sie vor. Die S raten, wer das geschrieben hat und warum sie es denken. **V**

| A3 | In KG ergänzen S das Assoziogramm, am besten auf einem Extra-Papier. Die Assoziogramme werden aufgehängt, gelesen und verglichen. S stellen Fragen zu den verschiedenen Plakaten. Beispiele zu weiteren Bereichen: Familie, Arbeiten, Studium, Technologie. |
|---|---|

# Ein Blick in die Zukunft

**A4a** S lesen die Forumsbeiträge und tauschen sich in KG über die angegebenen Fragen aus.

Themen: Lernen/Bildung – Arbeitsalltag/Arbeitsverhältnisse – Verkehrsmittel – Wohnen – Einkaufen/Geschäfte

> **SPRACHE IM ALLTAG**
> Im PL lesen sie den Kasten. Welche weiteren Beispiele für speziellen Sprachgebrauch in SMS, E-Mails und Forumsbeiträgen kennen S noch?
> Beispiele: Abkürzungen (z. B. *LG/VG/GLG* für *Liebe/Viele/Ganz liebe Grüße*; *HDL* für *Hab dich lieb!*), Smileys, Zahlen und Buchstaben ersetzen Wörter oder Laute (z. B. *GN8* für *Gute Nacht*) …

**A4b** In EA oder PA. Hängen Sie die Texte aus, alle S lesen sie und ordnen sie thematisch. Halten Sie dazu Papier bereit, auf das die S die verschiedenen Titel notieren können.
Sammeln der verschiedenen Ideen und Meinungen. → **Portfolio**

Nach Interesse stellen sich S zu einem Thema und diskutieren die vorhandenen Meinungen und Ideen zu diesem Thema.

„Stiller Dialog": S schreiben einen Forumsbeitrag in EA oder PA. Diese werden ausgelegt und S gehen herum und antworten auf die verschiedenen Beiträge. Als Abschluss werden alle gelesen und evtl. kontroverse Punkte im PL diskutiert.

 S teilen sich in Gruppen zu den verschiedenen Themen auf. Sie sammeln Fragen zu ihrem Thema in der Zukunft, z. B. Was denkst du, verändert sich in der Arbeitswelt? Wie werden die Arbeitsverhältnisse sein?
S befragen verschiedene Personen außerhalb des Unterrichts zu ihrem Thema. Zusammentragen der Ergebnisse in den KG, dort erstellen sie eine kleine Präsentation und geben auch wieder, ob sie überrascht wurden oder nicht.
Im PL stellen alle KG ihre Ergebnisse vor.

**Ü3**  Diese Übung entspricht dem Prüfungsformat Lesen, Teil 4 der Prüfung DSD II. Weitere Informationen zur Prüfung DSD II finden Sie ab S. 173.
Geben Sie den S vor der HA Tipps aus dem Prüfungsanhang, wie sie mit dieser Übung umgehen können. S lösen Ü als HA. Fragen/Schwierigkeiten im PL besprechen.

**A5–A6**  In A5 bis A6 (inkl. Übungen dazu) trainieren S das Prüfungsformat Sprechen, Teil 2 der Prüfung DSD II. Weitere Informationen zur Prüfung DSD II finden Sie ab S. 173.
In A5 finden S Informationen zur Prüfung, wählen Themen (A5a) und erstellen eine Materialsammlung (A5b–f). In A6 werden Redemittel erarbeitet (A6a–b), beschäftigen die S sich mit Präsentationstechniken (Ü4), arbeiten die Präsentation aus (A6c) und halten sie anschließend (A6d). Nach der Präsentation erfolgt eine Frage- und Feedbackrunde (A6e), für die in Ü5 Redemittel erarbeitet wurden.

**A5a** Lesen der Aufgabe und der beiden Informationskästen im PL. Dann sammeln S im PL mögliche Themen mit einem Bezug zum Thema „Zukunft".

**A5b** S recherchieren als HA und im Unterricht Informationen zu ihrem Thema. Sagen Sie den S, dass sie ihr Material mit in die Prüfung nehmen dürfen. Dabei können sich auch Themengruppen bilden, d. h. die S, die dasselbe Thema gewählt haben, tauschen ihre Informationen untereinander aus. Alle ihre Informationen sammeln S in einer Materialmappe.

| | |
|---|---|
| A5c | S setzen sich in KG zusammen und zeigen ihre Materialmappe und nennen ihr Thema. Die anderen begutachten, ob zu allen Aspekten Material vorliegt. Ebenso ergänzen sie ggf. weitere Ideen zum Thema. |
| A5d | In EA lesen S sich ihr Material durch, markieren Schlüsselwörter und erstellen in einem Extra-Heft eine Wortliste. |
| A5e | S ordnen den Inhalt ihrer Materialien. Beispiele, wie eine sinnvolle Ordnung aussehen könnte, finden Sie in dem Informationskasten. Dies kann auch in PA geschehen. Jede/r S sortiert sein/ihr eigenes Material, aber die S unterstützen sich gegenseitig. |
| A5f | Aus ihrem Material notieren S Stichpunkte und überlegen, wie sie ihre Informationen präsentieren wollen. Auch das kann in PA geschehen, sodass sich immer zwei S füreinander zuständig fühlen. Lesen Sie im PL den Informationskasten. |
| A6a | In PA ordnen S zu. |

Hauptteil – Schluss – Einleitung

| | |
|---|---|
| A6b | S erstellen eine Tabelle mit Redemitteln, die sie den drei Hauptpunkten zuordnen. Weisen Sie auch noch einmal auf den Redemittelanhang im KB hin. |

| Einleitung | Hauptteil | Schluss |
|---|---|---|
| In meiner Präsentation beschäftige ich mich mit … Meine Präsentation hat … zum Inhalt. Ich werde Ihnen/euch heute … vorstellen. | Ich will Ihnen/euch das anhand … verdeutlichen Damit komme ich zur Frage … Darauf werde ich nun genauer eingehen. In diesem Zusammenhang scheint mir … wichtig. Dieses Bild / Diese Grafik zeigt deutlich … Nachdem ich … kurz skizziert habe, will ich … Das will ich mit … verdeutlichen. Auf … möchte ich im Folgenden eingehen. Ich wende mich jetzt … zu. Das sieht man gut anhand dieser Grafik / dieses Bildes / … | Am Ende möchte ich noch einmal das Gesagte zusammenfassen. Am Ende möchte ich noch mal unterstreichen, dass … Zusammenfassend lässt sich also feststellen, dass … |

Hinweise, wie das Tafelbild im Unterricht eingesetzt werden kann, können über das Tafelbild im Lehrwerk digital direkt aufgerufen werden. Beschreibungen zu allen Tafelbildern finden Sie auch online als Gesamt-PDF unter www.klett-sprachen.de/aspekte-junior/lehrerhandreichungB2.

| | |
|---|---|
| Ü4a–b | Zur Vorbereitung auf die Präsentation beschäftigen sich S in Ü4 mit verschiedenen Präsentationstechniken. Bearbeitung in PA. Vergleich im PL. |
| A6c | Geben Sie S Zeit, im Unterricht ihre Präsentation vorzubereiten, sodass zumindest das Grundgerüst steht bzw. der Anfang gemacht ist und die S wissen, wie sie zu Hause evtl. weiter vorgehen müssen. Bereiten Sie Karteikarten vor.<br>In EA erarbeiten S mithilfe all ihrer Materialien die Präsentation. Lesen Sie die Aufgabe im PL und stehen sie bei Fragen zur Seite. Erinnern Sie die S immer wieder daran, dass sie keinen ausformulierten Text auf die Karten schreiben. |

# Ein Blick in die Zukunft

**Ü5**    Ü5 ist die Vorbereitung für die Fragerunde im Anschluss an die Präsentation. In PA bearbeiten und im PL vergleichen.

> **TIPP** Bevor der/die erste S beginnt, die Präsentation zu halten, lesen Sie den Tipp im PL.

**A6d**    Hier erfolgt die Präsentation. Lesen der Arbeitsanweisung im PL. Lesen Sie auch die Checkliste gemeinsam und klären Sie, mit welchen grammatischen Strukturen man auf Deutsch Feedback gibt (Konjunktiv II).
Vorgehen wie beschrieben.
Bei sehr großen Gruppen lassen Sie die Präsentationen in KG halten.
Verteilen Sie das Halten der Präsentationen auf mehrere Tage, damit die S konzentriert bleiben.

**A6e**    S stellen Fragen und geben Feedback.

## Aussprache    Frage oder Aussage?

**Ü1**    HV hören und S lesen mit. Markieren, ob sie Frage oder Aussage hören.
Gespräch im PL über Zweifelsfälle. Wonach haben sie entschieden?

**Ü2**    S hören die Sätze und ordnen die Merkmale zu. Vergleich im PL.

**Ü3**    In PA bearbeiten. Der Partner / Die Partnerin notiert einen Punkt oder ein Fragezeichen. Anschließend Vergleich.

<u>Hinweis</u>: Ideen, wie Sie mit den Wortschatzseiten arbeiten können, finden Sie in der Einleitung dieses Lehrerhandbuchs auf Seite 14.

## Film    Vogelflug

**A1a–b**    In KG vorgehen wie beschrieben.

**A2a**    S lesen den Text und beantworten die Fragen.

🔑 Kraniche fliegen im Herbst (Oktober/November) in den Süden (z. B. nach Spanien oder Frankreich), weil es dort wärmer ist, und im Frühling (Februar/März) wieder in den Norden (Skandinavien, Polen, Baltikum, Russland; manche bleiben dann auch in Deutschland), um dort zu brüten.

**A2b**    In PA verbinden S die Wörter und ihre Definitionen.

🔑 1 g, 2 e, 3 f, 4 c, 5 a, 6 b, 7 d

**A3**    S sehen die erste Filmsequenz und beantworten die Fragen. Vergleich in KG.

🔑 
1. Forscher zählen Vögel (Kraniche), wollen herausfinden, ob sich das Zugverhalten verändert.
2. milde Winter, Wetter wärmer → Brutpaare kommen eher zurück und können eher mit Brut beginnen
3. Hinweis auf Klimawandel, Anpassung der Vögel an die veränderten Klimabedingungen

**A4**    Sehen der zweiten Filmsequenz, S machen sich Notizen und Vergleich im PL.

🔑 Vögel, die eigentlich im Mittelmeerraum heimisch sind, kommen nach Deutschland (Beispiel Bienenfresser); vom Bienenfresser gibt es nun schon ca. 500 Paare, die in Deutschland brüten; evtl. in 50 Jahren Flamingos und Papageienarten in Deutschland; diese Spekulation ist in greifbare Nähe gerückt

# 10

**A5** S sehen die dritte Filmsequenz und ergänzen die Sätze in der grammatisch richtigen Form.

1. Forscher zählen jedes Jahr viele Zugvögel.
2. Wenn ein Vogel zum ersten Mal gefangen wird, bekommt er einen Ring mit einer Nummer.
3. Wenn der Vogel später wieder gefunden wird, ist der Ring wie ein Ausweis.
4. So erfahren die Forscher, wohin die Vögel geflogen sind.
5. Vögel werden seit vielen Jahren beobachtet, deshalb sind sie gute Indikatoren für die Klimaveränderung.

**A6a** Im PL das Assoziogramm ergänzen, ein S notiert an der Tafel mit.

Beispiele: Ozonloch, Pole schmelzen, zu viel Energieverbrauch, Treibhausgase, $CO_2$ aus Fabriken, globale Erwärmung, Abholzung von Wäldern und deren Umwandlung in Nutzflächen trägt zur Erwärmung bei, zu hoher Fleischkonsum, z. B. Rinderzucht: sehr viel Methan wird produziert (Verdauungsgase der Tiere), Meeresspiegelanstieg, Wetterextreme, Schäden am Ökosystem

**A6b** S bilden KG, Recherche als HA, geben Sie dann den KG im Unterricht Zeit, die Informationen auszutauschen und auf einem Plakat festzuhalten.
Präsentation der verschiedenen Plakate.

> S testen als HA ihren eigenen ökologischen Fußabdruck im Internet, z. B. bei der Seite
> http://www.fussabdruck.de/
> Gespräch in der Klasse: Wie ist Ihr Fußabdruck? Was könnte man leicht ändern, um so der Umwelt zu helfen, etc.

**A7** In PA bereiten S Argumente für ihre Rolle vor und dann diskutieren sie in ihrer Rolle.

> S teilen sich in zwei Gruppen, die jeweils die Haltung einer der beiden Personen übernehmen. Jede Gruppe bereitet Argumente für ihre Rolle für die Diskussion vor.
> Im Anschluss Diskussion, die S verteidigen ihren Standpunkt, gehen aber auch auf die Meinung der anderen ein.
> An dieser Stelle können Sie die Prinzipien einer Diskussion sowie die Redemittel wiederholen und üben lassen: Argumente formulieren und begründen, einen Standpunkt äußern, widersprechen/zustimmen, auf die Argumente der anderen eingehen usw. Dazu kann wieder der Redemittel-Anhang im KB helfen.
> Als Diskussionsform bietet sich hier das „Aquarium" an: Vier S kommen nach vorne und beginnen mit der Diskussion, die anderen sind Zuhörer und dürfen nichts sagen; wenn jemand etwas sagen möchte, steht er/sie auf und geht „ins Aquarium": Er/Sie legt einem/einer der vier S, die vorne sitzen, die Hand auf die Schulter und löst ihn/sie ab. Diese/r wird zum Zuschauer und setzt sich und der/die andere nimmt den Platz im Aquarium ein. Jede/r S sollte mindestens einmal im Aquarium gewesen sein.

**Kapiteltests**
Kapiteltests zu jedem Kapitel finden Sie unter www.klett-sprachen.de/aspekte-junior im Bereich „Tests".
Der Zugangscode lautet: asP!jr2

## Kopiervorlage 1 — Modul 1

**zu Aufgabe 4a**

### Lebendige Sätze

| wir | sind | geflogen |
|---|---|---|
| nach Italien | letzten Monat | wegen des guten Wetters |
| ganz spontan | Mira | lebt |
| heute | gerne | in Kiel |
| wegen ihrer neuen Freunde | sie | will |
| aus Interesse | Segeln | lernen |
| bald | *sie* | *hat* |
| *sehnsüchtig* | *auf den Besuch ihrer Freundin* | *in Kiel* |
| *gewartet* | nach Hause | wegen ihres kaputten Fahrrads |
| heute Abend | sie | fuhr |
| ausnahmsweise | mit dem Bus | **Anna** |
| **fährt** | **im Sommer** | **wegen der hellen Nächte** |
| **mit Freunden** | **nach Nordschweden** | **in Urlaub** |

© Ernst Klett Sprachen 2018. Vervielfältigung zu Unterrichtszwecken gestattet. Aus *Aspekte | junior B2*, Lehrerhandbuch

**Kopiervorlage 2** — Modul 4 — 1

zu Aufgabe A4a

### eine Meinung äußern

| |
|---|
| Ich stehe auf dem Standpunkt, dass … |
| Ich glaube, … |
| Ich finde, … |
| Meiner Meinung nach … |
| Ich bin der Ansicht, dass … |
| Ich bin der Auffassung, … |
| Ich meine, … |
| Ich denke, …. |
| Ich bin davon überzeugt, dass … |

### auf Meinungen reagieren

| |
|---|
| Das hast du / haben Sie völlig recht. |
| Ich bin ganz deiner/Ihrer Meinung. |
| Ich stimme dir/Ihnen zu. |
| Der Meinung bin ich auch, aber … |
| Das ist sicher richtig, allerdings … |
| Ich sehe das (etwas/völlig) anders, denn … |
| Da muss ich dir/Ihnen aber widersprechen, denn ich finde … |
| Ich bezweifle, dass … |

© Ernst Klett Sprachen 2018. Vervielfältigung zu Unterrichtszwecken gestattet. Aus *Aspekte | junior B2*, Lehrerhandbuch

# Kopiervorlage 3 — Modul 2

zu Aufgabe 1

1. **Welche Fremdsprachen sprichst du?**
   *Wer spricht die meisten Fremdsprachen? Welche?*
   ✂ ..................................................................................................................

2. **Mit wie vielen Jahren hast du begonnen, deine erste Fremdsprache zu lernen?**
   *Wer hat am frühesten angefangen, eine Fremdsprache zu lernen?*
   ✂ ..................................................................................................................

3. **Welches Alter, denkst du, ist am besten, um eine Fremdsprache zu lernen?**
   *Welches Alter finden die meisten am besten?*
   ✂ ..................................................................................................................

4. **Welche Sprache möchtest du noch lernen?**
   *Welche Fremdsprache wollen viele lernen?*
   ✂ ..................................................................................................................

5. **Was ist deine Lieblingsfremdsprache?**
   *Gibt es eine Lieblingsfremdsprache in der befragten Gruppe? Welche ist es?*
   ✂ ..................................................................................................................

6. **Welche guten Erfahrungen hast du mit dem Fremdsprachenlernen gemacht?**
   *Welche Erfahrung findest du von den genannten am interessantesten?*
   ✂ ..................................................................................................................

7. **Hast du schon einmal einen lustigen Fehler in einer Fremdsprache gemacht? Welcher war das?**
   *Welchen der genannten Fehler findest du am lustigsten?*
   ✂ ..................................................................................................................

8. **Womit hast du Probleme im Deutschen?**
   *Was ist ein häufiges Problem?*
   ✂ ..................................................................................................................

9. **Was findest du an Deutsch am schönsten?**
   *Was ist für dich das Schönste aus den Antworten?*
   ✂ ..................................................................................................................

10. **Welche schlechten Erfahrungen hast du mit dem Fremdsprachenlernen gemacht?**
    *Welche Erfahrung findest du von den genannten am interessantesten?*
    ✂ ..................................................................................................................

11. **Außer Sprachen: Was denkst du, sollte man auf jeden Fall im Leben lernen?**
    *Welche Antwort gefällt dir am besten?*
    ✂ ..................................................................................................................

12. **Wie lernst du deutsche Vokabeln?**
    *Welche Antwort gefällt dir am besten?*
    ✂ ..................................................................................................................

13. **Hast du schon einmal ein Buch in einer Fremdsprache gelesen? Welches in welcher Sprache?**
    *Kennst du eins von den genannten Büchern? Hast du es auch schon gelesen? In welcher Sprache?*
    ✂ ..................................................................................................................

© Ernst Klett Sprachen 2018. Vervielfältigung zu Unterrichtszwecken gestattet. Aus *Aspekte | junior B2*, Lehrerhandbuch

## Kopiervorlage 4 — Modul 4 · 2

**zu Aufgabe 5b**

### Beobachtungsbogen

| 1 | Wie war die Stimmung der Personen (ruhig/nervös/verärgert …)? | |
| --- | --- | --- |
| | Haben sich die Personen gegenseitig Vorwürfe gemacht oder sind sie bei Ich-Botschaften geblieben? | |
| | Das hat mir besonders gut gefallen: … | |

| 2 | Wie war die Intonation/Sprechmelodie? | |
| --- | --- | --- |
| | Haben die Personen zugehört? Sind sie sich oft ins Wort gefallen? | |
| | Das hat mir besonders gut gefallen: … | |

| 3 | Haben sie Redemittel benutzt? Wer? Welche? | |
| --- | --- | --- |
| | Sind sie beim Streitthema geblieben oder haben sie viel über andere Themen gesprochen? | |
| | Das hat mir besonders gut gefallen: … | |

| 4 | Wie ist der Streit ausgegangen? Sind beide zufrieden? | |
| --- | --- | --- |
| | Das hat mir besonders gut gefallen: … | |

© Ernst Klett Sprachen 2018. Vervielfältigung zu Unterrichtszwecken gestattet. Aus *Aspekte | junior B2*, Lehrerhandbuch

zu Übung 3

| **Einleitung** |
| --- |
| Das Thema meines Referats/Vortrags lautet/ist … |
| Ich spreche heute über das Thema „…" |
| Ich möchte euch heute folgendes Thema präsentieren: … |
| In meinem Vortrag geht es um … |
| **Übergänge** |
| Nun spreche ich über … |
| Ich komme jetzt zum zweiten/nächsten Teil/Beispiel. |
| **wichtige Punkte hervorheben** |
| Das ist besonders wichtig/interessant, weil … |
| Ich möchte betonen, dass … |
| Man darf nicht vergessen, dass … |
| **Strukturierung** |
| Mein Referat/Vortrag besteht aus drei/vier/… Teilen: … |
| Zuerst spreche ich über …, dann komme ich im zweiten Teil zu … und zuletzt befasse ich mich mit … |
| Zuerst möchte ich über … sprechen und dann etwas zum Thema … sagen. Im dritten Teil geht es dann um … und zum Schluss möchte ich noch auf … eingehen. |
| **Dank und Schluss** |
| Ich komme jetzt zum Schluss. |
| Zusammenfassend möchte ich sagen, … |
| Abschließend möchte ich noch erwähnen, … |
| Lassen Sie / Lasst mich mich zum Schluss noch sagen, dass … |
| Zum Abschluss möchte ich also die Frage stellen, ob … |
| Gibt es noch Fragen? |
| Vielen Dank für Ihre/eure Aufmerksamkeit. |

© Ernst Klett Sprachen 2018. Vervielfältigung zu Unterrichtszwecken gestattet. Aus *Aspekte | junior B2*, Lehrerhandbuch

## Kopiervorlage 6

**Modul 3**

zu Aufgabe 2d

### Domino mit Relativsätzen

| | |
|---|---|
| der lernt Respekt und Fairness. | Wem Fußball nicht gefällt, |
| der sollte einen anderen Sport treiben. | Wer gesund bleiben will, |
| der treibt jeden Tag Sport. | Wer Joggen nicht mag, |
| der kann auch nur spazieren gehen. | Wem oft langweilig ist, |
| der sollte sich eine Gruppe suchen, die ihm Spaß macht. | Wer jeden Tag viel am Computer spielt, |
| sollte auch jeden Tag mindestens eine halbe Stunde nach draußen gehen. | Wem es gefällt, andere Leute zu trainieren, |
| der könnte Trainer werden. | Wer sich unsicher fühlt, |
| dem könnte ein Kampfsport helfen. | Wer fit ist, |
| fühlt sich gesünder. | Wer viel Sport macht, |
| der ist fitter als unsportliche Menschen. | Wen tanzen interessiert, |
| der sollte sich für einen Tanzkurs anmelden. | Wem das Sportprojekt geholfen hat, |
| ist auch heute noch im Projekt dabei. | Wem der Trainer Taekwondo beibringt, |

© Ernst Klett Sprachen 2018. Vervielfältigung zu Unterrichtszwecken gestattet. Aus *Aspekte | junior B2*, Lehrerhandbuch

# Kopiervorlage 7 — Auftakt 4

zu Übung 1

## Wortschatz zum Thema „Zusammen leben"

| Verkehr | Universität | Krankenhaus | Regierung |
|---|---|---|---|
| • Autos<br>• öffentlich<br>• Bus<br>• S/U-Bahn<br>• Zug | • Student/in<br>• Studium<br>• Bildung<br>• studieren<br>• Prüfung | • Arbeit<br>• Arzt/Ärztin<br>• Patient/in<br>• Schicht<br>• Krankenwagen | • Kanzler/in<br>• Minister/in<br>• Politik<br>• Wahlen<br>• Partei |
| **Ernährung**<br>• Essen<br>• Lebensmittel<br>• (un-)gesund<br>• Mahlzeiten<br>• Nahrung | **Umzug**<br>• Wohnung<br>• neue Stadt / neues Land<br>• Kisten<br>• packen<br>• Autovermietung | **Partei**<br>• Politik<br>• Regierung<br>• wählen<br>• Kanzler/in<br>• Volk | **Lehrstelle**<br>• Ausbildung<br>• Azubi<br>• Beruf<br>• lernen<br>• Geld |
| **Abschluss**<br>• Diplom<br>• Universität<br>• Ausbildung<br>• Examen<br>• Master | **Seminar**<br>• Universität<br>• Student/in<br>• lernen<br>• Professor/in<br>• Prüfung | **Bildung**<br>• Erziehung<br>• Schule<br>• Studium<br>• lernen<br>• Kenntnisse | **Schule**<br>• Unterricht<br>• Lehrer/in<br>• Fach<br>• Pausen<br>• Tests |
| **Praktikum**<br>• Job<br>• wenig Geld<br>• arbeiten<br>• jeden Tag<br>• Kollegen | **Behörde**<br>• Arbeit<br>• Staat<br>• Formulare<br>• Bürokratie<br>• unterschreiben | **Konsum**<br>• Kaufhaus<br>• shoppen<br>• einkaufen<br>• Ware<br>• Geld | **Medien**<br>• Fernsehen<br>• Zeitung<br>• Radio<br>• Internet<br>• Videos |
| **Nachbarschaft**<br>• Menschen<br>• Haus<br>• nebenan<br>• Straße<br>• Hilfe | **Verein**<br>• Menschen<br>• zusammen<br>• Gruppe<br>• ehrenamtlich<br>• treffen | **Freizeit**<br>• Hobby<br>• Urlaub<br>• faulenzen<br>• nichts tun<br>• Arbeit | **Wahlen**<br>• Politik<br>• Partei<br>• alle vier Jahre<br>• Menschen<br>• Demokratie |

© Ernst Klett Sprachen 2018. Vervielfältigung zu Unterrichtszwecken gestattet. Aus *Aspekte | junior B2*, Lehrerhandbuch

# Kopiervorlage 8/1 — Modul 1 — 4

zu Übung 3

Spielplan

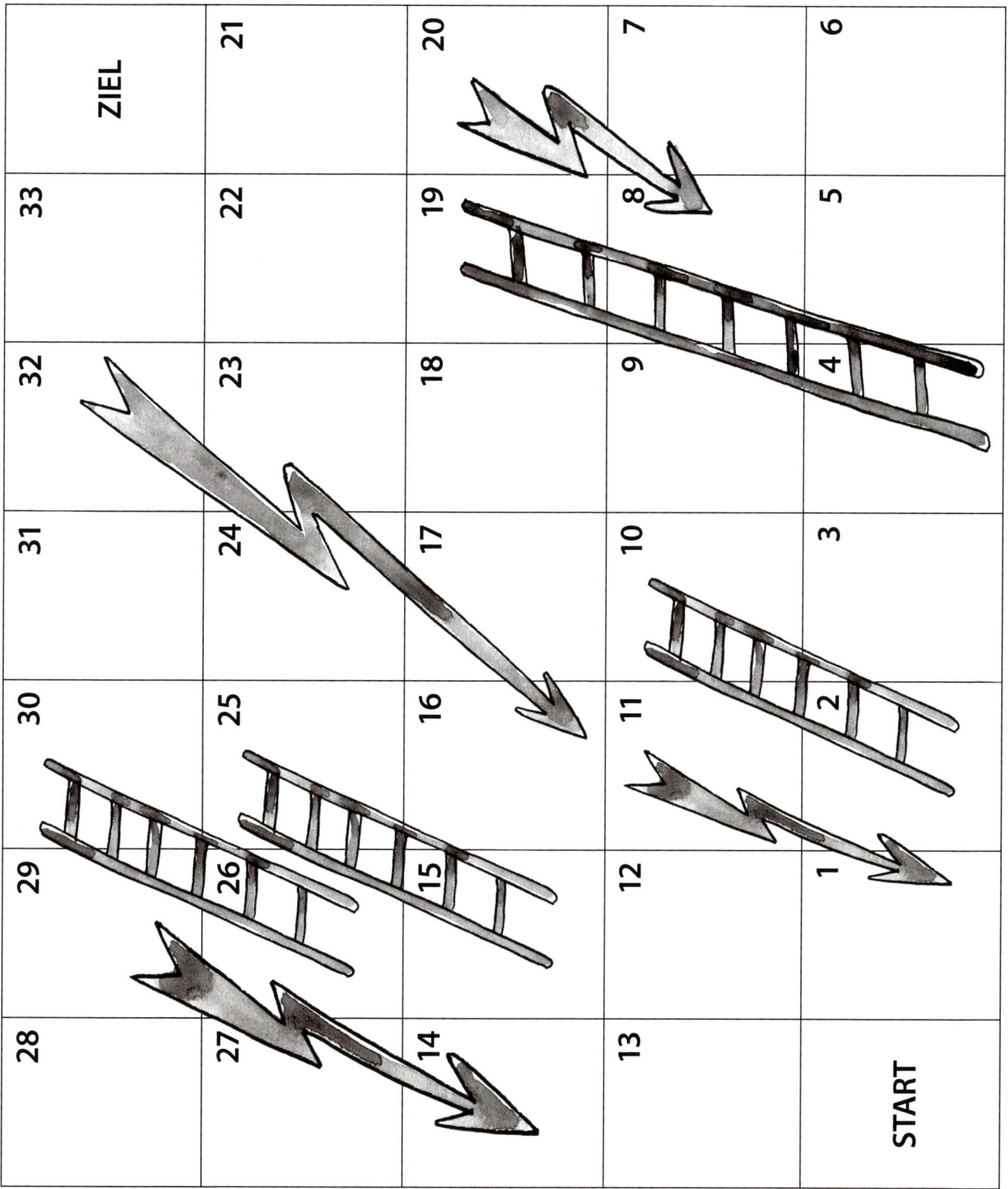

# Kopiervorlage 8/2 — Modul 1 — 4

| | | | |
|---|---|---|---|
| um + zu | ohne + zu | weil + *Modalverb* | damit |
| ohne + zu | um + zu | ohne dass | ohne dass |
| damit | anstatt dass | trotzdem | um + zu |
| weil + *Modalverb* | ohne dass | ohne + zu | um + zu |
| anstatt + zu | damit | anstatt dass | trotzdem |
| damit | anstatt dass | um + zu | aber + *Negation* |
| statt dass | ohne dass | anstatt + zu | statt dass |
| nicht …, sondern | damit | aber + *Negation* | ohne + zu |
| aber + *Negation* | nicht …, sondern | statt dass | nicht …, sondern |
| anstatt + zu | ohne + zu | ohne dass | um + zu |

© Ernst Klett Sprachen 2018. Vervielfältigung zu Unterrichtszwecken gestattet. Aus *Aspekte | junior B2*, Lehrerhandbuch

# Kopiervorlage 9 — Modul 1 — 5

zu Aufgabe 3–4

# Kopiervorlage 10 — Modul 4 — 5

**zu Aufgabe 5b**

| einerseits …, andererseits | Ich kann dazu folgendes Beispiel nennen: … | Dafür spricht … |
| … dass … ein wichtiges Thema ist. | Ein wichtiges Argument für … ist (auch) die Tatsache, dass … |
| Meiner Meinung nach … | Meine eigenen Erfahrungen haben mir gezeigt, dass … |
| … sollte man bedenken, dass … | Zusammenfassend lässt sich sagen, … | Ich vertrete die Ansicht, dass … |

✂ …………………………………………………………………………………………………………

Ich finde, _____ „Gesund schlafen und leben" _____.
Viele aus meiner Klasse und auch ich schlafen unter der Woche nicht genug,

✂ …………………………………………………………………………………………………………

Deshalb sind wir total müde am nächsten Tag. _____
_____, _____ ich dann in der Schule nicht so gut
aufpassen kann und schneller abgelenkt bin.

✂ …………………………………………………………………………………………………………

Aber wir brauchen ausreichend Konzentration, um die verschiedenen Fächer aufnehmen zu
können. _____ sollte die Schule deshalb später anfangen.
_____ den späteren Schulbeginn _____
_____, _____ der normale Biorhythmus später beginnt, was Studien
belegen.

✂ …………………………………………………………………………………………………………

Neben einem späteren Schulbeginn _____, _____ auch
gesundes Essen und Sport in der Freizeit wichtig für ein gesundes Leben sind.
_____: immer wenn ich Sport
mache, schlafe ich abends besser ein, weil ich mich ausgepowert habe.

✂ …………………………………………………………………………………………………………

Für einen guten Schlaf sollte man abends auch nicht so lange vor dem Computer oder dem Fernseher sitzen. _____, dass man dann auch Zeit für ruhigere Aktivitäten hat.

✂ …………………………………………………………………………………………………………

_____, _____ sich das schnell in den Alltag
einbauen lässt. Man kann auch gesünderes Essen leicht in den Alltag integrieren, wenn man z. B.
statt Chips Obst isst. _____, dass wir uns
_____ bemühen sollten, kleine Dinge in den Alltag einzubauen, um gesünder zu
leben und besser zu schlafen, aber dass es _____ auch hilfreich wäre, wenn die
Schule später beginnen würde.

✂ …………………………………………………………………………………………………………

© Ernst Klett Sprachen 2018. Vervielfältigung zu Unterrichtszwecken gestattet. Aus *Aspekte | junior B2*, Lehrerhandbuch

**Kopiervorlage 11** — Modul 3 — **6**

zu Aufgabe 3

**Kopiervorlage 12**  Modul 4

zu Aufgabe 5b

| Meinung äußern | begründen | widersprechen | zusammenfassen |
|---|---|---|---|
| Ich bin der Meinung/ Ansicht, dass … | Für mich ist es praktischer, wenn … | … finde ich gut, aber es sollte doch jeder … | Was hältst du von einem Kompromiss: …? |
| Ich bin davon überzeugt, dass … | Das kann man daran sehen, dass … | Das überzeugt mich nicht. | Wir könnten uns vielleicht auf Folgendes einigen: … |
| Ich finde, dass … | Das ist genau das Richtige, weil … | Dagegen spricht die Tatsache, dass … | Zusammenfassend können wir also festhalten, dass … |
| Ich finde es richtig, dass … | Es ist doch viel gerechter, wenn … | Das ist nicht richtig. | Wie wäre es mit einem Kompromiss: …? |
| Ich bin unbedingt dafür, dass … | Ich finde, ich bin alt genug, um … | Vielleicht findest du die Sache ja verrückt. Trotzdem … | Wärst du also damit einverstanden, dass …? |
| Ich stehe auf dem Standpunkt, dass … | Aus diesem Grund … | Ich bin auf keinen Fall dafür, dass … | Gut, dann machen wir es so. |
| Ich würde … gut finden, weil … | Ich würde bestimmt besser werden, wenn … | Versteh mich nicht falsch, aber … | Schön, dann einigen wir uns auf … |
| Für mich ist absolut klar, dass … | …, deshalb … | Ich sehe das anders. | Gut, dann entscheiden wir uns (da)für … |

Mögliche Themen:
Sollen Schüler ihre Lehrer beurteilen? Soll der Unterricht später anfangen? Soll man den Sportunterricht für Jungen und Mädchen trennen? Soll man Klassenarbeiten abschaffen? Soll man am Samstag Unterricht haben? Soll man in der Schule kochen lernen? Ist eine Schuluniform gut?

© Ernst Klett Sprachen 2018. Vervielfältigung zu Unterrichtszwecken gestattet. Aus *Aspekte | junior B2*, Lehrerhandbuch

# Kopiervorlage 13 — Modul 1 — 7

zu Aufgabe A2c

## Station 1 – Name:

- Architekt:

- Das Besondere an der Architektur:

- Anzahl der Wohnungen:

- Geschäftslokale:

- Terrassen:

- Besichtigungsmöglichkeit:

## Station 2 – Name:

- Alter:
- Größe:
- Namensherkunft:

- Angebot:

- Anzahl der Stände:

- Fliegende Händler – was ist das?

## Station 3 – Name:

- Was ist der Prater?

- Anzahl der Angebote:

- Wachsfigurenkabinett:

- Riesenrad:

- Kettenkarussell:

- Eintritt:

## Station 4 – Name:

- Lage:

- Größe der Parkanlage:
- Anzahl der Zimmer:
- Anzahl der Touristen:
- UNESCO:

- Kaiserin Maria Theresia:
  – politisch:

  – privat:

- Tiergarten:

- Palmenhaus:

- Kaiserin Elisabeth:

**Kopiervorlage 14** — Modul 2 — 7

zu Übung 2

| erklären | malen | Pantomime | erklären |
|---|---|---|---|
| malen | Pantomime | erklären | malen |
| Pantomime | erklären | malen | Pantomime |

| der Räuber | der Gesetzesbrecher | die Spurensuche | die Entführung |
|---|---|---|---|
| der Dieb | der Richter | das Kunstwerk | der Schmuck |
| das Urteil | der Einbruch | das Gericht | der Goldbarren |
| die Erpressung | die gestohlene Ware | der Hauptkommissar | der Komplize |
| der Schatz | die Strafe | die Verdächtige | das Lösegeld |

© Ernst Klett Sprachen 2018. Vervielfältigung zu Unterrichtszwecken gestattet. Aus *Aspekte | junior B2*, Lehrerhandbuch

# Kopiervorlage 15/1 — Modul 1 — 8

zu Aufgabe A2d

Bingokarten

| für | an | zu | vor |
|---|---|---|---|
| von | auf | bei | nach |
| über | über | über | von |
| für | an | zu | vor |
| von | auf | bei | nach |
| für | an | zu | vor |
| von | auf | bei | nach |
| von | an | an | von |
| von | an | auf | auf |

© Ernst Klett Sprachen 2018. Vervielfältigung zu Unterrichtszwecken gestattet. Aus *Aspekte | junior B2*, Lehrerhandbuch

# Kopiervorlage 15/2

Bingoblätter

| das Interesse | die Neugier | abhängig sein |
|---|---|---|
| sich ängstigen | die Antwort | die Hilfe |
| verwundert sein | suchen | sich erinnern |

| sich entscheiden | das Interesse | die Teilnahme |
|---|---|---|
| suchen | die Angst | fasziniert sein |
| hilfreich sein | begeistert sein | neugierig sein |

| die Erinnerung | die Faszination | die Antwort |
|---|---|---|
| die Vorstellung | abhängig sein | der Beitrag |
| die Suche | neugierig sein | teilnehmen |

| die Angst | die Erinnerung | antworten |
|---|---|---|
| abhängen | der Gegensatz | hilfreich sein |
| verwundert sein | die Vorstellung | beitragen |

# Kopiervorlage 16 — Modul 2 / 8

**zu Aufgabe 3**

Folgende Redemittel können euch bei der Rückmeldung zur Präsentation helfen:
*Die Präsentation war sehr interessant. – Das Thema hat mir gefallen. – Dein Sprechtempo war sehr gut. – Du hast Blickkontakt gehalten. – Beim nächsten Mal könntest du … – Es wäre gut, wenn … – Vielleicht könntest du auf … achten*

Thema der Präsentation: _____

## Bemerkungen

| Inhalt und Aufbau der Präsentation | |
|---|---|
| 1. War das Thema verständlich? Ist Interesse geweckt worden? Wie? | |
| 2. Ist der Aufbau der Präsentation logisch und verständlich? Einleitung, Hauptteil, Schluss? | |
| 3. War der Inhalt ausführlich genug? | |
| 4. War der Text zusammenhängend? | |

| Präsentationstechniken | |
|---|---|
| 1. Hat der/die Referent/in frei gesprochen und Blickkontakt mit den Zuhörenden gehalten? | |
| 2. Wurde flüssig gesprochen? Gab es viele Füllwörter (äh, hmm, …)? | |
| 3. War die Aussprache verständlich? Gibt es etwas, das verbessert werden kann? | |

| Visuelle Mittel | |
|---|---|
| 1. Waren die Folien, Plakate übersichtlich und nicht zu voll? | |
| 2. War die Schriftgröße lesbar? | |
| 3. Wurde das Wichtigste auf den Folien/Plakaten in Stichpunkten genannt? | |

© Ernst Klett Sprachen 2018. Vervielfältigung zu Unterrichtszwecken gestattet. Aus *Aspekte | junior B2*, Lehrerhandbuch

# Kopiervorlage 17 — Auftakt 9

## Wörterjagd

Nenne ein Wort und lege anschließend ein Stück Papier darauf. Höre das Wort von deinem Partner / deiner Partnerin und merke es dir. Du darfst es nicht notieren oder markieren. Dann nenne wieder ein Wort und decke es ab usw. Wer zuerst ein Wort doppelt sagt, hat verloren.

| | | |
|---|---|---|
| verblüfft | verärgert | bedrückt |
| Enttäuschung | zurückhaltend | Schock |
| schüchtern | Fröhlichkeit | überrascht |
| Liebe | erstaunt | Ärger |
| traurig | betrübt | wütend |
| Freude | Zufriedenheit | Heimweh |
| Begeisterung | überheblich | bescheiden |
| verwundert | eingebildet | Glück |
| Furcht | Besorgnis | gereizt |
| gut gelaunt | unsicher | begeistert |
| Überraschung | Aufregung | angeberisch |
| Eifersucht | überglücklich | Bedauern |
| Vergnügen | Angst | Sympathie |
| arrogant | Zorn | Neid |
| zornig | Melancholie | fröhlich |

© Ernst Klett Sprachen 2018. Vervielfältigung zu Unterrichtszwecken gestattet. Aus *Aspekte | junior B2*, Lehrerhandbuch

## Kopiervorlage 18

**Filmseiten 9**

**zu Aufgabe 4**

## Mein Lieblingslied

**Titel:** _____

**Sänger/Sängerin/Gruppe:** _____
_____

**Jahr:** _____

**Instrumente:** _____
_____

**Struktur (Strophen, Refrain, Sprache):** _____
_____
_____

**Darum geht es:** _____
_____
_____

**Musikrichtung:** _____

**Kurze Erklärung der Musikrichtung / was macht sie aus:** _____
_____
_____

**Weitere interessante Punkte:** _____
_____
_____

**Es gefällt mir, weil:** _____
_____
_____

---

**Redemittel zur Vorstellung des Liedes:**
Der Titel meines Liedes ist ….
Es ist aus dem Jahr …
In dem Liedtext geht es um …
Wichtig ist vor allem die Zeile …
Es hat … Strophen und einen Refrain.
Die Musikrichtung ist …
Sie kommt aus dem Jahr … und man erkennt sie an …
Interessant ist auch noch, dass …
Erwähnenswert finde ich auch, dass …
Ich höre das Lied oft, weil …/ Mir gefällt das Lied, denn …

---

© Ernst Klett Sprachen 2018. Vervielfältigung zu Unterrichtszwecken gestattet. Aus *Aspekte | junior B2*, Lehrerhandbuch

## Kopiervorlage 19 — Modul 1 — 10

zu Aufgabe 3c

| Auto | Haare | E-Mails | Prüfung |
|---|---|---|---|
| Geschäft | Material | Feier | Projektleiter |
| Daten | Teilnehmer | Arbeitsalltag | Fotokopien |
| Wasser | Arzt | Aufträge | Praktikant |
| Kind | Hund | Konferenzen | Präsentationen |
| Nachfrage | Publikum | Unterlagen | Kunden |
| Aufzug | Gelegenheit | Anzug | Dokumente |
| Geschichte | Buch | Studium | Rechnungen |

| brauchen | waschen | gut sitzen | kopieren |
|---|---|---|---|
| lohnen | ausreichen | abschließen | reklamieren |
| speichern | anmelden | verschicken | bestehen |
| kochen | operieren | absagen | telefonieren |
| weinen | bellen | anstrengen | auf dem Tisch liegen |
| steigen | Beifall klatschen | erledigen | recherchieren |
| nicht funktionieren | verpassen | organisieren | erstellen |
| erfinden | spannen | gut erziehen | sich beschweren |

© Ernst Klett Sprachen 2018. Vervielfältigung zu Unterrichtszwecken gestattet. Aus *Aspekte | junior B2*, Lehrerhandbuch

# Kopiervorlage 20

**Modul 3**

**10**

zu Aufgabe A3a

Kopieren Sie den Spielplan von KV 8/1 und die folgenden Kärtchen.

| während (Zeit) | innerhalb (Zeit) | außerhalb (Zeit) | innerhalb (Ort) |
|---|---|---|---|
| dank (Grund/Folge) | aufgrund (Grund/Folge) | wegen (Grund/Folge) | infolge (Grund/Folge) |
| trotz (Gegengrund) | wegen (Grund/Folge) | dank (Grund/Folge) | infolge (Grund/Folge) |
| aufgrund (Grund/Folge) | innerhalb (Zeit) | während (Zeit) | außerhalb (Ort) |
| trotz (Gegengrund) | innerhalb (Ort) | außerhalb (Ort) | innerhalb (Zeit) |
| während (Zeit) | dank (Grund/Folge) | aufgrund (Grund/Folge) | wegen (Grund/Folge) |
| infolge (Grund/Folge) | trotz (Gegengrund) | außerhalb (Zeit) | infolge (Grund/Folge) |
| aufgrund (Grund/Folge) | dank (Grund/Folge) | während (Zeit) | trotz (Gegengrund) |

© Ernst Klett Sprachen 2018. Vervielfältigung zu Unterrichtszwecken gestattet. Aus *Aspekte | junior B2*, Lehrerhandbuch

# Prüfungsformate in *Aspekte | junior B2*

Wie Sie mit Ihrer Arbeit mit *Aspekte | junior B2* feststellen werden, finden Sie im Kurs- und Übungsbuch Aufgaben und Übungen, die sich an den Prüfungsformaten des Goethe-Zertifikats B2 (Jugendliche) und des Deutschen Sprachdiploms II (DSD II) orientieren und auch so markiert sind (GI und DSD). Das heißt, Darstellung und Umfang können – oft aus Platz- und Layout-Gründen – leicht von der Darstellung und dem Umfang der authentischen Prüfung abweichen.

Einige S. werden ggf. den Wunsch haben, eine B2 Prüfung wie das Goethe-Zertifikat B2 für Jugendliche oder das Deutsche Sprachdiplom DSD II abzulegen. Daher bietet *Aspekte | junior B2* sämtliche Aufgaben zu den beiden Prüfungen im Kurs- und Übungsbuch an. Die Aufgabentypen der DSD II – Prüfung haben die S schon in *Aspekte | junior B1 plus* kennengelernt und so kann sich ein Wiedererkennungseffekt ergeben. Wenn die S noch nicht mit *Aspekte | junior B1 plus* gearbeitet haben, lernen sie die Aufgabentypen in *Aspekte | junior B2* kennen.

Thematisch sind diese Aufgaben und Übungen in die Kapitel- und Modulthemen integriert, sodass sie auch für die S interessant sind, die keine B2-Prüfung ablegen wollen.

Eine Übersicht, wo welche Prüfungsaufgabe steht, finden Sie hier im Folgenden.

Eine passende Modellprüfung zum kostenfreien Download finden Sie nach Eingabe des Zugangscodes **q4ap5en** ins Suchfeld auf www.klett-sprachen.de

## Goethe-Zertifikat B2 für Jugendliche

Mit dem Bestehen des Goethe-Zertifikats B2 für Jugendliche haben die Jugendlichen nachgewiesen, dass sie die deutsche Sprache für ihre persönlichen Belange im privaten, gesellschaftlichen, akademischen und beruflichen Leben einsetzen können. Denn auf dem B2-Niveau des Europäischen Referenzrahmens steht die selbstständige Verwendung der deutschen Sprache im Vordergrund.

Für die Teilnahme an der Prüfung wird ein Alter ab 15 Jahren empfohlen.

Die Prüfung besteht aus vier Modulen (LESEN, HÖREN, SCHREIBEN, SPRECHEN), die einzeln oder in Kombination abgelegt werden können.

Die schriftlichen Module dauern ohne Pausen insgesamt ca. 180 Minuten:
LESEN – 65 Minuten
HÖREN – 40 Minuten
SCHREIBEN – 75 Minuten

Das Modul SPRECHEN wird normalerweise als Paarprüfung durchgeführt und dauert ca. 15 Minuten (plus 15 Minuten Vorbereitungszeit).

In jedem Modul können maximal 100 Punkte (= 100 Prozent) erreicht werden. Ein Modul ist bestanden, wenn mindestens 60 Prozent erreicht sind, d. h. von den 30 Aufgaben pro Modul müssen 18 richtig gelöst werden. Die Module können beliebig oft wiederholt werden. Die Einzelzeugnisse über vier Module entsprechen einem Gesamtzeugnis.

| Punkte | Prädikat |
| --- | --- |
| 100–90 | sehr gut |
| 89–80 | gut |
| 79–70 | befriedigend |
| 69–60 | ausreichend |
| 59–0 | nicht bestanden |

# Das Goethe-Zertifikat B2 für Jugendliche auf einen Blick

|  | Nr. | Prüfungsziel | Textsorte | Aufgabentyp | *Aspekte \| junior B2* |
|---|---|---|---|---|---|
| **Lesen** | 1 | Einstellungen, Haltungen verstehen | Statements Selbstdarstellung | Zuordnung | **KB** K3 M4 A3 |
|  | 2 | Informationen verstehen und ergänzen | Reportage | Zuordnung | **ÜB** K2 M1 Ü1 |
|  | 3 | Informationen verstehen | Artikel | Multiple Choice (3-gliedrig) | **ÜB** K9 M4 Ü6 |
|  | 4 | Standpunkte verstehen | Kurzkommentare | Zuordnung | **ÜB** K6 M1 Ü2 |
|  | 5 | Regeln, Instruktionen verstehen | Vorschriften | Zuordnung | **ÜB** K3 M4 Ü5 |
| **Hören** | 1 | Ankündigungen und Mitteilungen verstehen | Monologe und Dialoge, live, medial informativ | Aufgabe r/f + Multiple-Choice (3-gliedrig) | **ÜB** K4 M4 Ü1 |
|  | 2 | Implizite Informationen verstehen | Gespräch im Radio (2 Personen), informativ | Multiple-Choice (3-gliedrig) | **ÜB** K7 M3 Ü2 |
|  | 3 | Subjektive Aussagen verstehen | Gespräch im Radio (3 Personen), argumentativ | Zuordnung | **KB** K8 M4 A5 |
|  | 4 | Kurze Vorträge verstehen | Monolog live, erklärend | Multiple-Choice (3-gliedrig) | **ÜB** K4 M2 Ü4 |
| **Schreiben** | 1 | Meinungsäußerung mit Begründung und Nennen von Vor- und Nachteilen | Diskussionsbeitrag | visueller Input + 4 Leitpunkte | **KB** K5 M4 A5b |
|  | 2 | Korrespondenz: persönliche Mitteilung | digitale Nachricht | Situationsbeschreibung + 4 Leitpunkte | **ÜB** K6 M4 Ü3 |
| **Sprechen** | 1 | monologisches Sprechen zu einem Thema und Nachfragen stellen zu einem anderen Vortrag | Kurzvortrag, ca. 4 Minuten, in der Vorbereitungszeit kann man sich Notizen machen | Auswahl aus zwei Themen | **ÜB** K3 M2 Ü3 |
|  | 2 | Diskussion: Standpunkt/Argumente zum Thema austauschen, auf Argumente des anderen reagieren, Zusammenfassung | Gespräch, ca. 5 Minuten, in der Vorbereitungszeit kann man sich Notizen machen | visueller Input + Stichpunkte als Hilfestellung | **KB** K6 M4 A5 |

# Prüfungsformate in *Aspekte | junior B2*

## Prüfungsaufbau

### Schriftliche Prüfung

Dauer: insgesamt ca. 180 Minuten
Werden die drei schriftlichen Module an einem Prüfungstermin angeboten, ist die Reihenfolge der Module üblicherweise folgendermaßen: LESEN – HÖREN – SCHREIBEN. Zwischen den Modulen gibt es jeweils 15 Minuten Pause. Aus organisatorischen Gründen kann die Reihenfolge der Prüfungsmodule vom jeweiligen Prüfungszentrum geändert werden.

> **TIPP** Weisen Sie die S darauf hin, dass sie in der Prüfung ihre Lösungen zuerst auf den Kandidatenblättern notieren und später in die Antwortbögen eintragen müssen. Dazu sollten sie pro Modul ca. 5 Minuten einplanen.
> Pro Aufgabe gibt es immer nur eine richtige Lösung. S sollten auch eine Antwort markieren, wenn sie unsicher sind. Es gibt keinen Extra-Punktabzug bei falschen Antworten.
> Die S dürfen nicht mit Bleistift schreiben oder Tipp-Ex benutzen. Achten Sie darauf, wenn Sie die Prüfung vorbereiten.
> Zu jedem neuen Aufgabenformat in den Modulen LESEN und HÖREN gibt es jeweils ein Beispiel, ist das Format bekannt, entfällt das Beispiel.
> Wenn die S sich anhand eines Modelltests auf die Prüfung vorbereiten, sollten sie darauf achten, die hier angegebenen Arbeitszeiten einzuhalten.

**Modul LESEN**
Arbeitszeit insgesamt: 65 Minuten
Das Modul LESEN besteht aus fünf Teilen. Hier müssen die S unterschiedliche Textsorten lesen und insgesamt 30 Aufgaben lösen, von denen mindestens 18 richtig gelöst werden müssen, um das Modul zu bestehen. In welcher Reihenfolge die S die Aufgaben bearbeiten, können sie selbst entscheiden. Ein Wörterbuch ist in diesem Modul als Hilfsmittel nicht erlaubt.
Die Aufgaben entsprechen im Wortschatz und in der Struktur dem B2-Niveau, an Textstellen, die für die Lösung der Aufgabe nicht relevant sind, kann der Wortschatz über das B2-Niveau hinausgehen.
Die Arbeitszeit zu den einzelnen Prüfungsteilen versteht sich als Vorschlag.
Am Ende bekommen die S noch einmal 5 Minuten Zeit, um ihre Antworten zu übertragen.

**Teil 1: Einstellungen/Haltungen aus einem Forum o. Ä. verstehen**
Arbeitszeit: 18 Minuten
S lesen zu einem Thema Statements von vier Personen, die Einstellungen und Haltungen zu einem Thema aus dem persönlichen Lebensbereich wiedergeben, z. B. in einem Forum. Jeder Beitrag hat ca. 140 Wörter. Dazu gibt es neun Aussagen, die sie den Personen zuordnen sollen. Die Personen können öfter gewählt werden und alle Aussagen müssen zugeordnet werden. S müssen sorgfältig und genau lesen. Die S sollen die Informationen und Einstellungen genau verstehen.

>  **TIPP** Die S lesen die Aussagen aufmerksam durch und markieren die Schlüsselwörter. Anschließend lesen sie die Texte detailliert und markieren in den Texten, die Umschreibungen für die Schlüsselwörter aus den Aussagen (z. B. „bekannter Ort" und „vertraute Umgebung") und weitere wichtige Schlüsselwörter.
> Am Ende vergleichen sie, welche markierten Schlüsselwörter aus den Texten am besten mit den Aussagen übereinstimmen.

**Teil 2: Informationen verstehen und ergänzen**
Arbeitszeit: 12 Minuten
Die S bekommen einen Sachtext, Artikel etc. (ca. 330 Wörter), den sie rekonstruieren müssen. D. h. in dem Text fehlen Sätze, die sie ergänzen müssen. Von den acht angebotenen Sätzen passen zwei Sätze nicht in den Text.

>  **TIPP** S lesen zuerst die Sätze und markieren die Satzanfänge und Konnektoren, die anschließend beim Zuordnen helfen können.
> Dann lesen sie den Text und markieren oder notieren zu jedem Absatz mit Lücke anhand des Themas den passenden Buchstaben der Sätze. Dabei müssen sie auf das semantisch kohärente Anknüpfen achten: Hier können Konnektoren helfen oder Wörter, die noch einmal aufgegriffen werden.

## Teil 3: Anzeigen verstehen

Arbeitszeit: 12 Minuten

Die S erhalten einen mittellangen Text aus einer Zeitung über ein aktuelles Thema aus dem öffentlichen Bereich, der ca. 400 Wörter umfasst. Die S sollen durch detailliertes Lesen die Informationen des Textes verstehen. Dazu werden ihnen fünf dreigliedrige Multiple-Choice-Aufgaben gestellt, die der chronologischen Reihenfolge des Textes folgen. Es gibt immer nur eine richtige Lösung.

**TIPP**
Weisen Sie die S darauf hin, dass die Aufgaben der Chronologie des Textes folgen.
Die S lesen sich die erste der Multiple-Choice-Aufgaben genau durch, lesen dann den Text, bis sie auf die entsprechende Textstelle stoßen und bearbeiten diese.
S markieren Ähnlichkeiten, Synonyme und wichtige Informationen zu den Aufgaben im Text. Am besten ist es, wenn S sich bei ihren Zweifelsfällen nicht lange aufhalten, d. h. zuerst markieren sie die Antworten, bei denen sie sich sicher sind, und dann versuchen sie noch einmal die Zweifelsfälle zu lösen.

## Teil 4: Standpunkte verstehen

Arbeitszeit: 12 Minuten

Dieser Teil besteht aus acht Meinungsäußerungen (Beispiel inklusive) zu einem aktuellen kontroversen Thema, die Gesamtlänge des Textes umfasst ca. 330 Wörter. Die S müssen sechs Überschriften zu den Meinungen zuordnen. Eine Äußerung passt nicht und das Beispiel kann nicht noch einmal verwendet werden. In diesem Teil geht es darum, dass die S die Kommentare schnell lesen und durchsuchen, um wichtige Informationen zu finden, die ihnen helfen, sich für die passende Überschrift zu entscheiden.

**TIPP**
S lesen zuerst die Überschriften und markieren wichtige Wörter, dann lesen sie die Meinungen, markieren wiederum Schlüsselwörter und notieren den/die möglichen Buchstaben zu den Überschriften.
Bei Zweifelsfällen, d. h. wenn sie mehrere Buchstaben notiert haben, gehen sie noch einmal in den Text und überprüfen, welche Überschrift besser passt.

## Teil 5: Regeln/Instruktionen verstehen

Arbeitszeit: 6 Minuten

Im letzten Teil des Moduls LESEN müssen die S Regeln oder Instruktionen verstehen, wie z. B. eine Schul- oder Hausordnung. Die Länge des Textes umfasst ca. 200 Wörter. Dazu gibt es acht Überschriften, wobei einer Überschrift im Beispiel bereits ein Absatz zugeordnet ist. S müssen den restlichen sieben Überschriften drei passende Absätze zuordnen. Vier Überschriften bleiben übrig.

**TIPP**
S lesen zuerst die Überschriften und notieren evtl. die passenden Verben zu den Nomen.
Überschriften erlauben eine schnelle Orientierung im Text, sodass die S die Regeln in den Absätzen zuerst überfliegen sollten, um danach selektiv die Stellen herauszufinden, die zu den Überschriften passen.
S lesen die Absätze und notieren direkt nach dem Lesen eine passende Überschrift zu dem Absatz.

## Modul HÖREN

Das Modul HÖREN besteht aus vier Teilen und insgesamt müssen auch hier 30 Aufgaben bearbeitet werden, von denen mindestens 18 richtig gelöst werden müssen, um das Modul zu bestehen. Die Arbeitszeit beträgt insgesamt ca. 40 Minuten, inklusive der Pausen.
Es gibt vor den Gesprächen immer Zeit, sich die Items durchzulesen. Am Ende des Moduls haben die S fünf Minuten Zeit, ihre Antworten auf den Antwortbogen zu übertragen.

## Teil 1: Ankündigungen und Mitteilungen verstehen

In diesem Teil werden das globale und selektive Hören getestet. Es werden fünf kurze Gespräche oder Äußerungen aus dem Alltag sowie Ankündigungen im Radio gehört, die inhaltlich nichts miteinander zu tun haben. Zu jedem Text (ca. 100 Wörter) gibt es zwei Aufgaben. Jeder Text wird einmal gehört. Vor jedem Text haben die S zehn Sekunden Zeit, um die Aufgabe zu lesen. Das Beispiel wird auch gehört.

# Prüfungsformate in *Aspekte* | *junior B2*

**TIPP** Die erste Aufgabe (Richtig/Falsch) bezieht sich auf die Hauptaussage des Textes. Die zweite Aufgabe bezieht sich auf wichtige Einzelheiten (Multiple Choice).
Die Schwierigkeit dabei ist, dass dieser Text nur einmal gehört wird. Die S haben keine Möglichkeit, ihre Wahl noch einmal zu überprüfen. Sie müssen also sofort beim Hören entscheiden, ob a, b oder c richtig ist und auf keinen Fall mit der Beantwortung bis zum Ende des Hörens warten. Denn da können sie sich höchstwahrscheinlich nicht mehr genau erinnern.
S müssen sehr genau und konzentriert zuhören, da auch die nicht richtigen Items als Distraktoren im Text verarbeitet sind.

## Teil 2: Informationen verstehen

Beim zweiten Teil handelt es sich um ein Radiointerview mit einer Person aus Wissenschaft oder Kunst. Die S hören das Interview zweimal. Dazu müssen die S sechs Multiple Choice-Aufgaben lösen, die der Chronologie des Textes folgen und in den Antworten der interviewten Person zu hören sind. Sie sollen damit zeigen, wie gut sie die Hauptaussagen in den Antworten verstehen können. Vor dem Hören haben die S 90 Sekunden Zeit, um die Aufgaben zu lesen.

**TIPP** Beim ersten Hören markieren S ihre Lösung und dazu das Schlüsselwort, das sie für relevant erachten – oder schreiben dies als Notiz daneben, so können sie beim zweiten Hören ihre Lösung auch anhand der eigenen Notizen noch einmal überprüfen.
Es kann auch passieren, dass das Item genau andersherum formuliert ist, als sie es hören, z. B. eine Person spricht über die Nähe zum Publikum beim Theater, im Gegensatz zum Film, und im passenden Item steht „fehlender Kontakt zum Publikum bei Filmproduktionen".

## Teil 3: Subjektive Aussagen verstehen

In diesem Teil wird das globale und detaillierte Hören getestet. Die S sollen hierbei einem Gespräch mit mehreren Personen folgen und dabei zuordnen, wer von den drei Personen welche Aussage macht. Damit zeigen sie, dass sie die wichtigsten Informationen und Argumente eines Gesprächs verstehen können. Die Aufgaben sind in chronologischer Reihenfolge und die S hören diesen Text nur einmal. Vor dem Hören haben sie eine Minute Zeit, um die Aufgaben zu lesen. Auch das Beispiel wird gehört.

**TIPP** Raten Sie den S, auf die Namen der Personen in der Anrede zu achten, um zu wissen, wer was sagt.
Die Schwierigkeit bei dieser Aufgabe ist, dass dieser Text nur einmal gehört wird. Die S haben keine Möglichkeit, ihre Wahl noch einmal zu überprüfen. Sie müssen also sofort beim Hören entscheiden, ob a, b oder c richtig ist und auf keinen Fall mit der Beantwortung bis zum Ende des Hörens warten. Denn da können sie sich höchstwahrscheinlich nicht mehr genau erinnern.

## Teil 4: Kurze Vorträge verstehen

Hier hören die S einen monologischen Text in Form eines kurzen Vortrags. Dazu bekommen sie acht Multiple-Choice-Aufgaben. Sie sollen hier zeigen, dass sie detailliert einem Vortrag folgen können. Vor dem Hören haben sie 90 Sekunden Zeit, um die Aufgaben zu lesen. Sie hören den Text zweimal.

**TIPP** Beim ersten Hören markieren S ihre Lösung und dazu das Schlüsselwort, das sie für relevant erachten – oder schreiben dies als Notiz daneben, so können sie beim zweiten Hören ihre Lösung auch anhand der eigenen Notizen noch einmal überprüfen.
S müssen sehr genau und konzentriert zuhören, da auch die nicht richtigen Items als Distraktoren im Text verarbeitet sind.
Die definitive Entscheidung, welche Antwort richtig ist, sollten die S erst nach dem zweiten Hören treffen.

## Modul SCHREIBEN

Dieses Modul besteht aus zwei Teilen, in denen die S unterschiedliche Textsorten verfassen müssen. Die Arbeitszeit dafür beträgt insgesamt 75 Minuten, wobei die S selbst entscheiden können, in welcher Reihenfolge sie die Teile bearbeiten. Alle Texte werden anhand bestimmter Kriterien beurteilt:
- Aufgabenerfüllung (Inhalt, Umfang, Sprachfunktionen, Stil, adäquates Register)
- Kohärenz (Textaufbau, Verknüpfung von Sätzen und Satzteilen)

- Wortschatz (Spektrum, Beherrschung)
- Strukturen (Spektrum, Beherrschung)

S sollten bei jedem Text auf einen sinnvollen Aufbau achten. Die Sätze müssen miteinander verknüpft sein und Wortschatz und Strukturen sollten dem B2-Niveau entsprechen.

> **TIPP** Weisen Sie die S darauf hin, dass sie sich auf dem Konzeptpapier Notizen machen können. Sie sollten aber auf keinen Fall die Texte dort vorformulieren, um sie dann später auf den Antwortbogen zu übertragen. Dafür reicht die Zeit in der Prüfung nicht. Die S müssen die Texte direkt auf den Antwortbogen schreiben.
> S sollten am Ende immer noch einmal ihre Textproduktionen überprüfen und typische Fehler (wie z. B. Stellung des Verbs, Artikel und Adjektivendungen, Verwendung des richtigen Kasus …) korrigieren.
> S sollten am Ende noch einmal ihre Satzanfänge überprüfen: Haben sie verschiedene Konnektoren verwendet und nicht immer mit dem Subjekt begonnen? Liest sich der Text flüssig?
> Weisen Sie die S außerdem darauf hin, dass sie gut lesbar und deutlich schreiben sollten.
> Am besten ist es, beide Teile des schriftlichen Ausdrucks vorher mit der angegebenen Zeit zu üben, sodass die S einschätzen können, wie lange sie individuell brauchen und ob ihnen die Zeit reicht.

### Teil 1: Produktion Meinungsäußerung verfassen
Arbeitszeit: 50 Minuten
S schreiben einen freien Text, in dem sie ihre Meinung äußern sollen, diese begründen, Alternativen vorschlagen, Vor- und Nachteile erläutern und über eigene Erfahrungen berichten, z. B. in einem Forumsbeitrag zum Thema „Köperschmuck wie Tätowierungen oder Piercings". Zu dem Thema gibt es ein Bild als Kontextualisierung. Der geforderte Textumfang beträgt mind. 150 Wörter. Dabei müssen vier vorgegebene Inhaltspunkte bearbeitet werden.

> **TIPP** Wichtig ist hierbei die Beachtung des erwarteten Schemas: Einleitung – Reihenfolge der Inhaltspunkte – Schluss
> Weisen Sie daraufhin, dass dieser Text in einem neutralen Register gehalten wird.
> S müssen unbedingt darauf achten, dass sie ALLE vorgegebenen Punkte bearbeiten, außerdem sollten sie zu jedem Punkt mindestens ein bis zwei Sätze schreiben, da für nur angerissene Inhaltspunkte Punkte abgezogen werden.
> Weisen Sie die S darauf hin, dass sie hier die gelernten Redemittel wie „eigene Meinung äußern", „Vor- und Nachteile nennen", „Alternativen beschreiben", „eigene Erfahrungen berichten" und „etwas vorschlagen" benutzen sollen. Redemittel zum Nachschlagen finden sie im KB.
> S sollen sich differenziert und nuanciert ausdrücken können, das gilt ebenso für den Wortschatz als auch für die Satzanfänge und Verknüpfungen.

### Teil 2: Interaktion: Korrespondenz – Persönliche Mitteilungen verfassen
Arbeitszeit: 25 Minuten
Hier müssen die S eine halbformelle persönliche Mitteilung verfassen (z. B. eine E-Mail an den Ausbildungsleiter wegen einer verpassten Sitzung im Praktikum schreiben), in der sie etwas erklären, beschreiben, etwas vorschlagen und höflich um etwas bitten. Dabei sind vier Inhaltspunkte zu beachten: sich höflich entschuldigen, Bedauern ausdrücken, um Verständnis bitten oder etwas erklären und um etwas bitten,. Der geforderte Textumfang beträgt mind. 100 Wörter.

> **TIPP** Das Schema Anrede – Reihenfolge der Inhaltspunkte – Schluss muss eingehalten werden.
> Die Reihenfolge der Inhaltspunkte entscheiden die S so, wie sie es am kohärentesten finden.
> Alle Inhaltspunkte müssen bearbeitet werden.
> Wichtig ist, dass die S hier das geforderte Register erkennen und so eine angemessene Anrede und Grußformel einsetzen und das Register und den Ton innerhalb des Textes nicht wechseln.
> Weisen Sie die S darauf hin, dass sie die gelernten Redemittel benutzen sollen. Redemittel zum Nachschlagen finden sie im KB.
> Die S sollen sich differenziert und nuanciert ausdrücken können, das gilt sowohl für den Wortschatz als auch für die Satzanfänge und Verknüpfungen.

# Prüfungsformate in *Aspekte | junior B2*

## Mündliche Prüfung

**Modul SPRECHEN**
Dauer insgesamt: ca. 15 Minuten
Die mündliche Prüfung wird normalerweise als Paarprüfung abgehalten, nur in Ausnahmefällen gibt es Einzelprüfungen. Das heißt, dass die S mehr miteinander sprechen als mit den Prüfern. Diese sind eher Moderatoren oder Impulsgeber.
Vor der Prüfung bekommen die S 15 Minuten Vorbereitungszeit.
Bewertet wird die Leistung der S nach folgenden Kriterien:
Teil 1:
- Aufgabenerfüllung (Sprachfunktionen, Inhaltspunkte, Fragen stellen und antworten)
- Kohärenz (Verknüpfung von Sätzen und Satzteilen, Flüssigkeit)

Teil 2:
- Aufgabenerfüllung (Sprachfunktionen, Inhaltspunkte)
- Interaktion (das Gespräch beginnen, auf den Partner eingehen, Register)

Teil 1 und 2:
- Wortschatz (Spektrum, Beherrschung)
- Strukturen (Spektrum, Beherrschung)
- Aussprache (Verständlichkeit)

Die Prüfung beginnt immer mit einer Aufwärmphase, in der die S sich vorstellen und einige Fragen der Prüfer zu ihrer Person beantworten. Dieser Teil der Prüfung wird nicht bewertet.

### Teil 1: Produktion/Interaktion: Vortrag
Dauer: 4 Minuten pro Vortrag
Dieser Teil der Prüfung ist monologisch und dialogisch. Die S müssen einen kleinen Vortrag zu einem Thema halten. Dabei haben die beiden S, die an der Prüfung teilnehmen, verschiedene Themen. Jede/r S kann aus zwei Themen auswählen und sich in der Vorbereitungszeit Notizen machen.
Die Struktur des Vortrages sollte eine Einleitung, einen Hauptteil und einen Schluss beinhalten. Normalerweise können sich S im Hauptteil an folgende Reihenfolge halten: Alternativen beschreiben, eine davon genauer beschreiben – Vor- und Nachteile nennen und bewerten. Beispiel: „Computer im Unterricht": Beschreibe verschiedene Alternativen. – Beschreibe eine Möglichkeit genauer. – Nenne Vor- und Nachteile und bewerte diese.
Am Ende der Präsentation in Teil 1 sollen die S auf die Präsentation des anderen Kandidaten reagieren, also eine Rückmeldung zur Präsentation geben und mindestens eine themenbezogene Frage zur Präsentation stellen. Der/Die Prüfer/in stellt auch eine Frage zum Vortrag. Umgekehrt müssen die S die Frage zu ihrer eigenen Präsentation beantworten. Dies wird auch bewertet.

> **TIPP**
> Ziel der Präsentation ist zu sehen, ob der/die S fähig ist, ein gewähltes Thema ausführlich und kohärent darzustellen, mit Beispielen zu belegen, die Vor- und Nachteile zu erläutern und mit der eigenen Meinung abzuschließen.
> Im Vordergrund stehen Inhalt und Ausführlichkeit des Themas und die Kohärenz des Vortrags.
> Raten Sie S, dass sie eine Gliederung für ihren Vortrag notieren, damit die Zuhörer der Argumentation gut folgen können.
> Wichtig ist ebenso v. a. die Verständlichkeit, ein flüssiges und natürliches Tempo und die sprachliche Verknüpfung der einzelnen Aspekte untereinander.
> Raten Sie S, abwechslungsreichen Wortschatz zu benutzen.
> S dürfen ihre Stichpunkte benutzen, sie sollten allerdings nicht ablesen.
> Zur Übung können S diese Vortragsart mit Uhr zu Hause proben, um so ein besseres Zeitgefühl zu bekommen. Sie können sich auch aufnehmen und später noch einmal anhören, um zu reflektieren, ob die Struktur verständlich war.
> Weisen Sie S daraufhin, dass es sehr wichtig ist, bei der Präsentation des anderen Prüfungskandidaten zuzuhören. Denn im Anschluss an den Vortrag müssen sie eine Rückmeldung geben und mindestens eine themenbezogene Frage zum Gehörten stellen.

**Teil 2: Interaktion: Argumente pro und kontra erörtern**
Dauer: 5 Minuten
In diesem Teil der Prüfung sollen die S ein Gespräch zu einer kontroversen Frage führen und ihre Positionen argumentativ vertreten. Sie bekommen ein Thema und verschiedene Punkte, über die sie sprechen sollen. Als Hilfe sind Stichpunkte vorgegeben, zu denen sich die S in der Vorbereitungszeit Notizen machen können. Es sollen aber auch eigene Ideen formuliert werden. Der Aufbau der Diskussion ist wie folgt: Standpunkte und Argumente zum Thema austauschen, auf Argumente des/der anderen reagieren, kurze Zusammenfassung am Ende: ist man dafür oder dagegen? Zu einem Konsens muss es nicht kommen, die Standpunkte müssen aber zusammengefasst werden.

Die S sollen hier zeigen, dass sie in der Lage sind, ihre Meinung sowie Zustimmung und Ablehnung ausdrücken zu können.
Wichtig ist, dass die S Argumente nennen und auf die Argumente des anderen Prüflings reagieren, es also zu einer wirklichen Interaktion kommt. Raten Sie den S, nicht immer nur auf das Gesagte des Gegenübers zu antworten, sondern auch selbst aktiv zu werden.
Geben Sie S den Tipp, auch für diesen Teil die passenden Redemittel zu wiederholen (s. Anhang im KB).
Ihre Stichpunkte dürfen S im Gespräch benutzen, aber sie sollen nicht ablesen.

# Deutsches Sprachdiplom II (DSD II)

Das DSD II der Kultusministerkonferenz der Länder in der Bundesrepublik Deutschland wird in der Regel von Schülerinnen und Schülern in den oberen Klassen der Sekundarschulen im Ausland als Nachweis der deutschen Sprachkenntnisse abgelegt. Für das DSD II werden 800 bis 1.200 Stunden Deutschunterricht (à 45 Minuten) vorausgesetzt.

Die Prüfung kann, je nach erreichter Punktezahl, in den jeweiligen Teilen auf dem Niveau B2 und C1 abgelegt werden. Bei Erreichen des Niveaus C1 gilt diese Prüfung als Nachweis für ein Hochschulstudium in Deutschland.

Bei der Bewertung sind folgende Punkte maximal zu erreichen. Dabei können, je nach Schwierigkeitsgrad, die Punkte in den Prüfungsteilen leicht variieren:

|  | max. Punkte | Wertigkeit | Punkte für C1 | Punkte für B2 |
|---|---|---|---|---|
| **Schriftliche Prüfung** |  |  |  |  |
| Leseverstehen | 24 | 25 % | 14–24 | 8–13 |
| Hörverstehen | 24 | 25 % | 14–24 | 8–13 |
| Schriftliche Kommunikation | 24 | 25 % | 12–24 | 8–11 |
| **Schriftliche Prüfung gesamt** | 72 | 75 % | mind. 40 | mind. 24 |
| **Mündliche Prüfung gesamt** | 24 | 25 % | 12–24 | 8–11 |

Wenn eine Schülerin oder ein Schüler die Prüfung nicht bestanden hat, kann sie/er die Prüfung einmal im Ganzen wiederholen.

# Prüfungsformate in *Aspekte | junior B2*

## Das DSD II auf einen Blick

|  | Nr. | Prüfungsziel | Textsorte | Aufgabentyp | *Aspekte \| junior B2* |
|---|---|---|---|---|---|
| **Lesen** | 1 | globales Verstehen | fünf Kurztexte à 70–80 Wörter, erweiterter Wortschatz, komplexe Strukturen (Kurzmeldungen, Anzeigen etc.) | Überschriften zuordnen (4 bleiben übrig) | ÜB K1 M2 Ü3 |
|  | 2 | selektives/detailliertes Verstehen | ein berichtender, erklärender Text, 400–450 Wörter, komplexe Strukturen (Dokumentation etc.) | Multiple Choice (richtig-falsch-nicht im Text) | KB K3 M2 A2a |
|  | 3 | selektives/detailliertes Verstehen inkl. Erschließen von impliziten Bedeutungen | ein erklärender Text, ca. 500 Wörter, erweiterter Wortschatz, inklusive Fachwortschatz (populärwissenschaftlicher Bericht etc.) | Sätze in 6 Lücken einsetzen (2 bleiben übrig) | KB K5 M4 A2 |
|  | 4 | globales/selektives/detailliertes Verstehen | ein argumentativ problematisierender Text, ca. 750 Wörter, breites Spektrum komplexer Strukturen (Zeitung, Nachrichtenmagazin etc.) | Multiple Choice (a, b, c) | ÜB K10 M4 Ü3 |
| **Hören** | 1 | globales/selektives/detailliertes Verstehen | ein dialogischer Hörtext, ca. 700 Wörter (Interview mit zwei oder drei Partnern des gesellschaftlichen und beruflichen Lebens) | Multiple Choice (a, b, c) | KB K5 M2 A2 |
|  | 2 | globales Verstehen | vier Hörszenen à ca. 100 Wörter, (quasi-authentische Kurztexte, Aussagen von Personen) | A: Zuordnung (Welche Aussage A, B, C passt?) | KB K2 M4 A2a |
|  |  |  |  | B: Zuordnung (Welcher Satz A–F passt? Zwei bleiben übrig) | KB K2 M4 A2b |
|  | 3 | globales/selektives/detailliertes Verstehen | ein monologischer, argumentierender Text, ca. 700 Wörter, umfangreicher Wortschatz und idiomatische Wendungen (Referat, Vortrag, Radioreportage etc.) | Multiple Choice (a, b, c) | ÜB K8 M2 Ü3a |
| **Schreiben** |  | zusammenhängende Textproduktion | ein Sachtext (ca. 200 Wörter) plus Grafik | Schreiben nach Vorlage und Leitfragen | KB K10 M2 A4 |
| **Sprechen** | 1 | zusammenhängender, monologischer Vortrag inkl. Stellungnahme<br><br>Standpunkt verteidigen | Schlüsselwörter als Impuls (3 von 7 müssen behandelt werden)<br><br>themenbezogene Fragen | Vortrag<br><br><br><br>freies und spontanes Sprechen | KB K9 M4 A2 |
|  | 2 | zusammenhängender, monologischer Vortrag inkl. Stellungnahme<br><br>auf Nachfragen, Einwände, Provokationen etc. reagieren | gewähltes Thema<br><br><br><br>auf das Präsentationsthema bezogene Fragen | Vortrag<br><br><br><br>freies und spontanes Sprechen | KB K10 M4 A5–6 |

# Prüfungsaufbau

## Schriftliche Prüfung

Die Reihenfolge der Prüfungsteile Leseverstehen, Hörverstehen und Schriftliche Kommunikation werden von den Schulen festgelegt. Nach den Teilen Leseverstehen und Hörverstehen haben die Teilnehmenden je 10 Minuten Zeit, ihre Antworten auf einem Antwortbogen einzutragen. Zwischen den Prüfungsteilen wird jeweils eine kurze Pause gemacht.

Weisen Sie die S darauf hin, dass Sie immer genug Zeit einplanen, um die Lösungen auf den Antwortbogen zu übertragen.
Die S sollen in jedem Fall, auch wenn sie sich unsicher sind, eine Antwort markieren, da keine Punkte für falsche Antworten abgezogen werden.
Da es nicht in allen Prüfungsteilen ein Beispiel für die Bearbeitung der Aufgaben gibt, ist es hilfreich, die Aufgaben mit den S Schritt für Schritt zu besprechen und so mögliche Bearbeitungsfehler zu vermeiden.

### Leseverstehen

Für die vier Prüfungsteile zu verschiedenen Textsorten und Lesestrategien haben die S insgesamt 75 Minuten Zeit. Die S können sich die Zeit selbst einteilen und entscheiden, mit welcher Aufgabe sie beginnen wollen. Ein Wörterbuch ist als Hilfsmittel nicht erlaubt.
Höchstpunktzahl: 24

Üben Sie mit den S alle Teile und geben Sie ihnen 75 Minuten Zeit, damit sie ein Zeitgefühl bekommen.
Besprechen und wiederholen Sie gemeinsam die jeweiligen Lesestile und Leseziele (global, selektiv, detailliert). Sind die jeweiligen Leseziele klar, können die S ihr Zeitmanagement und ihre Lesestrategien entsprechend darauf einstellen.
Da die S kein Wörterbuch benutzen dürfen, kann die Angst bestehen, dass sie wichtige Wörter nicht verstehen. Trainieren Sie deshalb noch einmal Strategien zur Worterschließung, wie z. B. Hypothesen zur Bedeutung aus dem Kontext bilden, Bedeutung mehrteiliger Wörter aus den jeweiligen Wortteilen erschließen etc. Machen Sie den S klar, dass sie bereits eine große Menge an Wissen haben, das ihnen beim Leseverstehen mehr hilft als die kleine Menge unbekannter Wörter, die ggf. für die Bearbeitung der Aufgabe selbst gar keine Rolle spielt.

### Teil 1: Globalverstehen

S bekommen in diesem Teil neun Überschriften und fünf kurze Texte, bei denen sie entscheiden müssen, welcher Text am besten zu welcher Überschrift passt. Vier Überschriften bleiben übrig.

S können Zeit sparen, wenn sie zuerst alle Überschriften lesen und die Schlüsselwörter markieren. Zum Teil ähneln sich Begriffe in den Überschriften. Daher sollten die S die Überschriften genau lesen und erfassen. Dann markieren die S die Schlüsselwörter in den einzelnen Texten und gleichen diese mit den Schlüsselwörtern der Überschriften ab.
Weisen Sie die S darauf hin, dass sie die Texte global lesen sollen, d. h. die Texte werden schnell gelesen und es wird nur auf wichtige (Schlüssel-)Informationen geachtet.
Raten Sie den S, einmal zugeordnete Überschriften zu streichen, um diese nicht immer wieder zu lesen.

### Teil 2: Selektives und Detailverstehen

S erhalten in diesem Prüfungsteil einen Lesetext und sieben Aussagen. Zu den Aussagen sollen die S entscheiden, ob diese richtig oder falsch sind oder der Text nichts zu dieser Aussage sagt. Die jeweils passende Bewertung soll angekreuzt werden.

Raten Sie den S, den Text einmal ganz durchzulesen. Die sieben Aufgaben sind in chronologischer Reihenfolge angeordnet: Nach dem ersten, orientierenden Lesen bearbeiten die S die erste Aufgabe und gehen dazu in den Text, bis sie diese beantwortet haben. Dann nehmen sie sich die zweite Antwort vor etc. Auf diese Weise können die S Zeit sparen und müssen den gesamten Text nicht mehrmals lesen. In den Aufgaben finden die S oft Umschreibungen oder Synonyme/Antonyme, die als Signale für die Bewertung dienen können. Raten Sie den S, auf Negationen, Zeitangaben, Adjektive etc. zu achten.
Erinnern Sie die S noch einmal daran, dass die Aufgabe nicht nach eigenem Wissen beantwortet werden soll. Es geht immer darum, was ganz konkret im Text steht.

# Prüfungsformate in *Aspekte | junior B2*

### Teil 3: Selektives und Detailverstehen
S bekommen einen Lesetext mit fünf Lücken. Dazu erhalten sie eine Liste mit sieben Sätzen. Die S sollen entscheiden, welche der sieben Sätze in die fünf Lücken passen. Zwei Sätze bleiben übrig.

In der Regel können die S aufgrund von vor- oder zurückverweisenden Informationen im Text und in den Sätzen entscheiden, welcher Satz wo passt. Zunächst sollten sich die S alle Sätze aus der Liste genau durchlesen. Oft erklären oder begründen die Sätze einen Sachverhalt oder zeigen eine bestimmte Konsequenz oder Folge. Somit erhalten die S bereits wertvolle Hinweise auf passende Textstellen aufgrund des Wortschatzes (Wortgruppen und -familien, Synonyme, etc.), aber auch aufgrund der Textgrammatik („diese" verweist z. B. auf etwas bereits Genanntes). Die S sollten also bei jeder Lücke darauf achten, was davor oder danach im Text gesagt wird.

### Teil 4: Globales, selektives und Detailverstehen
In diesem Prüfungsteil sollen die S zunächst einen längeren argumentativen-problematisierenden Text, z. B. aus einer Zeitung oder einem Magazin, lesen und danach sieben passende Aussagen finden. Dazu erhalten sie in sieben Aufgaben je drei Aussagen zur Auswahl (A, B, C) und müssen die jeweils passende ankreuzen. Es ist nur eine Lösung richtig.

Auch in diesem Prüfungsteil spielen die Schlüsselwörter im Text und in den Aufgaben eine entscheidende Rolle bei der erfolgreichen Bearbeitung. Die S sollten den Text also zunächst einmal überfliegen und dann die Aufgaben genau lesen und hier Schlüsselwörter markieren.
Im nächsten Schritt suchen die S die passende Textstelle zur Aufgabe. Dabei folgen die Aufgaben dem Textverlauf chronologisch.
Ist die Textstelle gefunden, vergleichen die S detailliert die Inhalte und Schlüsselwörter der Aufgaben mit dem Text (Steht es konkret so im Text? Steht die Information vollständig im Text? etc.) Nur bei vollständiger inhaltlicher (nicht wörtlicher!) Übereinstimmung passt die Aussage.
Die letzte Aufgabe bezieht sich immer auf den gesamten Text. Die S sollen zeigen, dass sie die globale Aussage des Textes verstanden haben. Hier gibt es also keine konkrete Textstelle, auf die sich die Aufgabe bezieht.

## Hörverstehen
Höchstpunktzahl: 24 Punkte
Die Dauer des Hörverstehens beträgt ca. 40 Minuten und umfasst drei Teile. Alle Arbeitsanweisungen und Pausen sind im Hörverstehen enthalten und die S können ihre Antworten zuerst auf den Aufgabenblättern notieren. Wörterbücher sind in dieser Teilprüfung nicht erlaubt. Nach allen drei Prüfungsteilen des Hörverstehens übertragen die S ihre Antworten auf den Antwortbogen. Dazu haben sie erneut 10 Minuten Zeit.

### Teil 1: Globales, selektives und Detailverstehen
Die S hören ein längeres Interview. Zu dem Interview sollen sie in acht Aufgaben entscheiden, wie die richtige Aussage lautet. Vor dem Hören haben die S zwei Minuten Zeit, die Aufgaben zu lesen. Während des Hörens kreuzen die S die passende Aussage an. Dazu werden den S drei Varianten an Aussagen (A, B, C) zur Auswahl angeboten. Nur eine Aussage ist pro Aufgabe richtig. Die S hören das Interview einmal.

Beim Lesen der Aufgaben sollten die S bereits Schlüsselwörter unterstreichen, um wesentliche Informationen für die spätere Auswahl schon einmal hervorzuheben.
Die S sollten beim Lesen der Aufgaben bereits Hypothesen entwickeln, worum es wohl beim Interview geht. Damit entlasten sie das kommende Hören.
Sollten die S bei einem Item unsicher sein, sollten sie nicht lange darüber nachdenken, sondern sich auf den weiteren Text konzentrieren, da sie das Interview nur einmal hören
Weisen Sie unbedingt darauf hin, dass sich die Formulierungen im Interview und in der Aufgabe unterscheiden. Im Interview werden die Aufgaben mit anderen Wörtern ausgedrückt oder umschrieben.

**Teil 2 (A und B): Globalverstehen**
Im zweiten Teil hören die S kurze Aussagen von vier Personen zu einem Thema.
Im Teil A sollen die S beim Hören entscheiden, welche von drei Aussagen zu den Personen passt. Eine Aussage passt bei zwei Personen. Für das Lesen der drei Aussagen bekommen die S vor dem Hören 30 Sekunden Zeit.

> **TIPP** Raten Sie den S, in der Vorbereitungsphase die Schlüsselwörter in den drei Aussagen zu markieren, damit sie auf diese Informationen beim Hören achten können.
> Machen Sie deutlich, dass es nur um die tatsächlichen Aussagen der vier Personen geht und nicht darum, was die S in diese Aussagen interpretieren.

Im Teil B sollen die S aus einer Liste von sechs Aussagen, vier Aussagen den vier Personen zuordnen. Zwei Aussagen bleiben übrig und können niemandem zugeordnet werden. Zum Lesen der Aussagen haben die S eine Minute Zeit. Danach hören die S die Statements der vier Personen ein zweites Mal und kreuzen die passenden Aussagen beim Hören an.

> **TIPP** Im ersten Schritt ist auch hier wieder beim Lesen der Aussagen das Markieren von Schlüsselwörtern wichtig und für die Weiterarbeit hilfreich.
> Während des Hörens können die S die Liste mit den sechs Aussagen bei jeder Person mitlesen. Wie bei einer Checkliste können die S zu jeder Person notieren oder markieren, ob etwas zu der Aussage und den Schlüsselwörtern gesagt wird oder nicht. Erst danach kreuzen die S mithilfe ihrer Notizen in der Liste an.

**Teil 3: Globales, selektives und Detailverstehen**
Hier geht es um das Verstehen eines längeren monologischen argumentierenden Textes, wie einen Vortrag, ein Referat o. Ä. Der Text wird insgesamt zweimal gehört. Die S lösen dazu acht Multiple-Choice-Aufgaben, bei denen sie die jeweils richtige Lösung ankreuzen müssen. Nur eine Lösung ist korrekt. Für das Lesen der Aufgaben haben die S zwei Minuten Zeit.

> **TIPP** Die S sollten die Vorbereitungszeit dazu nutzen, die Aufgaben genau zu lesen und hier Schlüsselwörter zu markieren.
> Beim ersten Hören können die S bereits die Aufgaben lösen, die ihnen leicht und eindeutig erscheinen, andere Aufgaben entscheiden sie erst beim zweiten Hören, da längeres Nachdenken das intensive Zuhören unterbrechen würde.
> Nach dem zweiten Hören sollten die S die Lösungen noch einmal zur Kontrolle durchlesen.
> Die letzte Aufgabe bezieht sich immer auf den gesamten Text. Die S sollen zeigen, dass sie die globale Aussage des Textes verstanden haben. Welche Aussage passt also generell zum gesamten Text?

**Schriftlicher Ausdruck**
S erhalten mehrere Impulse, um einen zusammenhängenden Text zu einem vorgegebenen Thema selbstständig zu verfassen: einen Sachtext, z. B. aus einer Zeitung, der etwa 200 Wörter umfasst, sowie eine Grafik zum Thema.
In ihrem Text sollen die S drei Aspekte berücksichtigen:
- Wichtige Aussagen aus dem Text herausarbeiten
- Die Grafik anhand von wichtigen Daten auswerten
- In Form einer ausgearbeiteten Stellungnahme ausführlich Stellung zum Thema nehmen

Für die Erarbeitung des zusammenhängenden Textes, inklusive Lesen des Textes, der Grafik etc. haben die S 120 Minuten Zeit zur Verfügung. Sie dürfen ein einsprachiges und/oder mehrsprachiges Wörterbuch benutzen. Eine Anzahl der Wörter wird für den verfassten Text nicht vorgegeben. Eine Gliederung des Textes wird folgendermaßen erwartet:
Einleitung – Überleitung zur Textwiedergabe – Überleitung zur Grafikauswertung – Überleitung zur Erörterung/Stellungnahme mit Argumentation und eigener, begründeter Meinung sowie die Überleitung zu einem Schluss.
In der Bewertung können maximal 24 Punkte erreicht werden. Dabei werden die Bereiche Gesamteindruck (max. 6 Punkte), Inhalt (max. 9 Punkte), sowie sprachliche Mittel (max. 6 Punkte) und grammatische Korrektheit (max. 3 Punkte) bewertet.

# Prüfungsformate in *Aspekte | junior B2*

**TIPP** Raten Sie den S, die Vorlagen genau zu lesen und dort, wo wichtige Informationen/Wörter unklar sind, das Wörterbuch zu benutzen. Wichtige Informationen können markiert oder notiert werden. Nicht jedes Wort nachschlagen, denn das kostet zu viel Zeit!
Bevor die S mit dem Schreiben beginnen, sollten sie sich eine erste Ideensammlung anlegen. Dafür eignet sich ein Raster mit einer Gliederung in Einleitung, Textwiedergaben, Grafikauswertung etc., in das die S ihre Notizen und ersten Ideen eintragen. So ist der Text bereits vorstrukturiert und kein Element wird vergessen.
Raten Sie den S unbedingt davon ab, den gesamten Text zuerst auf Konzeptpapier zu schreiben. Zum endgültigen Abschreiben reicht die Zeit in der Prüfung nicht.
S sollten sich die Zeit so einteilen, dass sie am Ende noch die Möglichkeit haben, ihren Text komplett zu lesen und evtl. Fehler zu korrigieren. Immerhin sind 9 von 24 Punkten an sprachliche Aspekte gebunden.

**TIPP** Erinnern Sie die S daran, dass sie den Text in eigenen Worten wiedergeben sollen. Wenn Sie auf Aussagen verweisen, müssen diese entsprechend zuzuordnen sein (Prof. … legt dar, dass …). Raten Sie den S Wiederholungen zu vermeiden und den Text auch dann sachlich wiederzugeben, wenn sie die Wiedergabe bereits mit ihrer Stellungnahme verschränken.

**TIPP** Für eine gute Grafik-Beschreibung ist es wichtig, dass S zwei oder mehr Werte miteinander vergleichen, z. B. den höchsten und den tiefsten. Wichtig ist hier die Herausarbeitung der Zentralaussagen der Grafik.
Weisen Sie die S darauf hin, dass sie Text und Grafik in Beziehung zueinander setzen müssen.
Die Grafikbeschreibung endet mit einem abschließenden Satz, der eine Zusammenfassung oder kurze Interpretation ist, keine Wiederholung der zuvor Gesagten.

**TIPP** In der begründeten Stellungnahme sollen die S die Vor- und Nachteile zum Thema darlegen und dabei ihre eigene Meinung äußern und argumentativ belegen. Die Argumentation muss logisch aufgebaut sein. Weisen Sie die S daraufhin, dass sie bei diesem Teil an die Konnektoren denken, um die Sätze logisch und variantenreich zu verknüpfen.

## Mündliche Prüfung

Höchstpunktzahl: 24 Punkte
Dauer insgesamt: 20 Minuten (plus 20 Minuten Vorbereitungszeit für den Kurzvortrag).
Die Prüfung wird als Einzelprüfung durchgeführt. Der/Die Prüfer/in sind in den dialogischen Teilen die Gesprächspartner. Zudem gibt es eine/n Beisitzer/in in der Prüfung, der/die die Prüfung schriftlich dokumentiert. Eine weitere Person hat den Prüfungsvorsitz und informiert über die Verschwiegenheitsregeln und überwacht den Ablauf der Prüfung.
Die Prüfung ist in zwei Teile unterteilt: Kurzvortrag und Präsentation. Die Themen beider Prüfungsteile entsprechen nicht mehr der direkten Erfahrungswelt der S und haben eine komplexe und argumentative Struktur.

Bei der Bewertung zum Inhalt werden die Aspekte *Strukturierung, Multiperspektivität* und *argumentative Entwicklung* herangezogen. Die S betrachten ein Thema also nicht allein vom eigenen Standpunkt aus, sondern sind auch in der Lage, andere Positionen und Interessen zu thematisieren. Im Teil Präsentation wird darüber hinaus auch das Merkmal *übergeordneter Zusammenhang* bewertet, wobei die S zeigen, dass sie Aspekte begründen, Zusammenhänge herstellen, sowie nationale, internationale oder globale Einbettungen des vorgetragenen Themas herausarbeiten und aus unterschiedlichen Blickwinkeln betrachten können. Hier müssen die S auch einen Bezug zum deutschsprachigen Kulturraum herstellen.

Für den **Kurzvortrag** erhalten die S ein Aufgabenblatt mit einem übergeordneten Thema zu dem weitere Stichworte gegeben werden. Als Hilfsmittel darf ein einsprachiges und/oder mehrsprachiges Wörterbuch in der Vorbereitung genutzt werden. Außerdem stehen den S Papier, Stifte und Folien zur Verfügung, aus denen sie Materialien zur Unterstützung ihres Vortrages gestalten können.

Die **Präsentation** bezieht sich auf ein Projekt, das vor der Prüfung im Unterricht bearbeitet wurde. Die S präsentieren ein vorher vorbereitetes Spezialthema aus dem Projekt und bringen in Absprache mit dem/der Prüfer/in Präsentationsmaterialien (Plakat, Präsentationsfolien o. Ä.) und Stichwortkarten zur Unterstützung der eigenen Präsentation mit.

Die Punkte für die Bewertung setzen sich folgendermaßen zusammen:

| Teilprüfung | Welche Aspekte werden bewertet? | Punkte |
|---|---|---|
| Kurzvortrag | Inhalt | 3 |
|  | Sprachliche Mittel | 3 |
| Präsentation | Inhalt | 3 |
|  | Sprachliche Mittel | 3 |
|  | Präsentieren | 3 |
| Kurzvortrag + Präsentation | Grammatische Korrektheit | 3 |
|  | Aussprache und Intonation | 3 |
|  | Interaktion | 3 |
| Maximale Punktzahl |  | 24 |

In beiden Teilprüfungen gibt es einen monologischen Teil (Vortrag/Präsentation) und einen dialogischen Teil (Diskussion/Gespräch mit Prüfer). Lassen Sie die S passende Redemittel zu beiden Teilen sammeln. Da das monologische Sprechen weniger alltäglich und damit ungewohnter ist, wiederholen und üben Sie im ersten Schritt gemeinsam an einfachen Themen das freie strukturierte Sprechen zunächst zu einem und schrittweise zu mehreren Themenaspekten. Die S üben in Kleingruppen, wobei die S sich gegenseitig gezielt zu unterschiedlichen Kriterien (Korrekte Sprache, Inhalt, Aussprache/Intonation, Auftreten/Interaktion etc.) beobachten und Vorschläge für Verbesserungen machen.
Sollten die S im Prüfungsgespräch, das an den Kurzvortrag anschließt, etwas nicht verstehen, raten Sie ihnen nachzufragen und nicht einfach irgendetwas zu antworten.

**Teil 1: Kurzvortrag**
Zeit:  Monologischer Teil: 3–5 Minuten Vortrag
        Dialogischer Teil: 4–5 Minuten Gespräch (vertiefende Fragen und Diskussion)

S haben die Aufgabe, in wenigen Minuten frei und selbstständig über das vorgegebene Thema zu sprechen. Um das Thema zu vertiefen sollen drei Stichworte aus dem Aufgabenblatt in den Vortrag integriert werden. Die S dürfen weitere, eigene Stichworte, in den Vortrag aufnehmen und nutzen. Während des Vortrags können die S vorbereitete Materialien wie z. B. Folien oder Notizen zur Unterstützung nutzen.

An den Vortrag schließt sich ein Gespräch mit einem Prüfer / einer Prüferin an, der/die weitere Fragen zum Thema oder zu den genannten Stichworten stellt. Die S können hier ihren Vortrag weiter ausführen und die Fragen beantworten. Ziel ist es, eine Diskussion zu führen, in der die S ggf. bestimmte Punkte genauer erläutern oder verteidigen sollen.

Raten Sie den S im eigenen Vortrag nur über solche Stichworte zu sprechen, die sie leicht verstehen konnten und zu denen ihnen spontan etwas einfällt. Die gewählten Stichworte werden ggf. auch in der Diskussion eine Rolle spielen.
Raten Sie den S, sich eine logische Reihenfolge für ihre Stichworte zu überlegen.
Ermuntern Sie die S dazu, die Möglichkeit zu nutzen, Materialien in der Vorbereitungszeit zu erstellen. Mit grafischer Unterstützung, z. B. einem Cluster oder einer Mindmap, kann man sich schnell und einfach eine visuelle Hilfe erstellen, an der man sich während des Vortrags orientieren kann. Mit dem Verweisen auf die Materialien wissen die Zuhörer auch genau, über welchen Teilaspekt man gerade spricht.
Die Schlüsselwörter auf der Folie müssen fehlerfrei geschrieben sein. Raten Sie den S bei Zweifeln im Wörterbuch nachzusehen.

# Prüfungsformate in *Aspekte | junior B2*

**Teil 2: Präsentation**
Zeit: Monologischer Teil: ca. 5 Minuten Präsentation des Projekts
Dialogischer Teil: 5–6 Minuten Präsentation des vorbereiten Spezialthemas und anschließendes Gespräch über das Spezialthema und das Projekt allgemein.

In dieser Teilprüfung bringen die S bereits vorbereitetes Material für ihre Präsentationsteile zum Gesamtprojekt und zum Spezialthema mit.

An die Präsentationsteile schließt sich ein Gespräch an, in dem der/die Prüfer/in Fragen zu den Themen stellt und zu denen die S Informationen oder Erkenntnisse zum Thema weiter ausführen können. Während des Gesprächs sollen die S auch in Lage sein, auf gegenteilige Meinungen oder Einwände zu reagieren.

**TIPP**

Die S sollten sich als „Experten" in ihrem Spezialthema fühlen. Dazu ist es wichtig, dass sie wichtige Begriffe definieren und mit Beispielen erklären können. Zur Vorbereitung können die S zu wichtigen Begriffen Umschreibungen, Synonyme und ähnliche Begriffe heraussuchen die sie als Varianten in ihren Vortrag einbauen können.
Die S sollten die Präsentationsteile Einleitung, Hauptteil und Schluss berücksichtigen.
Raten Sie den S, die Präsentationsstruktur in der Einleitung deutlich zu machen und sich einen Abschlusssatz zu überlegen.
Üben Sie mit den S die Visualisierung: keine überladenen Plakate, fehlerfrei, ansprechend gestaltet (Symbole, Bilder, Fotos).
Eine Präsentation braucht mehr als Fakten. Sie soll Interesse bei den Zuhörern wecken, über Neues informieren, Ansichten diskutieren und zusammenfassen. Den S stehen zahlreiche Redemittel zur Verfügung (s. Anhang Kursbuch), mit denen sie Inhalte gezielt transportieren und Aufmerksamkeit schaffen können.

# Lösungen zum Übungsbuch

## Kapitel 1 — Heimat ist …

### Wortschatz

**Ü2** (1) Geburtsort, (2) vertraut, (3) verbunden, (4) Welt, (5) Menschen, (6) Traditionen, (7) fremd, (8) zeitgemäß, (9) bedeutet, (10) Wurzeln, (11) Geruch, (12) geborgen

**Ü3** 1. b, 2. e, 3. d, 4. f, 5. c, 6. a

**Ü4** 1. die Muttersprache, -n, 2. das Heimweh, 3. die Beziehung, -en, 4. der Unterschied, -e, 5. die Sehnsucht, 6. die Entscheidung, -en, 7. die Erfahrung, -en, 8. das Gefühl, -e, 9. der Alltag, 10. das Verhalten

**Ü5** finden – suchen, gemeinsam – allein, ausziehen – einziehen, vertraut – fremd, offen – verschlossen, sich erinnern – vergessen, sich fremd fühlen – sich geborgen fühlen, weggehen – zurückkehren, ablehnen – annehmen, sich bemühen – sich nicht anstrengen, gewinnen – verlieren

### Modul 1 Neue Heimat

**Ü1** (1) b, (2) b, (3) c, (4) c, (5) c, (6) a, (7) b, (8) b, (9) b, (10) b

**Ü2** 2. Alle haben sie ihm gegeben. 3. Ich hoffe, er schickt uns viele Fotos von seinem neuen Leben in Wien. 4. Pauls Eltern haben sie ihr geschickt. 5. Seine Mutter hat sie ihm erklärt. 6. Seine neue Stadt ist bestimmt toll und im Sommer zeigt er sie mir.

**Ü3** 2. Ich habe es dir doch schon zurückgegeben. 3. Ich habe sie ihm doch schon gegeben. 4. Ich habe ihn ihr doch schon gebracht. 5. Wir haben ihn ihm schon erklärt.

**Ü4** 2. Der Zug startete wegen technischer Probleme mit großer Verspätung vom Bahnhof Nürnberg. 3. Ziemlich erschöpft fuhren wir nach unserer Ankunft zu Mira. 4. Wir haben an unserem ersten Tag aus Neugier auf die Stadt zusammen eine Stadtrundfahrt gemacht. 5. An den nächsten Tagen lagen wir wegen des schönen Wetters meistens faul am Strand. 6. Mir war während der ganzen Zeit wegen der starken Wellen ziemlich schlecht. 7. Am Ende haben wir im Zentrum ein paar neue Klamotten und Geschenke gekauft. / Am Ende haben wir ein paar neue Klamotten und Geschenke im Zentrum gekauft. 8. In den Ferien vergeht die Zeit immer viel zu schnell. 9. Leider haben meine Eltern uns nach zwei Wochen mit dem Auto abgeholt.

**Ü5** 2. Ich schicke meinen alten Freunden fast jeden Tag eine Nachricht. 3. Zum Abschied haben sie mir ein tolles Poster mit vielen Fotos geschenkt. 4. Ich habe sie ihr noch nicht vorgestellt. 5. Ich helfe meinem Bruder jetzt oft in der Schule.

**Ü6a** (1) von, (2) nach, (3) mit, (4) über, (5) um, (6) auf, (7) auf, (8) an, (9) um, (10) mit, (11) über, (12) an

**Ü6b** 1. Ben hat sich schon immer für andere Länder interessiert. 2. Er hat sich letzten Sommer intensiv auf sein Auslandsschuljahr vorbereitet. 3. Mit einer großen Party hat er sich vor der Abreise von seinen Freunden verabschiedet. 4. Ben hat sich nach den ersten Anfangsschwierigkeiten schnell an das andere Klima in Texas gewöhnt. 5. Er mag seine Gastfamilie und seine Mitschüler helfen ihm manchmal bei den Hausaufgaben.

### Modul 2 Ein Land, viele Sprachen

**Ü1** 1. das Gefühl, 2. trösten, 3. der Zusammenschluss, 4. konfrontieren, 5. sich vergrößern, 6. anerkennen, 7. verwenden, 8. veröffentlichen, 9. die Verpackung, 10. die Verhandlung

**Ü2a** 1. c, 2. c, 3. b, 4. d, 5. a

**Ü2b** 6. a, 7. b

**Ü3** 1G, 2C, 3E, 4H, 5F

### Modul 3 Missverständliches

**Ü2a** 1. falsch, 2. richtig, 3. falsch, 4. richtig

**Ü3** 1. Gestern Morgen ist niemand zu spät zum Sportunterricht gekommen. 2. Das habe ich noch nie erlebt. 3. Wir haben in der Schule nichts Interessantes gemacht. 4. Louis hat keine/wenige Abenteuer während seiner Reise erlebt. 5. So ein Reisesouvenir kann man nirgends/nirgendwo kaufen. 6. Ich habe schon viele Fotos gemacht. 7. Ich bin nicht mehr auf der Suche nach einem geeigneten Thema für den Aufsatz.

**Ü4** 2. ungeduldig, 3. arbeitslos, 4. uninteressant, 5. unvernünftig, 6. intolerant, 7. irreparabel

**Ü5a** 2. Das Thema hat mich nicht interessiert. 3. Die Musik war nicht gut. 4. Außerdem wurde der Film nicht in meinem Ort gedreht. 5. Ich glaube, den Film sehe ich mir nicht noch einmal an. 6. Meine Cousine interessiert sich nicht für den Film.

**Ü5b** 2. Nein, es / unser Haus ist nicht weit weg vom Bahnhof. 3. Nein, ich habe heute nicht (mehr) viel zu tun. 4. Nein, wir können nicht mit dem Fahrrad um den See herumfahren. 5. Nein, die Reise war nicht sehr anstrengend. 6. Nein, ich habe noch nicht lange auf dich gewartet. 7. Nein, wir gehen heute Abend nicht ins Kino. 8. Nein, wir gehen morgen (lieber) nicht in die Stadt.

**Ü5c** 1. Nicht Tim hat gestern an dem Test teilgenommen, sondern ich. 2. Tim hat gestern nicht an dem Test teilgenommen, sondern für den Test gelernt. / Tim hat gestern an dem Test nicht

# Lösungen zum Übungsbuch

teilgenommen, sondern ihn geschwänzt. 3. Tim hat gestern nicht an dem Test teilgenommen, sondern am Seminar. 4. Tim hat nicht gestern an dem Test teilgenommen, sondern vorgestern.

## Modul 4  Zu Hause in Deutschland

**Ü1** (1) bunter, (2) Pass, (3) Staatsbürgerschaft, (4) Einwohner, (5) Wurzeln, (6) Städte, (7) Staaten

**Ü2a** 1. Ansicht, 2. Standpunkt, 3. überzeugt, 4. Meinung

**Ü2b** 2. c, 3. a, 4. c, 5. c, 6. b, 7. c, 8. a, 9. b, 10. c, 11. c, 12. b, 13. b, 14. c, 15. a, 16. b, unhöflich: 7, 10, 14

**Ü3** 1. unterstützen, 2. lösen/verstehen, 3. machen, 4. investieren, 5. aufbauen, 6. gründen/auszeichnen, 7. auszeichnen, 8. verstehen, 9. lernen/verstehen, 10. fühlen

# Kapitel 2    Sprich mit mir!

## Wortschatz

**Ü1a** 1. antworten/erwidern, 2. darstellen/erklären, 3. protestieren/widersprechen/schimpfen, 4. widersprechen/protestieren, 5. flüstern, 6. stottern, 7. schimpfen/schreien/protestieren, 8. behaupten, 9. schreien, 10. erzählen

**Ü1b** 2. sprechen, 3. ergänzen, 4. antworten, 5. ablehnen, 6. protestieren, 7. zustimmen, 8. erklären, 9. berichten, 10. jammern

**Ü1c** (1) erkundigt, (2) erklärt, (3) erzählt/berichtet, (4) fragen, (5) erwidert/ergänzt/hinzugefügt, (6) ablehnen, (7) antworten, (8) protestieren, (9) zugestimmt

**Ü2** 1. Verkaufsgespräch, 2. Telefongespräch, 3. Selbstgespräch, 4. Streitgespräch, 5. Beratungsgespräch

**Ü3** (1) ansprechen, (2) versprochen, (3) spricht … aus, (4) widersprechen, (5) besprechen, (6) versprochen

## Modul 1  Gesten sagen mehr als tausend Worte …

**Ü1** 1. g, 2. a, 3. d, 4. h, 5. c, 6. e

**Ü2** (2) größere, (3) guten, (4) wichtigste, (5) fester, (6) wichtig, (7) leichter, (8) große, (9) ruhiger, (10) leichter, (11) kleinen, (12) starke

**Ü3** 1. als, 2. wie, 3. als, 4. als, 5. wie

**Ü4** Musterlösung: 1. Das Buch war genauso interessant, wie ich gedacht habe. 2. Der Film dagegen ist langweiliger, als ich erwartet habe. 3. Der Test war genauso schwierig, wie alle geglaubt hatten. 4. Mathe ist viel leichter, als man denkt. 5. Gesundes Essen ist viel besser, als ich angenommen habe. 6. Bewegung ist genauso wichtig, wie ich immer dachte.

**Ü5** 2. Je mehr man liest, desto/umso umfangreicher wird der Wortschatz. 3. Je öfter man die Wörter wiederholt, desto/umso fester prägt man sie sich ein. 4. Je deutlicher du sprichst, desto/umso besser wirst du verstanden. 5. Je mehr du übst, desto/umso sicherer wirst du im Sprechen.

**Ü6** 2. Je jünger Kinder sind, desto/umso größer ist die Bereitschaft zu lernen. 3. Je mehr Sprachen man spricht, desto/umso schneller lernt man neue Fremdsprachen. 4. Je länger man im Ausland wohnt, desto/umso besser lernt man das neue Land kennen. 5. Je mehr Muttersprachler man kennt, desto/umso öfter hat man die Möglichkeit, die Sprache anzuwenden.

## Modul 2  Sprachen kinderleicht?!

**Ü1b** 1. zehn; 2. Kroatisch, Spanisch, Französisch, Deutsch; 3. wer / welche Person

**Ü1c**

| Spielerisch lernen | Lesen | Sprechen |
|---|---|---|
| – Ohne Anleitung / Regeln lernen<br>– Sprache selbst ausprobieren, wann und wie man will (wie ein Kind)<br>– Beispiele: Reihen mit ähnlichen Wörtern, Wörter mit Emotionen verbinden | – Comics oder spannende Geschichten gelesen: Wörter schneller merken<br>– Erst Wörter gelesen, dann Sätze, dann versucht, ein System zu erkennen<br>– Gut für den Anfang | – Wichtig, um Sprache flüssig zu lernen<br>– Sätze nicht nur mit Grammatik bauen, auch durch Imitation: Hören, was andere sagen und nachsprechen<br>– Selbst beim Sprechen korrigieren, bis es richtig ist |

**Ü1e** 1. Sprache selbst entdecken und ausprobieren, 2. mehr natürliche Situationen für die Sprache schaffen (mit Muttersprachlern sprechen, singen, Filme sehen), 3. viele Lesetexte zur Auswahl (spannend, verrückt, Sport, Mode, Internet)

**Ü1f** 2, 3 und 4

**Ü2** die Fachsprache, die Kurssprache / der Sprachkurs, der Sprachlehrer, die Muttersprache, die Aussprache, die Fremdsprache, die Alltagssprache, die Sprachbarriere, der Spracherwerb, der Sprachwitz, die Sprachschule / die Schulsprache, die Sprachbeherrschung, das Sprachniveau, das Sprachgefühl

**Ü3a** 1. c, 2. a, 3. b, 4. e, 5. d

## Modul 3  Jugendsprache – schwere Sprache?

**Ü1** 1. handelt es sich um, 2. gibt es, 3. kommt es … an, 4. Es geht… um

**Ü2** 2. Ich sage es jetzt zum letzten Mal: Räum dein Zimmer auf! Ich meine es ernst. 3. Ich muss noch in die Bibliothek. Sie schließt gleich. Ich habe es eilig. 4. Ich verreise übers Wochenende mit meinen Eltern. Ich lasse es mir gut gehen.

**Ü3** 2. nieseln – es nieselt, 3. blitzen – es blitzt, 4. regnen – es regnet, 5. schneien – es schneit, 6. gewittern – es gewittert, 7. donnern – es donnert, 8. hageln – es hagelt

**Ü4** 2. Am Wochenende wird es aber wärmer. 4. Ist es bei euch auch so regnerisch? 6. Für die Jahreszeit ist es zu warm. 8. Im Norden regnet es schon seit Wochen nicht mehr.

**Ü5** A (1) es, (2) –, (3) es, (4) Es, (5) es
B (1) es, (2) es, (3) –
C (1) es, (2) es, (3) –
D (1) –, (2) –, (3) es

**Ü6a** Musterlösung: 2. Es langweilt mich, dass du immer dasselbe erzählst. 3. Es freut mich, dass du mit mir ins Kino gehst. 4. Es wundert mich, dass er zu spät kommt. 5. Es erschreckt mich, dass du so etwas tust.

**Ü6b** 1. Es ist schade, dass du schon gehen musst. 2. Es freut mich, dass ich den Test bestanden habe. 3. Es ist wichtig, / Es freut mich, dass du morgen in die AG kommst. 4. Es nervt mich, / Es beunruhigt mich, dass mein Lehrer mit meinen Eltern sprechen will. 5. Es nervt mich, dass du mich ständig das Gleiche fragst.

**Ü7** 1. Was für ein Wetter! Fast jeden Tag regnet es. 2. Dass das Sportfest morgen ausfallen musst, ist möglich. 3. Morgen soll es sogar einen Sturm geben. 4. Dass das Sportfest morgen vielleicht ausfallen muss, finde ich ärgerlich. 5. Dass das Sportfest stattdessen in der Halle stattfinden kann, ist aber nicht ausgeschlossen.

## Modul 4 Wenn zwei sich streiten, …

**Ü2a** konstruktiv: zuhören, akzeptieren, tolerieren, einsehen, nachgeben, diskutieren, verstehen, vorschlagen; destruktiv: beleidigen, abblocken, schreien, brüllen, toben, ignorieren

## Aussprache Mit Nachdruck sprechen

**Ü1a** (hörst …) zu, sprechen, beschwert, laut, viel zu laut, richtig, entschuldigen, Entschuldigen
**Ü1c** A 1, 2, 3, 5; B 3, 4; C 1, 2, 5; D 3, 5

# Kapitel 3 Ganz schön sportlich

## Wortschatz

**Ü1a** 1. surfen, 2. segeln, 3. klettern, 4. turnen, 5. fechten, 6. rudern, 7. tauchen, 8. reiten
**Ü1b** (1) warmmachen, (2) Muskelkater, (3) mich … verletzt, (4) aussetzen, (5) sportlich, (6) Sportart, (7) Wettkämpfen, (8) Siegerehrung, (9) Mannschaft, (10) Finale, (11) geschossen, (12) Niederlagen, (13) Teamgeist
**Ü1c** a – g, b – f, c – i, d – h, e – j
**Ü2** 1. c, 2. g, 3. a, 4. b, 5. f, 6. e, 7. d
**Ü3** der Leistungssport, die Nationalmannschaft, der Nationalsport, die Sporthalle, die Sportveranstaltung, das Sporttraining, das Sportstudio, das Spielfeld, die Weltmeisterschaft, der Schiedsrichter, die Verletzungsgefahr, das Ausdauertraining, der Ausdauersport, die Turnhalle, der Turnsport, die Turnmannschaft, das Turntraining, die Turnveranstaltung, das Fitnessstudio, das Fitnesstraining, das Trainingslager
**Ü4** 1. d, 2. e, 3. b, 4. f, 5. c, 6. a

## Modul 1 Ein Leben für den Sport

**Ü1** 1. führen, 2. verzichten, 3. vereinbaren, 4. entwickelt, 5. vorstellen, 6. erfüllt
**Ü2a** 1. Entweder studiert Max nach dem Abitur Sport oder er macht eine Ausbildung als Physiotherapeut. Max studiert entweder nach dem Abitur Sport oder er macht eine Ausbildung als Physiotherapeut. 2. Einerseits will Helena an Wettkämpfen teilnehmen, andererseits hat sie keine Lust auf das ständige Training. Helena will einerseits an Wettkämpfen teilnehmen, andererseits hat sie keine Lust auf das ständige Training.
**Ü2b** 1. Daniel hat weder den Trainer angerufen, noch seinen Freunden Bescheid gesagt. 2. Tim will zwar viel Sport machen, aber er will auch Zeit für seine Freunde haben. 3. Linda achtet nicht nur auf ihre Fitness, sondern ernährt sich auch gesund. 4. Mika hat sowohl den Wettkampf gewonnen, als auch die Aufnahmeprüfung im Sportinternat bestanden.
**Ü2c** Je öfter Tina durch den Park läuft, desto schneller wird sie.
**Ü3** 2. Je … desto, 3. zwar … aber, 4. Einerseits … andererseits, 5. Entweder … oder, 6. weder … noch, 7. nicht nur … sondern auch

## Modul 2 Ist eSport ein richtiger Sport?

**Ü1a** 1. nachgehen, 2. gründen, 3. anerkennen, gründen, fördern, 4. teilnehmen, 5. garantieren, 6. organisieren, 7. fördern
**Ü1b** 1. das Verständnis, 2. die Änderung, 3. die Anerkennung, 4. die Organisation, 5. die Verbreitung, 6. die Koordination, 7. die Gründung, 8. die Teilnahme, 9. die Veranstaltung, 10. der Aufbau, 11. die Förderung, 12. die Garantie
**Ü2** 1. Argument, 2. Gründe, 3. Seite, 4. Einwand, 5. Vergleich

## Modul 3 Sport gegen Gewalt

**Ü1a** 1. Einkaufszentrum, 2. Jugendliche, 3. Polizei, 4. Taekwondo, 5. Verein, 6. trainieren, 7. Regeln, 8. Stresssituationen/Konflikte, 9. Hilfe/Unterstützung, 10. immer/jederzeit, 11. Straftaten

# Lösungen zum Übungsbuch

**Ü1b** 1. bewältigen, 2. übernehmen, 3. lernen, 4. halten, 5. vertreiben, 6. respektieren, 7. vermeiden, 8. entwickeln, 9. abschließen, 10. stellen

**Ü2** 1. die, 2. den, 3. deren, 4. dem, 5. der, 6. dessen, 7. denen

**Ü3** 2. Wer sich fit fühlt, (der) ist leistungsfähig. 3. Wer leistungsfähig ist, (der) hat Erfolg in der Schule. 4. Wer Erfolg in der Schule hat, (der) bekommt einen guten Ausbildungsplatz. 5. Wer einen guten Ausbildungsplatz bekommt, (der) verdient später viel Geld.

**Ü4** 2. Wem es gefällt, andere Menschen zu trainieren, der könnte in einem Sportverein aktiv werden. 3. Wer soziale Kontakte sucht, dem hilft die Mitgliedschaft in einem Verein. 4. Wer körperlich nicht fit ist, den informiert der Arzt über Bewegungsmöglichkeiten. 5. Wen Yoga interessiert, der kann sich zu einem Kurs anmelden.

**Ü5** 1. Wer, (der), 2. Wer, dem, 3. Wem, der, 4. Wen, der, 5. wen, der, 6. Wer, (der)

## Modul 4   Schulsport – Sport in der Schule?

**Ü1** 1. g, 2. c, 3. b, 4. f, 5. d, 6. a, 7. e

**Ü2** 1. das Herz, 2. die Abwehrkräfte, 3. das Gehirn, 4. das Immunsystem, 5. die Ader, 6. der Sauerstoff, 7. der Kreislauf, 8. die Durchblutung

**Ü3a** 1. +, 2. -, 3. -, 4. +, 5. -, 6. –/0, 7. +, 8. 0, 9. +, 10. -, 11. +, 12. +, 13. +, 14. 0, 15. 0, 16. +

**Ü4** 1. Sport ist wichtig, weil Schülerinnen und Schüler einen Ausgleich zum vielen Sitzen brauchen. 2. Nach dem Sportunterricht habe ich oft keine Energie mehr, sodass ich müde bin und nicht aufpassen kann / (…) denn ich bin müde und kann nicht aufpassen. 3. Man kann auch in einem der vielen Vereine Sport machen, obwohl die Vereinsangebote Geld kosten. 4. Ich finde Schulsport gut, obwohl die Verletzungsgefahr hoch ist. 5. Für den Sportunterricht muss man nicht lernen, daher können Schüler mit schlechten Noten in Mathe oder Sprachen Erfolge erleben. / (…) sodass Schüler mit schlechten Noten in Mathe oder Sprachen Erfolge erleben können. / Weil man für den Sportunterricht nicht lernen muss, können Schüler mit schlechten Noten in Mathe oder Sprachen Erfolge erleben. / Schüler mit schlechten Noten in Mathe oder Sprachen können Erfolge erleben, denn für den Sportunterricht muss man nicht lernen.

**Ü5** §1 a, §2 h, §3 g

**Ü6b** 1. die Kniebeuge, 2. der Sprint, 3. der Hampelmann, 4. der Liegestütz

## Aussprache   Konsonantenhäufung

**Ü1a** He**rbsts**po**r**tfest

**Ü1d** 1., 2., 5

# Kapitel 4   Zusammen leben

## Wortschatz

**Ü1** Musterlösung:
Alltag: die Familie, der Verein, die Freizeit, die Behörde, die Ernährung, der Verkehr, die Medien, die Nachbarschaft, der Konsum, das Krankenhaus, der Umzug;
Ausbildung/Studium: die Bildung, die Universität, die Vorlesung, die Arbeitszeit, das Praktikum, die Lehrstelle, der Abschluss, das Seminar, das Stipendium;
Politik: die Regierung, der/die Präsident/in, die Wahlen, der/die Minister/in, die Partei, der/die Kanzler/in

**Ü2** 2. die Ernährung, 3. die Universität, 4. die Lehrstelle, 5. die Behörde, 6. das Krankenhaus, 7. der Verein, 8. der Abschluss

**Ü3** 1. engagieren, 2. beitreten, 3. gründen, 4. anstreben, 5. anpacken, 6. fördern, 7. einsetzen, 8. beitragen

**Ü4** 1. egoistisch, 2. rücksichtsvoll/rücksichtslos, 3. ignorant, 4. gewaltsam/gewaltvoll, 5. frei, 6. tolerant, 7. höflich, 8. aggressiv, 9. gerecht, 10. ideal/idealistisch

**Ü5** Das sollte es geben: die Gerechtigkeit, der Frieden, der Umweltschutz
Das sollte es nicht geben: die Krankheit, die Armut, das Misstrauen

**Ü6** (2) Beispiel, (3) Formen, (4) Waren, (5) Entwicklung, (6) stark, (7) technische, (8) Menschen, (9) Jahrzehnten, (10) Informationen, (11) transportiert, (12) beobachtet, (13) Verbindung, (14) achten, (15) Produkte, (16) wichtiger, (17) Konsum

## Modul 1   Ein starkes Team

**Ü1** 1. um … zu, 2. anstatt … zu, 3. Um … zu, 4. Anstatt … zu, 5. ohne … zu, 6. ohne zu

**Ü2** 1. Unsere Lehrerin hat in der Jugendherberge angerufen, um unsere Klasse für einen Team-Tag anzumelden. 2. Ich habe lange mit ihr gesprochen, ohne dass sie ihre Meinung geändert hat. 3. Pit ist zum Ausflug gekommen, ohne etwas zu essen oder zu trinken dabei zu haben. 4. Anstatt alle das Gleiche zu machen, sollten wir erst mal die Aufgaben verteilen. 5. Wir haben den Team-Tag gemacht, um uns besser zu verstehen. 6. Manche Eltern sagen, die Klassen sollten lieber gemeinsam die Klassenzimmer neu streichen, anstatt einen teuren Team-Tag zu machen.

**Ü3** 1. Viele Schulen bieten Team-Events an, um den Klassenzusammenhalt zu fördern. 2. Alle wollten am Team-Tag teilnehmen, anstatt normalen Unterricht zu haben. 3. Bei Stress ist es wichtig, weiterzumachen, ohne hektisch zu werden. 4. Bei Problemen in der Klasse ist es oft besser, ein offenes Gespräch zu führen, anstatt alles für sich zu behalten. 5. Wenn mehrere Leute in einer Gruppe eine Aufgabe übernehmen, ist es manchmal schwer, zusammenzuarbeiten, ohne dass Konflikte entstehen.

Ü4 Musterlösung:
1. Anstatt beim Team-Tag mitzumachen, liegt Peter krank im Bett. 2. Die Lehrerin ruft/rief beim Busunternehmen an, / Die Lehrerin hat beim Busunternehmen angerufen, um die Ankunftszeit des Reisebusses zu erfragen. 3. Endlich ist der Bus da. Alle steigen ohne zu zögern ein. / Alle steigen ein, ohne zu zögern. 4. Anstatt mit Anderen eine Lösung zu suchen, beschweren/beschwerten sich manche Schüler lieber über die Aufgaben. / Anstatt mit Anderen eine Lösung zu suchen, haben sich manche Schüler lieber über die Aufgaben beschwert. 5. Die Schüler können/konnten die Aufgaben beim Team-Tag nicht lösen, ohne sich abzusprechen. / Ohne sich abzusprechen, können/könnten die Schüler die Aufgaben beim Team-Tag nicht lösen. 6. Vera macht viele Fotos vom Team-Tag, / Vera hat viele Fotos vom Team-Tag gemacht, um die Klassenhomepage aktualisieren zu können. 7. Auf der Rückfahrt sitzen/saßen alle im Bus, ohne sich über etwas zu beschweren.

5a 2. e, 3. d, 4. f, 5. c, 6. k, 7. g, 8. a, 9. j, 10. i, 11. h
5b 1. Hindernisse überwindet, 2. Herausforderung gestellt, 3. Meinung aufgedrängt, 4. Aufgaben bewältigen

## Modul 2 Armut

Ü1a <u>reich</u>: der Wohlstand, der Besitz, der Überfluss, das Eigentum, das Vermögen, die Ersparnisse
<u>arm</u>: die Geldnot, der Mangel, das Elend, die Notlage, die Bedürftigkeit, die Knappheit, die finanziellen Sorgen, die Schulden
Ü1b 1. unter Geldnot leiden, 2. über Eigentum verfügen, 3. Ersparnisse haben, 4. Schulden haben
Ü2 <u>waagrecht</u>: mittellos, zahlungskräftig, bedürftig, vermögend, wohlhabend; <u>senkrecht</u>: reich, bettelarm
Ü4 1. c, 2. b, 3. b, 4. a, 5. c, 6. b, 7. b, 8. a

## Modul 3 Im Netz

Ü1a 1. spielen, 2. haben, 3. sein, 4. haben, 5. machen, 6. führen, 7. haben
1b 1. habe … Interesse, 2. eine große Rolle spielt, 3. machen sich … Sorgen, 4. Gespräche geführt, 5. sind … Behandlung, 6. haben … die Hoffnung, 7. unter Kontrolle haben
Ü2 1. c, 2. a, 3. e, 4. b, 5. f, 6. d
Ü3 1. b, 2. a, 3. b, 4. a
Ü4 2. Die Ergebnisse vieler Studien zur Internetsucht haben Anerkennung gefunden. 3. Viele Experten üben Kritik an den Eltern, weil sie den Internetkonsum ihrer Kinder zu wenig kontrollieren. 4. Die meisten Eltern geben sich Mühe, ihre Kinder zu einem vernünftigen Umgang mit dem Internet zu erziehen. 5. Deshalb fassen viele den Entschluss, den Internetkonsum ihrer Kinder zu begrenzen.

## Modul 4 In deinem Alter

Ü1 1. Falsch, 2. a, 3. Falsch, 4. c, 5. Richtig, 6. c, 7. Richtig, 8. b, 9. Falsch, 10. a
Ü3 1. b, 2. f, 3. e, 4. d, 5. a, 6. c
Ü4a Hohe Werte: 1, 3, 4, 6, 9
Niedrige Werte: 2, 5, 7, 8, 10
Ü5 1. führen, 2. erstellen, 3. beschreiben, 4. feststellen, 5. gestalten, 6. wiedergeben

## Aussprache Stimmhaftes und stimmloses s und z

Ü1a <u>weich (stimmhaft)</u>: Sonne, singen, Nase, Reise, Mäuse, Wiese, Hose, heiser
<u>scharf (stimmlos)</u>: Kissen, Geheimnis, heißen, lassen, Wespe, Kuss, Post, Bus, schließen, Schluss
Ü1c scharf (stimmlos) bei 2, 3, 4

# Kapitel 5 Wer Wissen schafft, macht Wissenschaft

## Wortschatz

Ü1 1. Hypothese, 2. Forschung, 3. Labor, 4. Formel, 5. Vorlesung, 6. Theorie, 7. Methode, 8. Experiment, 9. Universität, 10. Phänomen
Ü2 1. erforschen/beobachten, 2. berechnen, 3. beobachten/erforschen, 4. erkennen/analysieren, 5. analysieren, 6. präsentieren, 7. entdeckt, 8. entwickelt/entdeckt
Ü3 1. betreiben, 2. durchführen/machen, 3. machen, 4. anwenden/formulieren, 5. aufstellen/formulieren, 6. aufstellen/formulieren
Ü4a **Wo?** <u>Räume</u>: der Chemiesaal, das Labor, die Bibliothek
**Womit?** <u>Instrumente/Geräte</u>: die Pipette, das Reagenzglas, das Mikroskop
**Wer?** <u>Menschen</u>: der/die Schüler/in, der/die Doktorand/in, der/die Student/in, die Arbeitsgruppe, der/die Professor/in; der/die Lehrer/in

# Lösungen zum Übungsbuch

**Wie?** Verfahren: die Studie, die Beobachtung, der Versuch, die Untersuchung, das Experiment, die Umfrage

## Modul 1  Wissenschaft für Kinder

**Ü1** 1. r, 2. f, 3. f, 4. r, 5. r, 6. f, 7. r

**Ü2** 1. a, 2. b, 3. b, 4. a

**Ü3a** 2. Die Experimentierkurse werden von Schulklassen regelmäßig besucht. 3. Die Experimente werden von Pädagogen genau und sorgfältig angeleitet. 4. Verschiedene Versuche werden von den Kindern gemeinsam durchgeführt. 5. Das Interesse an Naturwissenschaft wird mit diesen Aktionen geweckt.

**Ü3b** 2. Das Konzept ist von Wissenschaftlern und Pädagogen erarbeitet worden. 3. Die Experimente sind von Fachwissenschaftlern der Uni entwickelt worden. 4. Der letzte Ferienkurs ist in den Herbstferien angeboten worden.

**Ü3c** 2. Die Temperatur der Flüssigkeit wurde gemessen. 3. Die Zahlen wurden in einer Tabelle notiert. 4. Die Daten wurden verglichen. 5. Das Ergebnis wurde in der Klasse analysiert. 6. Der Bericht über das Experiment wurde im Internet veröffentlicht.

**Ü4** 2. Er <u>wurde</u> … durchgeführt. 3. Die Schüler <u>sind</u> … eingeteilt worden. 4. Ideen sind gesammelt <u>worden</u>. 5. Die verschiedenen Gruppen <u>wurden</u> … betreut.

**Ü5** 1. Das Experiment lässt sich auch von Kindern durchführen. 2. Das Ergebnis des Experiments ist einfach zu erklären. 3. Die Erklärung ist leicht nachvollziehbar. 4. Alle Fragen lassen sich beantworten. 5. Der Versuch ist jederzeit wiederholbar.

**Ü6a** 2. Manche Thesen können nicht so leicht verstanden werden. 3. Das Mikroskop kann nicht repariert werden. 4. Reagenzgläser können leicht zerbrochen werden. 5. Viele Fragen können noch nicht beantwortet werden. 6. Das Verhalten der Testpersonen kann nicht erklärt werden.

**Ü6b** 1. Die Ergebnisse sind gut vergleichbar. 2. Viele Pläne sind nicht realisierbar. 3. Die Uni ist mit öffentlichen Verkehrsmitteln gut erreichbar. 4. Handschriftliche Notizen sind oft nicht lesbar.

**Ü7** 2. Die Regeln sind von allen Studenten zu befolgen. 3. Das Computerprogramm lässt sich auch nach mehreren Versuchen nicht starten. / Das Computerprogramm ist auch nach mehreren Versuchen nicht zu starten. 4. Manche Ziele lassen sich trotz großem Engagement nicht erreichen. / Manche Ziele sind trotz großem Engagement nicht zu erreichen. 5. Manche Aufgabenstellungen sind wegen ihrer Formulierung nur schwer zu verstehen. / Manche Aufgabenstellungen lassen sich wegen ihrer Formulierung nur schwer verstehen.

## Modul 2  Wer einmal lügt, …

**Ü1** a 4, b 1, c 3, d 2

**Ü2c** 1. F, 2. B, 3. A, 4. C, 5. H, 6. E, 7. D, 8. G

**Ü2d** <u>positiv</u>: ist überrascht, dass sein Vater Verständnis zeigt / freut sich, dass sein Freund sich anstecken lässt / freut sich über das offene Gespräch mit seiner Mutter / will lernen, ehrlich und nett zu sein / will, dass auch andere ehrlich zu ihm sind
<u>negativ</u>: erkennt, dass seine Ehrlichkeit Ben gegenüber verletzend ist / muss im Unterricht negative Konsequenz für seine Ehrlichkeit erfahren / es ist ihm unangenehm, beim Essen von Thorbens Mutter nicht höflich zu sein / muss Kritik von seiner Mutter einstecken

**Ü3** 1. schummelt, 2. belogen, 3. vormachen, 4. erfunden, 5. die Tatsachen verdreht

## Modul 3  Ist da jemand?

**Ü1** die Brücke – der Tunnel, die Gegenwart – die Zukunft, die Luft – der Boden, überleben – aussterben, verbrennen – überfluten, verschwinden – zurückkehren, die Vision – die Erinnerung, zerstören – schützen

**Ü2a** (1) keinen, (2) eine, (3) einer, (4) keiner, (5) keins, (6) einer, (7) keine, (8) eins, (9) einen, (10) keinen

**Ü3** 2. Irgendwer / Irgendjemand muss neue Ideen für den Umweltschutz entwickeln. 3. Wir müssen irgendetwas zum Schutz der Natur organisieren. 4. Eine zerstörte Natur wird dem Menschen irgendwann große Probleme machen. 5. Irgendwer / Irgendjemand wird statt an die Umwelt immer an den Profit denken. 6. Jeder kann irgendetwas verbessern und wir können damit irgendwo beginnen.

**Ü4** (2) irgendwer, (3) einem, (4) irgendwas, (5) einen, (6) Jemand, (7) irgendwo, (8) jemanden, (9) irgendwen, (10) jemanden, (11) irgendwann

**Ü5** 2. Doch, wir können etwas für den Jugendclub tun. 3. Nein, ich habe noch niemanden über den Club informiert. 4. Doch, ich kenne jemanden, der uns mehr sagen kann. 5. Nein, es war niemand da, den wir kennen. 6. Nein, niemand weiß Bescheid, wie lange der Club noch geöffnet ist. 7. Nein, es gibt noch nirgendwo / nirgends Werbung für den neuen Supermarkt.

## Modul 4  Gute Nacht!

**Ü1** 1. ausschlafen, 2. verschlafen, 3. noch einmal eine Nacht darüber schlafen 4. unausgeschlafen, 5. ein Nickerchen machen

Ü3a 1. Das ist echt ein verschlafenes Nest. 2. Das machst du doch im Schlaf. 3. Man soll keine schlafenden Hunde wecken. 4. Du hast wie ein Murmeltier geschlafen.

### Aussprache  Fremdwörter ändern sich

Ü1a die Mus<u>i</u>k, das Lab<u>o</u>r, die Ökonom<u>ie</u>, die Biolog<u>ie</u>, das Tr<u>ai</u>ning, die Reg<u>io</u>n

Ü1b musik<u>a</u>lisch, der Labor<u>a</u>nt, der Ökon<u>o</u>m, biol<u>o</u>gisch, train<u>ie</u>ren, region<u>a</u>l

# Kapitel 6  Fit für …

### Wortschatz

Ü1a Bild A: trainieren, das Fitnessstudio, die Kondition, joggen, das Ausdauertraining, die Fitness
Bild B: Rätsel lösen, das Gedächtnis, kombinieren, das Quiz, die Denksportaufgabe, assoziieren, die Mindmap, strukturieren

Ü2 E, A, I, H, F, C, G, D, B

Ü3 1. fit, 2. fit, 3. nicht fit, 4. fit

Ü4a 1. nachlassen, 2. etwas lehren, 3. hilfsbereit sein, 4. sich erholen, 5. etwas interessant finden, 6. träge sein

Ü5 1. Konzentration, 2. Gedächtnis, 3. Fitness, 4. Wettbewerb, 5. Konkurrenz, 6. Training, 7. Ausdauer

### Modul 1  Fit fürs Internet

Ü1a 1. d, 2. f, 3. a, 4. b, 5. c, 6. g, 7. e

Ü1b 1. ausfindig machen, 2. posten, 3. geben sich als … aus, 4. abzuzocken, 5. gemobbt … werden

Ü2 1. e, 2. b 3. c, 4. f, 5. d, 6. g

Ü3 1. wurde … verwendet, 2. werden …benötigt, werden … zurückgelegt, 3. gesucht wird, wurde … eingegeben, 4. wurde … verschickt, 5. wurde … erfunden, 6. wurde … angeklickt, 7. wurde … eröffnet

Ü4 Musterlösung: 2. Dein Account ist freigeschaltet. 3. Die Daten sind übertragen. 4. Das Profil ist eingerichtet. 5. Der Zugang zu dieser Seite ist passwortgeschützt.

Ü5 3. Die Ware wird kontrolliert. 4. Die Ware wird verpackt. 5. Die Rechnung wird ausgedruckt. 6. Die Rechnung ist ausgedruckt. 7. Das Paket wird verschickt. 8. Das Paket ist verschickt. 9. Die Ware wird ausgepackt.

### Modul 2  Fit am Telefon

Ü1a 1. d/f, 2. f, 3. e, 4. a, 5. c, 6. b

Ü1b 1. eine Nachricht hinterlassen, 2. Mailbox … abgehört, 3. den Rückruf … warten, 4. Nummer gewählt

Ü2 1. Guten Tag, mein Name ist / Hallo, hier spricht, 2. Ich rufe an wegen / Ich hätte gern Informationen zu, 3. Ja, also, das ist so / Dazu kann ich dir sagen, 4. Ich würde auch gern wissen / Mich würde auch interessieren / Ich wollte auch noch fragen, 5. vielen Dank für die Auskunft / das hat mir sehr geholfen, vielen Dank

### Modul 3  Fit für gutes Benehmen

Ü1 2. d, 3. f, 4. a, 5. b, 6. e

Ü2a 1. D, 2. A, 3. B, 4. E, 5. C

Ü2b sich entschuldigen, wenn man jemanden versehentlich angerempelt hat; gebrechlichen Menschen beim Tragen schwerer Lasten oder beim Überqueren der Straße Hilfe anbieten

Ü3 2. Mein Freund wohnt noch zu Hause, aber er sieht nicht so aus, als ob er darüber glücklich wäre / als wäre er darüber glücklich. 3. Unsere Schule braucht dringend neue Computer, aber unser Direktor tut immer so, also ob das nicht bezahlbar wäre / als wäre das nicht bezahlbar. 4. Er ist zwar nicht unser Trainer, aber er tut immer so, als ob er alles besser wüsste / als wüsste er alles besser. 5. Sie lässt sich aber in der Schule nicht helfen, sondern tut auch noch so, als ob sie alles wüsste / als wüsste sie alles.

Ü4 Musterlösung: 1. Du siehst heute so aus, als ob du krank wärst. 2. Nach diesem Wochenende fühle ich mich, als wenn ich nur gelernt hätte. 3. Der Praktikant sah den Chef an, als ob er ihn nicht verstanden hätte. 4. Manchmal verhält sich meine beste Freundin so, als wenn sie mich überhaupt nicht verstehen würde. 5. Mein Freund gibt oft so viel Geld aus, als hätte er im Lotto gewonnen.

Ü5 1. dumm, 2. sehr klug, 3. unschuldig

Ü6 1. f, 2. r, 3. f, 4. f

### Modul 4  Fit für die Prüfung

Ü1a die Nervosität, die Aufgabe, der Überblick, die Klassenarbeit, der Schreibtisch, die Lösung, das Zeugnis, die Vorbereitung, die Entspannung

Ü1b gelassen – nervös, auf den letzten Drücker – rechtzeitig, allein – gemeinsam, kein Wort herausbekommen – flüssig sprechen, aufmerksam – unkonzentriert, vergessen – sich erinnern, durchfallen – bestehen

Ü1c 1. gemeinsam, 2. Rechtzeitig, auf den letzten Drücker, 3. gelassen, 4. kein Wort herausbekommen hat, 5. durchfalle

Ü2 Musterlösung: 1. Bevor man mit dem Lernen beginnt, sollte man sich genau über den Lernstoff informieren und alle Punkte schriftlich festhalten. 2. Der beste Ort zum Lernen ist ein aufgeräumter Schreibtisch in einem ruhigen Raum. 3. Man sollte

# Lösungen zum Übungsbuch

pro Tag 15 bis 30 Minuten lernen. 4. Vielen Schülern hilft ein Lernplan, auf dem sie abhaken können, was sie bereits geschafft haben. 5. Am Tag der Klassenarbeit ist es wichtig, dass man ausgeruht und fit ist. 6. Am besten fängt man mit den leichteren Aufgaben an. 7. Wenn man sehr nervös ist, sollte man ein paar Entspannungstricks ausprobieren. 8. In einer mündlichen Prüfung sollte man nicht vergessen, dass Lehrer einem normalerweise nicht schaden wollen.

### Aussprache   Höflichkeit am Telefon

Ü2a  Dialog A: Unhöflich: Mitarbeiter des Nachhilfe-Instituts. Gründe: 1, 2, 5, 8
Dialog B: Unhöflich: Florian Bauer, Gründe: 1, 2, 4, 5, 8

## Kapitel 7               Kulturwelten

### Wortschatz

Ü1  1. das Gemälde, 2. die Ausstellung, 3. der Rahmen, 4. der Roman, 5. der Artist
Ü2  Fotograf/in: auf das richtige Licht warten, mit dem Computer arbeiten, Motive auswählen, Fotos bearbeiten
Musiker/in: ein Stück proben, ein Instrument stimmen, mit dem Computer arbeiten, Noten lesen
Autor/in: mit dem Computer arbeiten, Skizzen anfertigen, einen Text entwerfen, sich Geschichten ausdenken
Maler/in: den Pinsel auswaschen, die Leinwand aufspannen, mit dem Computer arbeiten, Skizzen anfertigen, Motive auswählen, Farben mischen
Schauspieler/in: ein Stück proben, Schminke auflegen, Drehbücher lesen, Texte auswendig lernen, Szenen spielen
Ü3a  (1) zentrale, (2) rechten Bildrand, (3) unteren Drittel, (4) vor, (5) Auf dem vorderen, (6) Ganz links, (7) Hinter, (8) Hintergrund
Ü3b  Wo? (Lage im Bild): im Hintergrund, am rechten Bildrand, das obere/untere Drittel, vor, hinter
Was? (Beschreibung von Details): bunt, erkennt man …, bei genauerem Hinsehen, sieht aus wie …, ist dargestellt

### Modul 1   Eine Stadttour durch Wien

Ü1  1. a, 2. b, 3. b, 4. a, 5. b, 6. c, 7. b, 8. c, 9. b
Ü2a  2. Im Großraum um Wien herum leben sogar 2,6 Millionen Einwohner, was ein Viertel der gesamten Bevölkerung des Landes ausmacht.
3. Wien hat viele Sehenswürdigkeiten. Täglich kommen viele Touristen in die Stadt, um die Sehenswürdigkeiten zu besichtigen.
4. Aus diesem Grund muss man davor mit langen Schlangen rechnen.
5. Viele Touristen wollen in der Innenstadt nicht nur den Stephansdom, sondern auch eins der typischen Kaffeehäuser besuchen, deren Kuchen und Kaffeespezialitäten sehr begehrt sind.
6. 2016 zählte die Stadt fast 15 Millionen Gäste, von denen 12,14 Millionen aus dem Ausland kamen.
7. In einer Mercer-Studie wurde Wien mit 230 anderen Großstädten in der Welt verglichen, aber sie hatten keine Chance.
8. Die Stadt wurde wieder am besten bewertet, sodass sie zum neunten Mal Platz 1 unter den Städten mit den besten Lebensbedingungen erreichte. Damit haben die Menschen in Wien eine gute Basis für ihr Wohlbefinden.
9. Und die Wiener selbst tun auch etwas dafür, denn sie sind zum Beispiel im Umweltschutz aktiv. 2017 wurde die Stadt mit dem Titel „Sauberste Region Österreichs" ausgezeichnet, worauf alle sicher stolz waren.

### Modul 2   Kunstraub

Ü1  1. g, 2. b, 3. d, 4. a, 5. c, 6. f, 7. h, 8. e
Ü2  Tat: der Einbruch, die Erpressung, die Entführung
Täter: der Räuber, der Gesetzesbrecher, der Dieb, der Komplize
Beute: der Schmuck, das Kunstwerk, der Goldbarren, die gestohlene Ware, der Schatz, das Lösegeld
Polizei/Justiz: die Spurensuche, der Richter, das Urteil, das Gericht, der Hauptkommissar, die Strafe
Ü3  Musterlösung: 1. einen Einbruch, eine Entführung, einen Diebstahl aufklären, 2. einen Täter, einen Einbrecher, einen Dieb, einen Entführer, einen Räuber, einen Verbrecher festnehmen, 3. ein Kunstwerk, ein Gemälde, einen Schatz, einen Goldbarren, ein Auto, Schmuck, ein Smartphone stehlen, 4. Lösegeld, die Familienmitglieder, das Opfer, einen Komplizen erpressen
Ü4  wütend/verärgert sein: brüllen, fluchen, aufbrausen, schimpfen, schreien, toben
leise sprechen: flüstern, vor sich hin nuscheln, murmeln, tuscheln
erschrecken / Angst haben: (be)fürchten, einen Schreck bekommen, ängstlich sein, verängstigt sein, zusammenzucken

### Modul 3   Sprachensterben

Ü2  1. c, 2. c, 3. a, 4. c, 5. b, 6. a
Ü3  2. Dadurch, dass weniger Menschen eine Sprache lernen, verliert diese Sprache an Bedeutung.
3. Dadurch, dass Minderheitensprachen in der

Schule unterrichtet werden, können diese Sprachen gerettet werden. 4. Dadurch, dass Latein in der Kirche und der Medizin eine wichtige Rolle spielt, ist es nicht vom Aussterben bedroht.

**Ü4** 2. …, indem der Staat Minderheitensprachen fördert. 3. …, indem die Leute Traditionen und Bräuche in ihrem Sprachgebiet erhalten. 4. …, indem man Kinder in der Schule in dieser Sprache unterrichtet. 5. …, indem man die Sprache auch im beruflichen Kontext nutzt. 6. …, indem Kinder zuerst in ihrer Muttersprache lesen und schreiben lernen.

**Ü5** 2. Ihr Ziel wollen sie realisieren, indem sie weltweit bedrohte Sprachen dokumentieren. 3. Dadurch, dass es oft keine Buchstaben gibt, muss man zuerst das Lautsystem beschreiben. 4. Forscher sind in der Lage, eine Sprache zu erfassen, indem sie bei den Menschen leben, die diese Sprache sprechen. 5. Dadurch, dass man zuerst wichtige Nomen und Verben erfasst, wird ein Grundwortschatz erstellt. 6. Viele Alltagssituationen werden festgehalten, indem man sie filmt. 7. Beschreibungen bedrohter Sprachen können erstellt werden, indem man diese Aufnahmen auswertet.

## Modul 4   Das Haus am Meer

**Ü1** Von Thara Huber: 4 Sterne – schöne, leichte und lockere Lektüre, perfekt (um abzuschalten), Unterhaltung mit Witz, zwischendurch unrealistisch, nicht „volle Punktzahl"
Von Gandalf: 1 Stern – kann die Begeisterung nicht teilen, unglaubwürdige Ereignisse, philosophische Weisheiten, in ihrer Banalität eher peinlich, flach und mittelmäßig
Von Sonny: 5 Sterne – Geschichte hat gefesselt, war nie langweilig. Her mit dem nächsten Edgar Rai!
Von A.F.: 3 Sterne – interessante und witzige Geschichte, nichts für meinen Geschmack, Geschichten über seltsame Personen … als Urlaubslektüre gefallen

**Ü2a** 1. liebevoll/fürsorglich, 2. unsicher, 3. selbstbewusst/besorgt, 4. verwahrlost, 5. siegessicher, zurückhaltend

**Ü3a** 1. g, 2. c, 3. d, 4. a, 5. f, 6. b, 7. e

**Ü3b** 1. die Dame, 2. der Bauer, 3. das Pferd, 4. der Läufer, 5. das Spielbrett, 6. der Turm, 7. der König

## Aussprache   Sprechen und Emotionen

**Ü1a** Freude, Unsicherheit, Erleichterung, Verzweiflung, Entschlossenheit

**Ü1b** Z.1–2: Freude, Z.3–4: Unsicherheit, Z.5: Verzweiflung, Z.6: Entschlossenheit, Z.7: Erleichterung

# Kapitel 8   Das macht(e) Geschichte

## Wortschatz

**Ü1a** Musterlösung:
Bild A: der Stacheldraht, die Mauer, die Häuserfront, das Fenster, die Wegplatten, das Unkraut, ungepflegt, der Klappstuhl, das Unterhemd, die Hausschuhe, der Sonnenschirm, das Familientreffen, fein gemacht, chic angezogen
Bild B: das Blaulicht, das Polizeiauto, das Lächeln, gute Laune, jung, alt, der Luftballon, die Fahne, die Mütze, der Schal, das Straßenschild, die Parole, die Sonne, der Totenkopf, die Menschenmenge

**Ü2** 1. Zeitpunkt, 2. Datum, 3. Vergangenheit, 4. Jahrzehnte, 5. Gegenwart

**Ü3** 2. unterzeichneten, 3. streiken, 4. demonstrieren, 5. gegründet, 6. aufbauen, 7. zerstört, 8. debattieren, 9. gewählt

**Ü4a** die Politik: der/die Abgeordnete, die Wahl, der Bundestag, die Mehrheit, die Koalition, die Partei, die Opposition
die Wirtschaft: der Konzern, die Börse, die Firma, die Aktie, die Finanzkrise, die Verkaufszahlen, der Aufschwung, der Profit, die Währung
die Umwelt: der Klimawandel, die Dürre, der Sturm, der Artenschutz, die Hitzewelle, die Überschwemmung, der Wassermangel, die Natur

## Modul 1   Geschichte erleben

**Ü1** 1. bald, 2. Erinnerung, 3. Gegenwart, 4. bewahren

**Ü2a** (1) mit, (2) zu, (3) für, (4) über, (5) gegen, (6) auf, (7) an, (8) auf

**Ü2b** 2. einladen + zu / die Einladung + zu, 3. sich interessieren + für / das Interesse + für/an, 4. etw. erfahren + über / die Erfahrung + mit, 5. tauschen + gegen / der Tausch gegen, 6. reagieren + auf / die Reaktion + auf, 7. sich gewöhnen + an / die Gewöhnung + an, 8. sich einstellen + auf / die Einstellung + auf

**Ü2c** 1. die Diskussion, die Beschwerde, der Ärger + über, 2. die Antwort, die Freude, der Hinweis + auf, 3. die Abhängigkeit, die Trennung, die Rede + von, 4. die Bewerbung, die Bitte, die Sorge, 5. die Verabredung, die Freundschaft, die Verwandtschaft + mit, 6. die Anpassung, der Gedanke, die Erinnerung + an

**Ü2d** 1. die Erholung + von, 2. die Beschäftigung + mit, 3. der Glaube + an, 4. die Wirkung + auf/von, 5. die Reaktion + auf, 6. der Geschmack + nach/von

**Ü3a** (1) informiert, (2) skeptisch, (3) begeistert, (4) neugierig, (5) vorbereitet, (6) hilfreich, (7) neidisch

**Ü3b** 2. g Die Schweiz ist bekannt für ihre vier Landessprachen. 3. a Dr. Müller ist spezialisiert auf die Geschichte der DDR. 4. b Die Stadt Lübeck ist verantwortlich für die Organisation des Mittelalterfestes im Zentrum. 5. f Die Geschichtsforschung ist angewiesen auf Dokumente, die historische Daten liefern. 6. e Viele Schüler sind interessiert an der Geschichte des Mittelalters. 7. c Die Sozialforscher sind besorgt über das mangelnde Interesse an Politik und Geschichte.

Ü4a 1. darüber – Dafür, 2. Worüber – Darüber, 3. Wofür – dafür – dagegen

## Modul 2 Die Geschichte des Geldes …

Ü1a 1. überwiesen, 2. abgehoben, 3. Kreditkarte, 4. bucht … ab, 5. Zinsen, 6. Guthaben

Ü1b senkrecht: tauschen, bezahlen, die Münze, überweisen, das Bargeld,
waagrecht: das Kleingeld, das Zahlungsmittel, abheben, die Banknote

Ü2 1. genutzt, 2. erfunden, 3. entwickelten, 4. gegründet, 5. erfand, 6. eingeführt

Ü3 1. nutzen, 2. das Geldstück, 3. skeptisch, 4. weltweit, 5. tauschen, 6. die Banknote

Ü4a 1. a, 2. c, 3. b, 4. b, 5. a, 6. a, 7. a, 8. a

Ü4b Vorteile: Kinder können den Wert von etwas besser verstehen. Geben und Nehmen leicht verständlich. / Man kann seine Ausgaben besser überblicken. / Niemand kann sehen, wo man was kauft. Datendiebstahl ist schwerer. / Wir sehen, was wir investieren. / Man bekommt keine unerwünschte Werbung.
Nachteile: schlecht für die Wirtschaft und die Entwicklung von Werbung und Verkaufsstrategien / muss gewechselt oder getauscht werden. / Nicht so bequem. / Nicht so schnell. / Man muss immer genug Bargeld mitnehmen. / Bargeld für Diebe attraktiv. / Man wird nicht über interessante Angebote informiert.

## Modul 3 Irrtümer der Geschichte

Ü1 sagen, denken, meinen, äußern, fragen, antworten, schreiben, behaupten, mitteilen, vorschlagen, raten, entgegnen, erwidern

Ü2 1. … sagt, der Regen lasse nach. Die Situation im Hochwassergebiet könne sich bald entspannen. 2. In zwei Tagen begännen die Olympischen Spiele / würden die Olympischen Spiele beginnen. Die Sportler reisten alle an / würden alle anreisen. 3. Die Situation auf dem Arbeitsmarkt entspanne sich. Die Arbeitslosenzahlen gingen zurück / würden zurückgehen.

Ü3 2. habe … gelesen, 3. habe … bestellt, 4. habe … geirrt, 5. hätten … vergessen, 6. sei … gewesen

Ü4 In der Zeitung steht, … 1. Wanderer hätten eine Mumie im Gletschereis gefunden. Der Mann sei vor über 5000 Jahren gestorben. 2. … eine „Fliegerbombe" in Münchner Vorort sei ein Stück altes Rohr gewesen. Rund 100 Menschen hätten für 2 Stunden ihre Wohnungen verlassen müssen, danach sei die Entwarnung gekommen. 3. … die Urlaubsregion Vorarlberg werde immer beliebter: In den letzten zehn Jahren habe es eine kontinuierliche Steigerung bei der Zahl der Übernachtungen gegeben. 4. … der Sommer sei seit 50 Jahren nicht mehr so verregnet gewesen.

Ü5 Musterlösung: 1. 1876 behauptete die Firma Western Union in einer internen Kurzinformation, dass das Telefon zu viele Mängel für ein Kommunikationsmittel habe. Das Gerät sei von Natur aus von keinem Wert für die Firma. 2. Wofür das gut sei, fragte 1968 ein Ingenieur von IBM zum Microchip. 3. Charles H. Duell, Beauftragter des US-Patentamts, behauptete 1899, dass alles, was erfunden werden könne, bereits erfunden worden sei. 4. 1981 vermutete Bill Gates, der Gründer von Microsoft, 640 KB sollten genug für jedermann sein. 5. Pierre Pachet, Professor der Physiologie in Toulouse, erklärte 1872, Louis Pasteurs Theorie von Bazillen sei lächerliche Fiktion. 6. H.M. Warner, Filmproduzent bei der Firma Warner Brothers, fragte 1927, wer zur Hölle Schauspieler reden hören wolle. 7. Der Präsident der Britischen Gelehrtengesellschaft Royal Society, Lord Kelvin, erklärte 1895, Flugmaschinen seien unmöglich, da sie schwerer als Luft seien. 8. Das Plattenlabel Decca Records Co. äußerte sich 1962 über die Beatles mit den Worten, Gitarrenbands würden aus der Mode geraten.

Ü6 1. richtig, 2. richtig, 3. falsch, 4. falsch, 5. richtig, 6. richtig, 7. falsch, 8. falsch, 9. richtig, 10. richtig

## Modul 4 Grenzen überwinden

Ü1a 1. -, 2. Lena und Miriam, 3. Jan und Miriam, 4. -, 5. Lena, 6. Jan und Lena, 7. Jan und Miriam, 8. Jan

Ü2 1. d Länder, 2. c Erlaubnis, 3. f kümmert, 4. b Berlin, 5. e denkt, 6. a wiedervereinigt

## Aussprache *da*ran-da*ran*

Ü1a 1. daran, 2. darauf, 3. darüber, 4. davon
Ü1b 1. Daran, 2. Darauf, 3. darüber, 4. Davon
Ü2 zweiten – Präposition – ersten – Anfang

# Kapitel 9    Mit viel Gefühl …

## Wortschatz

Ü1a 1. begeistert, fröhlich, überglücklich, gut gelaunt, 2. wütend, verärgert, zornig, gereizt, 3. schüchtern, zurückhaltend, bescheiden, unsicher

4. überrascht, erstaunt, verwundert, verblüfft,
5. traurig, betrübt, bedrückt, geknickt,
6. überheblich, eingebildet, arrogant, angeberisch

**Ü1b** 2. die Wut, 3. die Begeisterung, 4. die Arroganz, 5. die Bescheidenheit, 6. die Schüchternheit, 7. die Traurigkeit, 8. die Verärgerung, 9. die Verwunderung, 10. der Zorn

**Ü2** 1. genießen, 2. beschwert sich, 3. beneide, 4. bin … enttäuscht, 5. regt mich … auf, 6. dich … begeistern

**Ü3a** positive Stimmung: die Freude, das Vergnügen, die Sympathie, die Liebe, das Glück, die Überraschung, die Fröhlichkeit, die Begeisterung, die Zufriedenheit
negative Stimmung: der Schock, die Besorgnis, der Ärger, das Heimweh, die Melancholie, die Angst, die Eifersucht, der Neid, die Enttäuschung, die Furcht, das Bedauern, die Aufregung

**Ü3b** 1. Begeisterung, 2. Bedauern, 3. Freude, 4. Überraschung, 5. Glück

## Modul 1  Mit Musik geht alles besser

**Ü1** die Musikinstrumente: das Saxofon, -e; die Trompete, -n, die Gitarre, -n, das Schlagzeug, -e, das Keyboard, -s
die Musikstile: der Pop, die Oper, -n, der Soul, der Jazz, die Klassik, der Hip-Hop
die Musiker: die Band, -s, der Chor, -"e, der Schlagzeuger, -, der Sänger, -, die Pianistin, -nen, der Komponist, -en
die Orte: der Konzertsaal, -"e, das Stadion, Stadien, der Saal, -"-, der Club, -s, die Oper, -n

**Ü3** 1. -ung: die Wahrnehmung, die Bedeutung, die Entstehung, 2. -(t)ion: die Konzentration, die Definition, die Produktion, 3. -e: die Absage, die Aufnahme, die Hilfe, 4. Ø: der Beweis, der Ablauf, der Beginn

**Ü4** 1. Erkenntnis, 2. Untersuchungen, 3. Forscher, 4. Koordination, 5. Singen, 6. Konzentration

**Ü5a** 2. die Anregung des Sprachzentrums, 3. die Begünstigung von Therapien zur Behandlung neurologischer Erkrankungen, 4. die Förderung des sozialen Zusammenhalts, 5. die Formung des menschlichen Einfühlvermögens, 6. die Unterstützung der geistigen und sozialen Entwicklung von Kindern

**Ü5b** 2. (der) Beginn der Therapie, 3. (die) Fragen der Patienten, 4. (die) Hilfe des Musiktherapeuten, 5. (die) Dauer der Therapie

**Ü6a** Hendrik: positiv, Grund: kann sich besser konzentrieren / anderen Lärm ausblenden / beruhigt und inspiriert ihn / kann kreativ sein / leistet mehr
Anne: negativ, Grund: Musik stört beim Lernen / Musik lenkt ab / sie könnte Fehler machen
Ben: positiv, Grund: Musik hilft beim Auswendiglernen / findet es gut, im Takt zu lernen; negativ, Grund: braucht Ruhe, um etwas logisch nachzuvollziehen

**Ü6b** Moderator: 5, 9; Hendrik: 1, 4, 6; Anne: 2, 7, 10; Ben: 3, 8

## Modul 2  Farbenfroh

**Ü1** grasgrün, himmelblau, jeansblau, schneeweiß, feuerrot, kaffeebraun, blutrot, rabenschwarz

**Ü2** (1) f, (2) c, (3) g, (4) j, (5) n, (6) m, (7) d, (8) a, (9) o, (10) e

## Modul 3  Sprache und Gefühl

**Ü1a** 1. denn, 2. aber, 3. ja, 4. doch – doch, 5. ja, 6. mal

**Ü2a** Bild 1: Das darf doch wohl nicht wahr sein! – Was willst du denn von mir? – Was glaubst du denn eigentlich? – Mach doch nicht so einen Stress. – Da kannst dich ja selbst darum kümmern. – Erklär mir das bitte mal.
Bild 2: Das ist doch widerlich! – Wir können ja zusammen woanders essen. – Was soll das denn sein? – Das Essen ist aber wenigstens billig. – Es ist doch immer dasselbe. – Morgen können wir doch zusammen ein Picknick machen!

**Ü3** 1. A: doch – denn, B: aber, 2. denn A: doch – ja, B: doch – ja, 3. A: mal – doch, B: doch

## Modul 4  Gemischte Gefühle

**Ü1** Nähe/Zuneigung: ein gutes Verhältnis haben, Freud und Leid teilen, durch dick und dünn gehen, für jdn. durchs Feuer gehen, jdn. nicht im Regen stehen lassen
Ablehnung: jdm. die kalte Schulter zeigen, jdn. nicht riechen können, auf Distanz bleiben

**Ü3a** 1. erleichtert, 2. überrascht, 3. gierig, 4. langweilig, 5. wütend, 6. verliebt

**Ü5a** 1. d, 2. e, 3. a, 4. b, 5. c, 6. a

**Ü6** 1. c, 2. c, 3. c, 4. b, 5. a, 6. b

## Aussprache  Mit und ohne Ironie sprechen

**Ü1a** A: Ah, du hast dein Zimmer ja wieder super aufgeräumt. B: Super. Da freue ich mich aber. C: Das ist ja schrecklich. – Schön, dass wir uns mal verstehen.

**Ü1b** 1., 2., 4., 5.

# Kapitel 10  Ein Blick in die Zukunft

## Wortschatz

**Ü2** 1. eine Voraussage treffen, 2. haben eine Vision, 3. zu der Erkenntnis gekommen, 4. Entwicklung … vorhersehen

# Lösungen zum Übungsbuch

Ü3    2. zukünftige, 3. futuristisch, 4. aussichtslosen, 5. zukunftsweisende

Ü4    (2) Handarbeit, (3) Maschinen, (4) Internet, (5) Robotern, (6) Automaten, (7) Kamera, (8) Gerät, (9) Identität, (10) Sensoren, (11) Außerirdischen

## Modul 1   Roboterwelt

Ü1a    1. f, 2. d, 3. b, 4. a, 5. c, 6. e

Ü3a    2. die allein leben, 3. die anstrengt und Zeit kostet, 4. die mit der Zeit entstehen, 5. die bisher verkauft wurden / worden sind

Ü3b    2. Ständig steigende Preise, 3. Überzeugende Ideen, 4. Allein fahrende Autos, 5. Der weltweit zunehmende Verkehr

Ü3c    **A** entwickelte, zusammengeführten, geschätzte; **B** pflückender, ersetzende; **C** verhindernde, gewonnene; **D** sprechende, eingerichteten

Ü3d    1. neu entwickelte, 2. genannten, 3. gestellten, 4. sprechenden, 5. diskutierende

Ü3e    Musterlösung: 2. wartende Leute: Am Bahnhof sieht man viele wartende Leute. 3. lachende Kinder: Die lachenden Kinder rannten aus der Schule. 4. das heilende Medikament: In die Herstellung heilender Medikamente wird viel Geld investiert. 5. das aufgeräumte Zimmer: Der Roboter hinterließ ein perfekt aufgeräumtes Zimmer. 6. der abgelenkte Schüler: Der durch sein Handy abgelenkte Schüler verursachte einen Unfall. 7. das geschlossene Geschäft: In dem heute geschlossenen Geschäft kann man die neuesten Geräte kaufen 8. das reparierte Fahrrad: Das von den Robotern reparierte Fahrrad fährt wieder einwandfrei.

## Modul 2   Lernen in der digitalen Welt

Ü1a    1. die Lernplattform – die Lernplattformen, 2. das Whiteboard – die Whiteboards, 3. der Beamer – die Beamer, 4. der/das Laptop – die Laptops, 5. das Lernspiel – die Lernspiele, 6. das E-Book – die E-Books, 7. das Programm – die Programme, 8. die App – die Apps, 9. das Netzwerk – die Netzwerke, 10. die Videokonferenz – die Videokonferenzen

Ü1b    2. f, 3. c, 4. a, 5. b, 6. d

Ü2a    <u>Thema der Sendung</u>: E-Learning
<u>Leos Definition</u>: E-Learning bezeichnet alle Lernformen, die in irgendeiner Weise mit Hilfe des Computers ablaufen.
<u>Leos Beispiele</u>: Hausaufgaben mithilfe des Internets lösen, das Lernen mit Tablets im Unterricht, die Verwendung von interaktiven Tafeln im Klassenzimmer, die PowerPoint-Präsentation eines Schülers, die E-Mail-Kommunikation der Lehrer mit ihren Schülern

Ü2b    <u>Lisa</u>: positiv, Gründe: viel motivierter zu lernen, weil Programme oft spielerisch und schnelles Feedback, Hilfefunktion
<u>Max</u>: negativ, Gründe: Arbeit am Computer und mit Internet lenkt schnell ab (surfen oder irgendwelche Spiele anklicken), geringer Lerneffekt
<u>Leonie</u>: positiv, Gründe: Lerneffekt überrascht, Vokabeltrainer, viel bessere Visualisierung über interaktive Tafel

## Modul 3   Der Mars ruft!

Ü1    1. a (Pluto ist kein Planet), 2. b, 3. c, 4. b, 5. b, 6. a, 7. b, 8. b, 9. a, 10. c, 11. a

Ü2    1. innerhalb, 2. Während, 3. aufgrund, 4. innerhalb, 5. Wegen, 6. dank, 7. Während, 8. Angesichts

Ü3    2. Trotz der Fortschritte in der Weltraumforschung sind noch keine Urlaubsreisen zum Mars möglich. 3. Infolge eines Fernsehberichts über den Mars ist das Interesse an Mars-Missionen deutlich gewachsen. 4. Innerhalb der gesamten Weltraum-Forschungsstation ist Feuer nicht gestattet. 5. Aufgrund der großen Nachfrage wird die Ausstellung über den Mars verlängert. 6. Dank der engagierten Forscher kann/könnte eine bemannte Mars-Mission bald Realität werden.

## Modul 4   Meine Zukunft – deine Zukunft

Ü1    (1) existenzielle, (2) Ausbildung, (3) Berufen, (4) beruhigt, (5) praxisnahen, (6) locken, (7) absolvieren, (8) reizt

Ü2a    <u>waagrecht</u>: beabsichtigen, anstreben, erwägen, sich vornehmen, ins Auge fassen, mit dem Gedanken spielen, überlegen
<u>senkrecht</u>: hinarbeiten, vorhaben, abzielen

Ü3    1a, 2c, 3b, 4c, 5a, 6a, 7b

Ü4b    1. lesbar, 2. Farben, 3. drei, 4. sieben

Ü5    1. Das habe ich jetzt leider nicht verstanden. Meinen Sie / meinst du damit, dass …? / Den Begriff … verstehe ich nicht.
2. Mit dieser Frage habe ich mich nicht beschäftigt. / Diesen Punkt habe ich leider nicht vorbereitet. / Dazu habe ich keine Angaben gefunden.
3. Ich möchte noch folgendes Beispiel ergänzen. / Dazu möchte ich noch Folgendes sagen. / Außerdem passt dazu noch: …

## Aussprache   Frage oder Aussage?

Ü1    1., 2?, 3?, 4., 5?, 6., 7?

Ü2    Aussage: 3, 5, 6; Frage: 1, 2, 4